中公文庫

ぼくのミステリ・マップ

推理評論・エッセイ集成

田村隆一

中央公論新社

食前の祈り

探偵小説、あるいは推理小説は、ユーモアのセンスとウィットの知的活性で味つけされた御馳走（エンターテインメント）である。

一八四一年に出版されたエドガー・アラン・ポオの『モルグ街の殺人』から、探偵小説という、最も近代的な娯楽物が発明されて、その黄金期の花を咲かせるのは、イギリスでは第一次世界大戦後の一九二〇年代以降、アメリカでは三〇年代以降である。その上昇期は、もっぱらトリックの発明競争というハードウェアの時代で、やがてソフトウェアの成熟期に入ると、トリックの複合・合成とともに、作品そのものが文学的な深味をまして甘美なる殺人の御馳走になるのである。

料理にも生きた歴史があり、その味を生み出し、また、賞味する舌にも文化的背景があるとするなら、探偵小説という御馳走を味わうためには、料理人の個性や癖や、その腕のふるいどころを知っておいたほうがいいだろう。

この本は、ぼくの「舌」で書いた、探偵小説という味の店のガイドブックである。

〈殺人劇はおいしい晩餐、プロローグは食前の祈り〉

一九八四年春　　田村隆一

〈序詞〉死体にだって見おぼえがあるぞ

セント・メアリ・ミードは変な村
小さな駅の商店街
魚屋　肉屋　薬屋　八百屋　雑貨屋
インチ・タクシー　バーンズ食料品店　トムズ籐《とう》製品店　毛糸屋　服地屋
お屋敷通りには教会　牧師館　それに
アン王女時代風やジョージ王朝時代スタイルの
屋敷が並んでいて　ゴシップ好きの老嬢たちが住んでいる
それから村の公会堂　図書館　郵便局　駐在所
退役陸軍大佐のかびくさい書斎には
ブロンド美人の死体があって
おまけに牧師館では殺人事件があったとさ

ジェーン・マープルは変なひと
いつもテラスの椅子にゆったり坐り
編み棒をリズミックに動かしながら毛糸を編んでいる

雪のように白い髪　桃色にかがやく高齢の顔に
柔和な瞳が微笑をうかべ
その奥の深いところ　ぼくらには見えない暗い部分に
彼女の前頭葉がかがやいているのさ　人間存在の
悲惨と滑稽とが
ユーモアのオブラートにつつまれて

ミス・マープルに観察されたものと想像されたものが
ぼくらを酔わせてくれるのさ
イングランドの秋の光りのようなシェリイの味

探偵小説って変な本
セント・メアリ・ミードの市民権もあっさり買えて
ミス・マープルとも仲よくなれて
おまけに犯人とはご近所づきあい
死体にだって見おぼえがあるぞ
死体にだって見おぼえがあるぞ

目次

ぼくのミステリ・マップ

推理評論・エッセイ集成

編集付記

一、本書は、『ミステリーの料理事典』（三省堂、一九八四）およびその改題増補版『殺人は面白い　僕のミステリ・マップ』（徳間文庫、一九九一）をもとに、推理小説に関する著者の代表的なエッセイ・評論などを集成し、新たに構成したものです。

一、第Ⅰ部第一章〜第三章は、右記二冊所収のロング・インタビューをもとにしました。ただし、ロナルド・ノックス／ヴァン・ダイン／江戸川乱歩などの評論を再録した箇所は割愛しました。また、本文中、内容に関する参考記述として「余談」「補足」「証言」「一言」「余録」「寸言」「What is Mystery ?」「検証」と示された箇所は、巻末【資料編】「引用句」の各項をご参照ください。なお、「注」は本文庫版にあたり新たに加えました。

一、第Ⅱ部は、『殺人は面白い』所収の訳者解説をもとに再構成し、また「アガサ・クリスティ」の章にエッセイを増補しました。

一、第Ⅲ部および【資料編】の（「引用句」を除く）各項は、本文庫版にあたり新たに加えたものです。

一、底本中、明らかな誤りと考えられる箇所は訂正し、ルビは適宜整理しました。また、補足説明を〔　〕内に記しました。

一、今日の人権意識に照らして、不適切な語句や表現が見受けられますが、著者が故人であること、発表当時の時代背景や作品の文化的価値に鑑みて、そのままとしました。

I

第一章　ぼくとミステリ——大いなる誤訳人生

〈あ・ぺ・り・て・い・ふ〉

死体の始末
これくらい厄介なものはない
殺害そのもの　これはいたって簡単だが
死骸の処分ですな
死ぬと重量は倍加する　その物質から
血は流れる　それに匂いと分泌物
腐敗して　ゴムまりのようにふくれあがる
二十キロの重しくらいじゃ
水面に浮びあがってきますよ
土を掘るにしたって
並大抵のことじゃありません

（田村隆一「ぼくは夢を見なくなった」より）

下駄ばき編集長時代の悲喜劇

一冊の本を五人で訳す

——敗戦直後に、ミステリの編集や翻訳を始められたわけですが、その頃の話を……。

田村　一口に言えば〝神のパン〟を得るために、つまり飲みたい一心で翻訳を始めたわけですよ。アメリカの「美しく痩せる方法」といったものを、栄養失調で、いかに肥るか考えている男たちが訳した（笑）。一冊の本を五つに分けて訳したこともあります。だから、ある人などは、「But（しかし）」から文章が始まっていたりして……（笑）。

早川書房で出したハヤカワ・ミステリの五冊目（一九五三）が、ミッキー・スピレインの処女作『裁くのは俺だ』（中田耕治訳）っていうんです。面白いでしょ。

その頃、グレアム・グリーン原作の『第三の男』っていう映画が入ってきましてね（一九五二年日本公開）。ところが、グリーンなんて名前は誰も知らない。「どうやら、探偵ものらしいから、入れちゃおう」って言ってね……。その関係で、早川書房から、グリーン全集が刊行されるわけですよ。

ぼくが早川書房の編集部にいた頃は、社長以下、全部で七人だった。ほとんど下駄ばきで、靴をはいている男が一人だけ。

資金がない時は探偵小説を?

早川書房に入った経緯〔一九五三年入社〕というのは、社長の耳に、ぼくがぶらぶらしてるって噂が入ったらしいんですね。それで、「田村くん、手伝ってくれないか」って言うんで、その頃、女房も家にいたし、家でぶらぶらしているのも格好悪いので、「午後からだったら、お手伝いできます」って言ったわけです。

社長に会ってまず聞いたのが「お金、あるんですか」(笑)。だって、金があるかないかで、企画の立て方が違うでしょ。そしたら、「ない」って言う。そこで、「なくてやるなら、探偵小説しかない」って言ったんですよ。

探偵小説は、版権をとりやすいこともあったし、返本が来ても、いつかは在庫がはけるんです。そこが、ミスター田村の頭のいいところです(笑)。

ドサクサ時代の版権競争

当時はまだ占領下ですから、G・トーマス・フォルスター事務所ってのが、版権を一手に握っていた。占領軍(進駐軍)の陸軍大佐か何かでね、NBC〔放送会社〕の東京支社長もやっていて、同時に翻訳権を売ったりしていたんです。

これが威張ってましてねえ、その下の二世みたいな女性秘書がまた威張っている。でも、エージェント（版権交渉の代理店）は、その一社しかないんだから……。

そのうちに、フォルスター事務所にイギリス国籍の慶應ボーイが入ってきた。そいつを、まずたきつけてね、ＥＱＭＭ（エラリイ・クイーンズ・ミステリ・マガジン）っていう雑誌があるでしょう。あれを大手の出版社が狙ってたんだけど、その翻訳権を、早川書房の社長以下、下駄ばき七人組が取っちゃった。

ですから、ぼくの功績は小さいとは言えませんぞ。それから、アガサ・クリスティなんかの翻訳権も全部押さえちゃった。昭和二十八年頃でしたね。

このクリスティについて言えば、日本は敗戦国だから、向こうも日本の金は全然アテにはしていない。その代わり、十年間という契約期間。しかも、何万部売れても、たしか当時の金で三万円くらいでした。今ごろは、クリスティのエージェントは、クリスティの遺族にぶつぶつ言われてるんじゃないかな。「なんて契約結んだんだ、この薄らバカ」なんてね（笑）。

まあ、あれは戦勝国の憐憫《れんびん》の情でしょうね。三万円……たしか百ポンドだった。どんなに売れても十年間は据え置きっていうんだから、今じゃちょっと考えられない。敗戦直後の日本の円なんか、イギリス人の眼から見たら紙クズみたいなものだったでしょうからね。

ミステリ出版への貢献度は〝銅像もの〟

——で、売れ行きのほうは？

田村　おかげさまで売れましたよ。予測したとおり、探偵小説はほかの本と違って、在庫がいつの間にかなくなるんです。返本があっても、少しずつ、読者の注文がある。

現在はもう千三百点になったそうですね、ハヤカワ・ミステリ（略称「ポケミス」）。ぼくは二百五十点出したから、「もういいでしょう」って言って辞めたんです〔一九五七年退社〕。四年間ですが、そのうち実際にやったのは二年間でしょう。

平均して月四、五冊出しました。そうしないと、金が回らないんです。EQMMを一年で十二冊出して、ハヤカワ・ミステリを二百五十点出して「もういいでしょう」って辞めて、無罪放免になったんです。

十万円の退職金だったかな。今考えると、銅像ぐらい建ててもらっても、バチは当たらない。昔、東京・神田の万世橋に広瀬中佐と杉野兵曹長のペアを組んでいる銅像があったけど、ぜひ社長とぼくの銅像を建ててもらいたいもんですよ（笑）。

翻訳もやったけど、社員だから印税は入らないんです。一枚百円ぐらいの翻訳料をもらったかな、給料と別に。さすがに、あとで文庫にするときは、印税になりましたけどね。

↓①余談　↓①注

ミステリ翻訳の苦と楽

探偵小説は古典落語の味

——劇画の世界と言われるスピレインがハヤカワ・ミステリのトップを飾ったことや〔『大いなる殺人』〕、ＥＱＭＭのモダンなつくりといい、当時としてはかなり先駆的な仕事に田村さんは関係されたわけですが、そういうミステリの素養は戦前にあったのですか。

田村　ぼくはただ暇つぶしに読んでいただけですよ。夜店なんかで売っているのを探したり。そのうち、面白くなって読み始めたわけです。ただ、多少ユーモアのセンスを持ち合わせていたから、それが生かされたんでしょう。

今ふうの新作落語はとても聞いていられないけれども、古典落語は好きですからね。古典落語とイギリス探偵小説の古典には、相通ずるところがある。ちゃんと落ちがあって、どんでん返しがあるでしょう。一つの文化なんですよ。探偵小説の基本が、備わっている。

そして、古典落語は大体、江戸時代の化政（文化文政）期に完成されたものでしょう。一つの文化が頂点まで行って爛熟しきって、少し堕落しかけたところにいい味が残るんです。たとえばすき焼きだって、一晩たって、あくる日の味のよくしみ込んだのがうまい。

それと同じです。

ですから、探偵小説についても、いささか読み散らしてきただけで、別に探偵小説の評論家になろうとも、作家になろうとも思ったわけではないんです。探偵小説を読まないと眠れないというほどでもなかったし……。

クリスティとダールが〝神のパン〟

ぼくが早川書房に入って、探偵小説を手がけたというのは、あくまで、出版社の規模と、資金の点に理由があった。そもそも金のある出版社がぼくを呼ぶはずがないんです（笑）。英語ができるといっても、ぼくの語学力なんかたいしたことないし。探偵小説なら、なんとかやれると思った。ぼくは商業学校出身ですから、そういう時には、ひどく功利的になる人間なんです。

それに、いろいろな作家を万遍なくやるというのは、よほどすぐれた語学力をもっていないと無理なんです。だから、ぼくはクリスティを選んだ。

一人の作家の使うボキャブラリー（語彙）というのは人格と同じで大体決まってるんです。だから、クリスティだったら、おなじみなので、彼女に白羽の矢を立てた。そして、ほかに気を惹かれたのはダールです。

ダールは内容に惹きつけられた。こうして、クリスティとダールで〝神のパン〟を得たのです。

訳文にも文体が必要である

――クリスティなどを訳しておられて、感心する文体に行き当たりますか。

田村　ええ、もちろんあります。クリスティ自身、最初に出したのは詩集ですから。探偵小説というものは願わくば、自分の文体をもった人に書いてもらいたいですね。

それに関連して言うと、ぼく自身、翻訳をしているから言うんですが、訳文にも当然文体がなくてはならない。

ところが、一人の作家の作品を、いろいろな翻訳家が訳すから、さまざまに違ってくる。この辺にも問題がある。もっとも、誤訳を指摘された身だから、あまり大きなことも言えませんが（笑）。

いつだったか、福田恆存《つねあり》さんが、シェイクスピアの翻訳について語っているのを聞いたか読んだかしたことがあるんですが、板の間（舞台）を踏んで実際にアクション（演技）をしたことのない人間が訳すと全然だめだと言うんです。

その話は、ちょっと面白かった。福田氏自身、劇団を主宰したり、演出をしてきた人だから、なるほどと思わせるものがある。

彼は中野好夫《よしお》さんのシェイクスピアの作品の翻訳について、クレーム（文句）をつけているわけです。たしかに、語学的には正確だけれども、あのとおり芝居ができるわけはないと言うんです。

人間のからだの動きには、リズムがある。だから、たとえば、手を上げた時と、手を横に広げた場合に出る言葉は違う。その辺のことがわかっていないと言うんです。

なるほど、芝居の場合、アクションと一緒に言葉（台詞）が出てくるんですからね。つまり彼は、アクションを踏まえた翻訳をするべきだと言うんです。

〝うまい誤訳〟の必要性

これはなにも、シェイクスピアの翻訳に限ったことではない。探偵小説にだって、おそらく無数にあるはずです。

その話で言うと、少し自己弁護めくが、わざと誤訳してもいいと思う。時と場合によっては。わざと誤訳するという言い方は穏やかではありませんが、原文どおりだったら、どうしても通じない場合もあるわけだから。

坪内逍遙はね、Give me the sunを「暗い、暗い」と訳したんです。うまい訳ですね。

戦前、延原謙という翻訳家は、日本人に発音しにくい固有名詞を、発音しやすい名前に変えてしまったといいます。それも、読者へのサービスです。翻訳小説がニガ手という人は、たいてい、人の名前を覚えるのがわずらわしいっていうのが理由のようですからね。

今の文化状況に合わせて翻訳するっていうのも、翻訳技術の一つと言えるかもしれない。中身を理解させるという立場から言えば、『わらの女』〔カトリーヌ・アルレー〕は、テレビ化した時、たしか翻案スタイルで放映したでしょう。これだけでなく、最近は外国ミステリなど、翻案ものが目につきますね。

江戸川乱歩先生のこと

豪遊した飲めないサムライ

――〝パンのため〟にお世話になった方の一人として江戸川乱歩さん（一八九四―一九六五）は忘れられませんね。

田村　江戸川先生は懐かしい方です。本名は平井太郎と言いましてね。

江戸川先生のお宅は池袋で、ぼくは大塚ですから、場所も近い。我々若い者をあちこちへ連れて歩いてくれました。「田村君、これから池之端へ行こう！」なんて調子でね。それから、よく銀座まで足を伸ばしましたよ。ちょうど、「おそめ」とか「エスポワール」なんて店が全盛の時代でしてね。いろいろ勉強させてもらいました。

江戸川先生は大変でしたよ。帰宅が遅れて、午前二時過ぎると、奥様から朝になるまで正座を命じられる。ありゃ、先生もつらかったでしょう。

名著『幻影城』

——一口に言って、どんな方ですか？

田村　姿勢のいい人。非常に頭のいい人……そう、サムライに会ったという感じです。未だに尊敬しています。江戸川先生は、もちろん日本探偵小説界の最大功労者だけど、著書のなかでも『幻影城』『続・幻影城』『海外探偵小説作家と作品』、この三点は、以後の探偵小説研究家は必ずお世話になっている古典的な名著です。

仲人は江戸川先生夫妻

そうそう、お世話になったと言えば、ぼくが二回目に結婚したとき、江戸川先生夫妻が仲人をしてくれました。ちょうど早川書房を辞めた直後で、ぼくとしても景気のいい時機でした。さすがに、三回目、四回目（笑）の時は頼みませんでしたけどね。→②補足

植草甚一先生のこと

学生下宿でチャーハン暮らし

——植草甚一（一九〇八—七九）さんも、ミステリ愛好家でしたね……。

田村　植草さんは、最初、早川書房の仕事に熱を入れてくれたんですが、いろいろと喰い違いみたいなものが生まれて、創元社の推理文庫のほうに行ってしまって、そこのブレーン（顧問）になっちゃった。

　そりゃあ、こっけいなエピソードはたくさんありますよ。植草さんは、古本屋あさりが好きでね、ミステリは読むんだけど、原稿を書くのはダメなんです。とにかく遅い。見ていると、半ペラ（二百字詰の原稿用紙）書くのに一時間ぐらいかかる。ゼニがないので、よく映画批評を書いたりしてたけど、あれじゃ商売にならない。でも、それが生活費でね、今何か仕事ありますか、なんてよく聞かれましたよ。

　〝ご自宅〟はひどいもんで、夏なんか行くと、西日が当たっていてね。場所は井の頭線の池ノ上と下北沢の中間でしたか、ぼくは渋谷から乗って、池ノ上で降りて歩きました。

　玄関に学生の靴が、いっぱい散らばっててね、学生がたむろしている下宿なんです。植草さんの部屋は二階で……。四畳半ふた間ぐらいしかなかったんじゃないかな。ぼくはいつも奥の部屋で待っているんです。そのうち、起きてきて、「ちょっとヒゲを剃りますから」って言ってね。それから、チャーハンをお食べになる。前の晩の残飯をチャーハンにするんです。それは朝礼みたいなもので、ぼくは先生のからだを心配してたら、ほんとに糖尿病になっちゃった。

リンゴ箱にペーパーバックを満載

――大変な蔵書家だったとか……。

田村　先生は、フランス語と英語がお得意で、占領軍が放出した原書を集めるのが大好きだったようですね。その頃の先生は、貧乏していたので、リンゴ箱に壁紙を貼ってね、ペーパーバックがズラーッと入ってる。ハードカバー（上製本）は高いからでしょうね。ペンギンブックスとか、シグネットブックスとか……。すべて、向こうのペーパーバックです。エライですよね。

　ただ、残念なのは、植草さんが死んじゃったら、奥さんがみんな古本屋に売っちゃったそうだけど。どこかに寄付すりゃいいのにね。大宅文庫とか近代文学館とか……。あれはもったいない。きっと、あの蔵書は、もう一度神田や渋谷の古本屋に戻ってるんじゃないかな。先生は古本屋をのぞいては十冊ばかり買うと、必ず、植草っていうサインするから、見ればわかりますけどね。

そうそう、大きなズダ袋をかついでね。からだは小さい人だから、よけい印象的なんだ。で、変な本を買うんですよ。グレアム・グリーンを日本で、戦前、最初に読んだのは彼でしょう。

たしか、昭和十三年頃にイヴリン・ウォーを読んでいる。すごいでしょ。昭和十三年頃なんていったら、日本の英文学者なんか誰も読んでやしない。

それも、古本屋にあったんでしょうね。まだ、太平洋戦争になっていない時期だから、イギリス人やアメリカ人が、帰国する前に売って行ったものでしょう。

哀れ！　西脇氏の詩集は酒代に

一番びっくりしたのは、西脇順三郎の英文詩集を持っていたこと。でね、「田村さん、あなたは詩を書いていて、西脇先生が好きらしいから、これを差し上げます」っておっしゃるんです。で、ぼくは有難くそれをもらって、友達に二千円で売って、飲んじゃった。

あの池ノ上の下宿は懐かしいですよ。日本橋小網《こあみ》町のモダンボーイ、植草さんのご冥福を心からお祈り申し上げます。→③証言

ミステリと詩のはなし

ミステリも詩もパズル競争

――ミステリと詩に共通点があるとすれば、詩人の立場からのお考えを……。

田村　探偵小説のロジック（論法）は、詩のロジックに似ているんです。何が似ているかというと、意外性、飛躍性がまず第一。それから、ある部分が、ところを得れば、全体がわかるというところね。

　つまり、断片の積み重ねで、全体が出来上がっているというところ。ジグソー（はめ絵）パズルと同じなんです。断片が有機的につながっていくと、全体の地模様が浮き出てくる。それが醍醐味なんですよ。さりげなく置いた断片が、最後にモノを言う。これは、ミステリと詩のどちらにも共通する爽快味です。

　読者はそれに気づかず、だまされながら読んでいくわけですが、途中、ある断片に気づくと、その断片を手がかりにして、次の断片を探し、そこから、作者の意図を見抜くわけです。

　犯人が頭がよければ、探偵の目をくらませるために、わざと誤った断片を置いておく。

だから、犯人と探偵は、両方頭がよくないとつまらない。一種のパズル競争ですからね。呼吸がうまく合わないとダメという点では、漫才のボケとツッコミという感じにも似てます。

活字文化の最後の牙城は？

それから、我田引水めくけれども、現代は映像の時代とか、音の時代とか言われてるでしょ。でもね、最後に活字で読むもので残るのは、探偵小説と詩なんです。

考えてごらんなさい。普通の通俗小説なら、映画にでもテレビにでもできるんです。まして、ポルノ小説なんか、いくら活字でいろいろ書いてあっても、映像のほうがはるかに迫力があるでしょう。

SF小説だって、映像には追いつかない。007だって、映画やテレビのほうがずっといいに決まってるんです。ボンド・ガールなんか、画面で見なければね。ところが、探偵小説だけは、いくらエライ監督が映画にしてもダメなんです。

活字を読んで、頭で想像し、読者自身が探偵や犯人になってみたりする。本当の個人的な楽しみなんです。もっとも、専門書は別ですが……。専門書以外では、活字として最後に残るのは、そういう意味で探偵小説と詩なんです。

そして、ぼくは、まさにその二つを持っている（笑）。

――詩作のうえで、ミステリが役立つということはありますか?

田村　ぼくの場合は、探偵小説のタイトルを、そのまま詩の題に使うことがあります。エドワード・アタイヤというイギリスの作家の書いた『細い線』っていう作品があるんですが、このタイトルを使ったことがあります。

　ほかでは、詩ではないが、エッセイ集のタイトルにクリスティの『書斎の死体』を使った。これはぼくの好きな作品でね。ブロンドの若い女が退役軍人の家のカビくさい書斎で死んでいたっていう舞台設定が面白い。ボン(坊)さんがハリマヤ橋で、かんざしを買うみたいな感じなんです。タイトルそのものが意外性を持っている。

――詩人でミステリ作家という例は?

田村　あります。まず、探偵小説の創始者と言われているエドガー・アラン・ポオが詩人でしょう。ほかでは、イギリスにニコラス・ブレイクという人がいます。この人、本名はC・D・ルイスというんですが、オックスフォード大学の詩学教授で、桂冠詩人でもある人で、『野獣死すべし』などを書いている。

　このタイトルは、江戸川乱歩先生が邦訳したものですが、原題の「THE BEAST MUST DIE」は、「野郎くたばっちまえ」っていう意味なんですって。→④一言

ミステリと映画・演劇のはなし

ヒチコック映画の面白さ

――映画化、舞台化された探偵ものについて話をうかがいたいのですが……。

田村　映画は昔はよく見ました。ヒチコックなんか……。『断崖』（一九四一）はよかったですね。原作はハヤカワ・ミステリから出てますが、フランシス・アイルズという人の書いた『犯行以前』という作品です。いわゆる、心理サスペンスものです。

それから、忘れてならないのは、『ダイヤルMを廻せ！』（一九五四）。これは実によくできた推理劇なんです。もともとは舞台劇として上演されたものですが、それをヒチコックが映画化したのです。

亭主が女房を殺そうとするんですが、鍵を巧妙に使って、犯人は容疑圏外に逃れるように仕組む。決して、ややこしいトリックは使わず、本当に鍵一つがモノを言うんです。ところが、あまりに完璧に仕組んだために、探偵に見破られるという話なんです。鍵をトリックにしたもので、これほどみごとな作品はほかにないでしょう。

老探偵が出てくるんですが、これがまた風格があっていいんです。犯人が鍵を使って部屋に入ってくると、そこに老探偵が立っていて、ギョッとする幕切れ近いシーンなどは、舞台劇のなかでも出色です。

クリスティは舞台劇、ハードボイルドは映画

この芝居もイギリスですが、クリスティは十七本の戯曲を書いていて、そのなかの何篇かが推理劇です。有名なところでは、『ねずみとり』とか『招かれざる客』。『ねずみとり』のほうは、日本では考えられないほどのロングランをロンドンで続けていますよ。

クリスティの探偵小説の構造は、舞台劇の構造を持っているものがほとんどです。とりわけマープルものにその特徴が顕著ですが、ポアロものもそうです、大部分は……。舞台が列車だったり、飛行機だったり、ホテルであったりするだけなんです。登場人物も舞台と書き割りを背景に、いろいろと演技する。手法としてはまさに劇作と言えますね。イギリスの場合は芝居からなかなか抜け切れない。

それに対して、ハードボイルドは、舞台劇から外へ飛び出したと考えられる。外というのは、映画のことです。極論すれば、ハリウッドに撮影所ができてから、ハードボイルドが生まれたんじゃないのかな。事実、チャンドラー（一八八八―一九五九）は、映画のシナリオを何本か書いてますからね。

そして、ポオは当時のイエロー・ジャーナリズムによって生まれた……。

マーロン・ブランドに対抗？

探偵ものの映画で、もう一つ満足できないのは、探偵のイメージが合わないんですよ。それなりに、名優を使っているんでしょうけれどね。ぼくの想像している探偵のイメージとは、かなり違っているんだ。

話はちょっと外れますが、なぜかぼくはチャンドラーとは同世代だという思いがある。そして、マーロン・ブランドとノーマン・メイラーとはほぼ同年に生まれたんです。だから、彼らを見ていると、負けちゃいられないって気になる。「ラスト・タンゴ・イン・カマクラ」ですよ（笑）。→⑤余録

ノンフィクションとノンフィクション

「ノン」のアクセントで違う

——文学と探偵小説の関係はいかがですか？

田村　広義に言えば、探偵小説はもちろん文学です。文学のなかの一つの分野です。探偵小説は、完全なフィクションですが、ノンフィクションも含んでいます。事実に基づいた

小説というのも、かなりありますからね。

ところで、ノンフィクションと一口に言っていますが、ノンフィクションには、二種類あって、ノンにアクセントを置くものと、フィクションにアクセントを置くものとに分かれます。まず「ノン」にアクセントのあるノンフィクションの場合は、フィクションに「あらず」ということで、日記、手紙などの第一次資料を指すわけです。

フィクションの醍醐味は？

一方、「フィクション」にアクセントを置くノンフィクションの場合は、個人が特定の視点から事実に基づいて、再構成するものです。

この場合、根底にあるのは、あくまで「事実」ですが、そこには当然個人の観察力、洞察力、視点、知的活動などが加わってくるので、単なる事実ではないということです。ノンフィクション・ライターの腕の見せどころはそこなんです。たとえば、「ロッキード事件」にしても、それを読みものとして仕上げるには、フィクションの力がないと本当の事実は浮かんでこない。「事実」が真実に近づくためには、フィクションの力を借りなくてはできないということです。

フィクションを、日本では軽く考えがちですが、ある真実を生み出すための装置なんです。→⑥寸言　→⑦What is Mystery？

第二章　ミステリは特別料理——味、知恵、ユーモア

〈お・お・ど・ぶ・る〉

馬は馬を殺したことはなかったし
サメはサメを殺さなかった
どうして人は
人を殺すのだ？
どうして人は
人を愛すのか？

（田村隆一「人　ウィスキーに関する仮説」より）

ミステリを読む儀式

密室のなかの孤独な就眠儀式

――ミステリを読むためには、儀式めいたものがあるようですが。

田村　そう、あるんですね。いろいろな人が書いているようですが、なかでも面白いのは、福永武彦氏か、梅崎春生《はるお》氏の文章だったと思う。

それによると、まずウイスキー、アイス・ボックス、灰皿、タバコ、などをナイトテーブルに置く。そして、電話は布団か何かにくるんで、自分の部屋に鍵をかけて、女房や子供も入ってこないようにしてから、まず一杯飲んで、おもむろに読み始める。もちろん、テレビは論外。これが人生最高の楽しみだっていうわけです。

まあ、これに限らず、個人個人によって、その楽しみ方はさまざまでしょうが、いずれにしろ、ミステリを読むには密室であることが望ましいでしょうね。ベッドに一冊持ち込んで、眠くなったらそのまま眠ったらいいんです。一種の就眠儀式なんだが、読みだすと途中でやめられなくなっていつの間にか、不眠儀式になっちゃう。この件については、ぼくは責任をとれませんが……（笑）。

ことに若い時は眠れないかもしれない。さすがに、ぼくらの齢になると、そうはいかないけれど……。

二日酔いはしないけど中毒患者に

そして、探偵小説のすごいところは、一回性だというところ。これは、娯楽としてのすばらしいところですよ。一度読み始めたら、途中で手放せなくなる。そして、読み終わったあと、パッと忘れてしまう……。

いかに面白く読ませ、大団円にもって行き、いかにあと味よく忘れさせるか、というのが作家の腕の見せどころ、腕の揮《ふる》いどころというわけです。

もちろん、専門家で、研究書とか評論でも書こうとする場合は、また別ですよ。しかし、一般の読者を対象にする時は、あと味（読後感）のよさを味わわせ、二日酔いにさせないのがいいんです。酒と一脈通じるところがあるでしょう。

その代わり、麻薬と同じで、一度とりつかれると中毒になるけど、悪習ではない。麻雀なんかより、ずっといい。そして、味をおぼえたら、自分の好みの味にしたがって読めばいいんです。

ルール違反しないこと

——私は時々解説で結末や犯人の正体を知ってから読んだりするのですが……。二つ、三つの作品ぐらいなら、たまにはよいでしょうが……。

田村　それはもちろん邪道です。断然、ルール違反です。最初から犯人がわかるという倒叙《とうじょ》法の探偵小説は別として、初心者の方は必ず第一ページからお読みください。でないと、作者がかわいそうですよ。

そう言えば、古本屋で買う時は気をつけてください。登場人物のページで犯人に○印がついていることがある（笑）。

平和社会のなかで殺人を楽しむこと

人殺しは人間的な行為

——探偵小説には、事件として殺人が最も多く描かれますが、すると、探偵小説を読むということは、別の言い方をすると、〝殺人を楽しむ〟ということにもなりますか。

田村　そう言えないこともないでしょう。犯罪には香水のような妖しい魅力がある（笑）。

たしかヴァン・ダインだったと思いますが、「探偵小説でとり上げる事件は、殺人が最も望ましい」と言っています。

殺人は一番多くの興味を呼ぶんです。人によっては、探偵小説を読むことは本能の代償行為だとか言う人もいますが、殺人というのは、最も人間的な行為なんです。

人間だけが、飢え以外のさまざまな動機によって、人を殺したり、殺されたりする。そこが、他の諸生物と人間との完全な違いなんです。

人間以外の他の諸生物は、まず同族を殺さない。たとえば、ライオンはライオンを殺さないし、馬は馬を殺さない。そして、もし同種の生物を殺したとしても、それは飢えのためであって、人間のように複雑な動機は持ち合わせてはいません。

しかし現実の殺人はごめん

――そこで、戦争をなくすためには、探偵小説を読めばいいって言う人もいますが。

田村　そりゃ、探偵小説なんかに熱中する奴に人殺しなんかできっこない（笑）。

ぼくも海軍体験がありますけれど、別に志願したわけじゃなし、戦争は嫌いですよ。そもそも人が人を殺すなんて〝無礼〟なことです。ぼくは他人に殺されたくないし、他人を殺したくもない。だからこそ、探偵小説を読んでいるんです。

戦争をなくすためには、国家をなくせばいいんですよ。しかし、民族と宗教が残っている限りは、ちょっと戦争はなくならないでしょうね。国家は、もう今や機能しなくなりつつあります。古典的な意味でのつぶれかかっている国がいくつもあるでしょ。イタリアとかブラジルとか……。ただ、民族主義ってのが困るんです。宗教と結びついてるから……。

でも戦争より平和のほうがつらい

ところで、戦争の話ついでに申し上げれば、「戦争は醜くて、平和は美しい」という言い方には異論があるんです。

ある意味じゃ、戦争って奴は社会問題の政治的解決手段としては、一番楽な方法なんです。むしろ、社会が平和であるというのが一番つらい。子供をつくって、学校にやって、家庭教師つけて、ピアノを習わせて……と、迷いや不安の多い状態が〝平和〟でしょ。つまり、皆な日々の暮らしはつらいけれど、〝平和〟を築き上げていかなければならない。

ところが、この辺に誤解が多くてね。「〇〇の平和を守る会」なんてのができて、あいつをリーダーにしようとかなんとか騒いでる。冗談じゃない。動物園のパンダじゃあるまいし、〝平和〟は守るものじゃありませんよ、創るものなんです。

ぼくに言わせれば、〝平和〟ってのはつらい。戦死のほうがまだ楽ですね。「（故人は）特攻隊へ行きまして、ただいま靖国神社に入って、皆さまの税金で祀《まつ》ってもらっています」（笑）……こっちが楽ですよ。死に方としても明快。ついでに遺族年金も出るし……。

ぼくは戦争で死にそこなって損しちゃった。今だに恥をかいて、こんなふうに探偵小説をネタに仕事をして稼がなけりゃならない（笑）。こりゃ悲惨ですよ。→①What is Mystery ?

ミステリと民主主義

個人を尊重する社会の産物

――探偵小説が発達するには、民主主義国家でないとダメと言われますが……。

田村　そのとおりです。探偵小説というのは、まず大づかみに言って、個人が個人を殺すという、プライバシーを基調にしてある空間で行なわれる事件を描くものです。

なかには、集団の殺戮もないことはありませんが、主として個人的な事件です。

そして、民主主義社会においては、たった一人の犯人を追いつめるために、さまざまな段階を踏んでいって、アリバイを一つ一つ調べていって、法廷では被告（容疑者）側の申し立ても取り上げなければならないわけです。

ロッキード裁判もそうでしょ。検察側は何年もかかって、一つずつ被告側の証言をつぶしていく。被告のほうも時間がかかるのを計算に入れている。弁護士だって、その時間に見合うだけの金をアテにしていたりしてね。そのうちに、担当の裁判官が途中で退官しちやったり……(笑)。

　こういう手間のかかる手続きを踏んで、最後に判例に基づいて、判決が下りるわけですが、これが独裁的な社会、全体主義国家では、こういうことは行なわれないし、傍聴も許されない。いわゆる、暗黒裁判です。非公開で行なわれるから、即時銃殺とかシベリア送りとかの判決が出てしまう。

多民族国家では論理か暴力

――日本にもそういう時代がありましたね。

田村　江戸時代の大岡裁きなどを見ると、西洋の独裁的社会とは違っているが、情にからんだ裁判官独断の裁判が行なわれていました。これにはそれなりの理由もあった。と言うのは、日本はヨーロッパと違って、単一民族で同一言語の島国国家だったから、論理の発達する余地もなかったわけです。

　つまり、和の政治が尊ばれる情の社会だった。ところが、ヨーロッパは言うに及ばず、他の国家はどこも多民族国家です。朝鮮半島、中国、インドなど……。イギリスなんか、あの小さな島国に、実にさまざまな民族がやって来ている。アングロ・サクソン系にケルト系民族がいて、ゲルマンの侵攻があって、ローマ帝国もやって来ている。それに、イギリスではフランス人が王様をずいぶんやっている。

ところが、日本はと言えば、万世一系の天皇……。どうしても、和の政治になってしまうわけです。他の国は、多民族で成り立っているから、異民族に対抗するには、論理しかない。論理が通用しない場合は暴力なんです。論理か暴力——これしかない。

だから、おのずと論理が発達する。

英米法が産んだ探偵商売

この論理に、英米法の特色が結びついたところに、探偵小説が初めて成り立つんです。

そこで、英米法がわからないと、探偵小説の面白さはわからない。

社会主義国家や全体主義国家のような、三権分立のできていない国家では、探偵小説は成立しないんです。ソ連でも、ナチス・ドイツの場合でも、党がすべての権力を握っていて、個人の探偵の調査など入り込む余地はない。


これでは、物的証拠の収集も証言も得られない。社会主義国家がいいか自由主義体制がいいかという問題はまた別ですが、探偵小説は民主主義国家でないと、探偵の活動が阻まれてしまうから成り立たないんです。

また、江戸時代の大岡裁きには、証拠にする裏付けの必要がない。犯人の自白がすべてだったから、探偵はさして必要なかったんです。もっとも、情報を収集する同心や目明かしの活動を無視するわけにはいきませんが……。

ともかく、戦後の日本は一応、民主主義国家になり、英米法による刑事訴訟法が採用されていますから、自白だけでは絶対的証拠にならない。

三億円事件だって、ロス殺人事件だって、仮に「私が犯人です」と名乗り出てもまだ有罪にならない。物的証拠の裏付けが必要なのです。そこで、探偵の活躍する条件ができてくる。

つまり、マテリアル（物的）な証拠がキチッとしてないと、犯人だって言うことはできないわけです。現場に立ち合わない限りはね。

そういう意味で、民主主義は探偵小説を発達させる土壌と言えるでしょう。

ミステリはユーモア文学である

作りものだから面白い

――ミステリは、ユーモア文学であるという持論をお持ちだそうですが……。

田村　そうなんです。ぼく流の探偵小説論は、ユーモアのセンスがないと、本当は楽しめないという考え方なんです。

あの頃、ぼくは三十歳ぐらいだったと思うけど、それを言うと、江戸川（乱歩）先生たちは、むきになって「そんなことはない、そんなことはない」って言うんです。

今ちょっと名前は思い出せないが、死んだある批評家が、一冊の小説を取り上げて、「この探偵小説は作りものすぎる」って言ったんです。そのとき、ぼくは「作りものだから面白いんだ」って言ったんだ。「でも作り方がある」って……。

小説である以上、もちろんフィクションだし、実際に人殺しをやっているわけではないけれど、作りものである以上、本物以上に本物らしく書かなければ意味がない。そのことを、ぼくは言ったわけです。そして、「実際は深刻このうえない殺人の話を、楽しみながら読めるものにしなければならないのだから、そこには非常に洗練されたユーモアの感覚とウィットという知的活力が必要だ」、とね……。

ユーモアは〝お笑い〟ではない

それはそうでしょう。読む側にしたって、それは同じです。人殺しの話を楽しみながら読むというのは、ユーモア以外の何ものでもないでしょう。本当の意味で、ユーモアの感覚を持ち合わせていなければ、探偵小説は楽しめないんです。週刊誌などに載っている〝黒い報告書〟なんていう、現実の事件小説なんかとは全然違うんだから……。

世の中の亭主族で、女房を殺したいと一度も考えたことのない人間は珍しいはずですよ(笑)。そういう話を書くのだから、ユーモアの感覚なしでは、とても無理なんです。

日本人には、そういう意味では本当のユーモア感覚がないんです。〝笑わせる〟のがユーモアだと思っている。たとえば、「お笑い三人組」（一九五五―六六）ってのがあったでしょう。ああいうのがユーモアだと思ってるんだ。必ずおがつくんですよ、お笑いって……。ユーモアっていうのは、ある意味じゃ苦いものなんです。苦味があるから、飽きないんですよ。もう少しわかりやすく言えば、ユーモアというのは、〝視点を変える〟ってことなんです。

正面からばかりでなく、こっちからも見てみようっていうセンス（感受性）なんだ。このセンスがないと、探偵小説を読んでも（書いても）面白くないんです。

呵《か》々《か》大笑《たいしょう》する詩人の存在

たとえば詩人でも、ユーモアのセンスがなければ詩人にはなれないんです。ところが、日本では、詩人というと一つの固定したイメージがある。沈うつな、萩原朔太郎のイメージなんです。ああいう感じが日本の近代詩人のイメージだと思っている。三好達治もそうです。

ふらふらしていて、アル中で、女房に逃げられるような破滅的な人間だと思ってる。ところが、外国へ行ってごらんなさい。詩人というと、皆な建築家とか医者とか、男性的で行動的ですよ。

――田村さんは、商業を専攻されたんですね。

田村　そうです。詩はバランス（釣り合い）の問題が重要なんですから。そして、ウィットとユーモアがなくてはダメなんです。ぼくの詩を読んでくれる女性がいるんですが、本当のぼくを知ると、あんまり楽天的なのでびっくりするらしい。

それまでは、固定した彼女なりのイメージを持っていたんでしょうが、バカ笑いしながら怪談しかしないから驚くんでしょうね。

ちなみに、ウィットというのは、自分がみじめな立場に置かれた時にパッと知的転換をはかることです。ユーモア同様にこれも知性が要求される。

笑い方を勉強しましょう

ユーモアのついでに言うと、人間の笑いどころで、その国の、ないしは、その社会の文化水準がわかるんです。〝泣くところ〟というのは、大体どの民族も同じですが、〝笑うところ〟は違う。

ユーモアからは少し外れますが、たとえば、日本の議会とイギリスの議会をくらべてごらんなさい。日本の議会のユーモアの欠如と、駄洒落、野次の氾濫がいい例です。

イギリスの議会では、実に深刻な問題について議論している時でも、ちょっとしたユーモアを忘れない。それにくらべて、日本の政治家の言葉のかたいこと。

その点に目をつけて、講談社は、その前身の大日本雄弁会をつくった。明治維新になり、これからは三権分立の国家になり、法のもとの社会になるんだから、雄弁が大事だというのでできたわけでしょう。あの会社は演説の記録集から始まったんです。

ところが、社会党など進歩的とされている政党の代議士や議員でも、演説を聞くといやになるほど平板で型にはまっている。どこにアクセントがあり、どこに人を惹きつける雄弁があるのか首をかしげたくなる。代議士の皆さん、探偵小説を読んで、せいぜいユーモアを勉強してほしいですね。

だから、日本の大学でも文学部に探偵小説の一つのセクションをつくってもいいと思う。日本の大学の文学部で欠けている講座というと、詩の講座と劇の講座なんです。詩と劇とは表裏一体なんですよ。詩を肉体化すれば劇になる。シェイクスピアがいい例でしょう。シェイクスピアの台詞はすべて詩になっているんです。

クイーンなどにも、シェイクスピアは頻繁に引用されています。それが教養になっている。ま、その代わり、読書階級はある程度限定されてきますがね。→②What is Mystery ?

殺人の動機はいろいろ

殺人は〝自己の正当化〟

――探偵小説に現われた殺人の動機というと、相当いろいろあるでしょうね。

田村　それは、無数にありますよ。前にもお話ししたとおり、人間だけが飢え以外のさまざまな動機によって人を殺すんですから。

　鳥や動物が同族や、あるいは自分より弱いものを殺すのは、飢えによってだけです。だから、殺人という行為は、その意味では最も人間的な行為ということになるわけです。

　その理由となると、嫉妬・羨望もあるし、怨恨も入るし、金、女の場合もあります。自己嫌悪のために人を殺す場合もある。要するに何らかの理由で自分を正当化しようとする個人的な行為なのです。その動機の種類は、イギリスの探偵作家、G・K・チェスタトンのブラウン神父ものに出てくるものだけを見ても、相当の数にのぼります。

戦争は殺人テーマにならない

先ほどの戦争による〝人殺し〟ですが、あれは探偵小説になりません。アウシュビッツとか原爆による大量殺戮には、個人の犯罪動機が稀薄でしょ。組織による虐殺ですから、犯行者の罪悪感がない。単に戦略遂行の事務能力だけしか問題にならない。個人が個人を殺すのでなければ〝事件〟の魅力がないのです。

もっとも、たった一人を殺すために、戦争をしかけるという犯罪をテーマにした短篇小説（チェスタトン）もありますが、これなどは例外ですね。

〝殺人〟に不慣れな日本人

――新聞には、〝保険金殺人〟とか〝サラ金殺人〟などが、毎日のように登場しますね？

田村　ああ、あれは、動機も方法もおソマツですねえ。小説にはならない。もちろん死体が一つか二つ転がっているんだから、多少謎めいた興味を持つ方がいても当然でしょうが、底が割れてしまえば、十中八九〝話にならない話〟ばかりでしょ。

しかも、新聞の殺人記事の扱い方というのは、何かと言えば教訓的な方向へ導いていく。〝教育ママ殺人〟然り、〝ピアノ騒音殺人〟然り。あの〝社会的正義観〟みたいな論調はやりきれませんね。

当たり前ですが、一人の人間の生命はかけがえのないものです。だから、現実生活では謙虚に、真剣に対処しなければならない。

しかし、だからこそ、この人間最大の関心事をテーマとする小説のなかに、一種の価値や娯楽が生じるのです。それも、犯罪者の芸術的とも言えるトリックが、探偵や読者に挑戦するという方法を通して、です。ここに、探偵小説の、個人的な、ひそやかな、娯《たの》しみがあるのです。→③What is Mystery ?

良いミステリは良い料理である

君は何を食べたいのか?

——探偵小説、とくに古典的な本格ものというのは、ずいぶん技巧的な感じがするんですが……。

田村　良い探偵小説は、おいしい料理に似ているんです。エンターテインメントですよ。エンターテインメントというのは、コンサイス辞書を引けば、「娯楽物」というような意味ですが、つまりは「ごちそう」ということなんです。

すぐれた探偵作家は腕のいいコックです。人によっては、あのコックの味は自分にはどぎついから、さらっとしたのがいいとか、読書の好みで作家を選ぶということになるんです。

若い女の子なら、クリスティあたりが無難だし、男の子ならハードボイルド。ハードボイルドっていうのは、「固ゆでの卵」という意味だけれども、なかにはもっと半熟のほうがいいとか、スクランブル・エッグがいいっていう人もいるかもしれない。

そして、腕のいいコック（一流の作家）の料理に舌鼓を打っているうちに、しだいに読者のほうは、麻薬（ミステリ）中毒にかかってくる。読者を麻薬患者にすることが作家、つまり売る側の論理なんです。

つまり、一流の店のシブいコック長が一番エラい探偵作家ということになるんです。そして、これはあくまで料理なんだから、読者は自分の口に合わない食べ物は食べなくていいんです。

しかし、惚れ込んだら仕方がない。下痢をおこすまで食ってみる……。

君は何を飲みたいのか？

――お酒にも似ていますか？

田村 もちろんです。良いお酒はだんだん頭が下がるような気分になるものですが、悪いお酒は眠くなるだけ（笑）。読んでいて眠くなるような探偵小説は本物じゃない。

それから、お酒は人に強制するものじゃない。自分が好きなお酒だけを飲み続けて死ねばいいのです。探偵小説も同じことです。

そもそも芸術というのは好き嫌いの世界でしょう。バルザックとディケンズのどちらがよいかと言われても困るし、モーツァルトとベートーベンのどちらがよいかと訊かれても困る。つまりは、アジのたたきとウナギのかば焼きのどちらがうまいかと訊ねるようなものなんです。個人の好み、料理の仕方、ネタの新鮮度、食べる時と場所……探偵小説も全く同じことです。→④What is Mystery?

法廷《コート》はテニス・コート？

犯人と探偵の試合を観戦する

――日本では、法廷と聞いただけで、肩が凝るような感じがありますが、彼らにとってはもっと親近感のある場所なのでしょうか。

田村　もちろん、そうでしょうね。もともと、コート（法廷）という言葉は、テニス・コートのコートからきているんです。

テニスもやはり、アングロ・サクソンの発明したものです。テニスの場合、ネットを挟んで両側に分かれてボールを打ち合う。そして、真ん中にジャッジ（審判）がいて、これは公正でないとか、ラインから外れているとか判定を下しながら、ゲームを進めていくでしょう。

法廷の場合は、ジャッジが判事で、被告側と検察側がゲームをする。そのほかに、陪審員という、事件とは全く無関係の立場にある人たち十二人で構成され、その人々が審議権をもっている。

そして、その試合を見て、どっちが勝ったかを評決するわけです。この場合、ジャッジ（判事）は、ただ反則をチェックするだけ。しかも、十二人全員が一決しない限りは、ジャッジは判決を下せない。一人でも反対者があった場合は、もう一度やり直しということです。

そういうシステムでいきますとね、陪審員はつまり読者なんですよ。いい探偵小説は材料が全部そろっている。そして、ジャッジは極端に言えば作者でしょうね。

そこで、犯人と探偵の試合が行なわれるわけですが、作者はフェア（公平）の原則に従って作り上げないと、完璧な古典的な探偵小説は出来上がらないんです。読者はずーっと読んでいって、「自分は犯人はこれだと思う」と推理する。そして、小説のほうでは探偵が種明かしをする、ということです。

壊れかかっている〝文化ルール〟

――作品の内容にも、読者の読み方にも〝暗黙のルール〟がある、ということでしょうね。

田村　先ほどユーモアの話をしましたが、作者がいくら味のあるユーモアを語っても、受け手が理解できなけりゃ無駄なことです。

野球で言えば、ピッチャー（投手）とキャッチャー（捕手）かな。この二人がいることが、文化のある社会なんです。

ところが、今は、息子が父親をぶんなぐったりするようなご時世だから、まっとうな文化ルールが壊れ始めている。

相撲などもおかしいですよ。学生相撲出身で、頭が良くて、歌や絵がうまくて、相撲が強い、なんて力士が出てきたりするんだけど、そんな〝三位一体〟は無理ですよ。やはり、文化社会ではコケの一念みたいなプロの存在が必要なんです。例えば、北の湖《うみ》みたいな、ね。ありゃ、きっと四場所制を六場所制にしたための弊害です。

そんなわけで、探偵小説のルールは、犯人と探偵のプレイだけでなく、作者と読者の間にも存在するルールなんです。→⑤What is Mystery？

ミステリを愛する国民性

なぜかアングロ・サクソン系

——探偵小説もお国柄があるようですが……。

田村　そのとおりです。探偵小説は、もともとアングロ・サクソンの特産物で、一種の科学的な知的ゲームです。

　同じヨーロッパでも、ラテン系はダメなんです。イタリア、フランス、スペインとか……。フランスにジョルジュ・シムノンがいますが、彼はもともとベルギー人で、彼のは探偵小説とは言えない。殺人事件を通して人間の悲惨を活写する小説で、いわゆる事件小説です。

　ドイツに行くと、神秘小説になってしまうし、ロシアもこれに近いと言っていいでしょう。要するに東ヨーロッパは、怪奇幻想小説なんです。ドラキュラなどがそうです。では、なぜアングロ・サクソンか？　というと、ぼくも英米法には詳しくありませんが、根底には裁判の仕組み、警察組織が大きく影響していると言っていいでしょう。こうしたものが、アングロ・サクソン独特のスタイルなんです。拷問・自白で犯人を追いつめず、理づめで証拠第一主義にのっとって行なうという点です。

市民の裁判が土壌に

　また、裁判のやり方も、被告側と検察側が、証人と物証によって進めていき、最後には事件と無関係な十二人の陪審員の評決によって、有罪か無罪かが決まる。つまり、一般市民が直接、裁判に関わって、被告のシロ、クロについて真剣に考えるという機会が与えられる——だから、いやでも、一般市民は刑事事件に関心をもつようになるわけです。こういう点が、探偵小説を生む土壌となったと考えられますね。

それから、おかしなことにイスラムからは探偵小説は出てこない。大きく世界を分けると、イスラム文化圏、キリスト教文化圏、仏教文化圏に分かれるわけです。文明史的に言うと。そういうことですが、キリスト教文化圏で生まれたのが探偵小説です。

しかも、そのなかのアングロ・サクソン。そしてケルト人の国、スコットランドからコナン・ドイルが出ています。

野球と探偵小説を輸入した日本人

しかし、日本という国は考えてみると、おかしな国です。イギリスのように広大な原野をもった国が、アメリカの野球にはそっぽを向いて、ゴルフとラグビーぐらいをやるにすぎない。ところが日本はというと、九〇%が山地で、平地はわずか一〇%しかない。こんな国が好きこのんで野球をやるというんだから、日本人というのは、相当クレージー（狂的）だ。

そして、探偵小説です。こういうことを考えると、日本民族というのは、仏教伝来以来、どこの国のものであれ、いいものはいただくという感受性は豊かな民族なんです。しかも、いいものであればいただくという謙虚さも持ち合わせている。明治維新後、日本はヨーロッパ先進国へ出かけて行って、法律から工業技術まで、皆な学んで持ち帰ったんですから。探偵小説も、こうして立派に日本に根づいたわけだし、その一役を買ったぼくも忘れてもらっては困る。まあ、それは冗談として、探偵小説によって、日本文学とか、言葉の分野が受けた影響も大きいと思います。

とくに、戦後生まれの若い人たちへの浸透力は、かなりのものがある。その一翼を担った早川書房は、戦前の岩波文化に対抗するものとして、忘れてはならない存在でしょうね。

ミステリの条件とは？
鍵があって、戒厳令がない国

――民主主義社会でないと、探偵小説は発達しないということはわかりましたが、日本の場合で具体的に言うと……。

田村　日本も戦後三十九年経って、ようやく民主主義が根づき始めた。その証拠と言えるのかどうかわかりませんが、ロッキード事件やロス殺人事件などに強い関心を示すようになったでしょう。こういうことも、ミステリがある程度読まれるようになったこととも通じ合うと言えるでしょう。

とくに、東京オリンピック以後、鍵のある生活を送るようになったということでしょうね。そして、今でも政治的・軍事的密室はあるけれど、原則として情報が公開されるようになったということです。

それから、戦前の天皇制がなくなり、タブーは残ってはいるが、一応言論の自由が保証されている。それに、とくに日本には政治犯がいないということ。政治犯という言葉がないし、政治犯を強制収容する設備もない。

過激派の逮捕者だって、刑事被告人であって政治犯ではないでしょう。そして、おそらく、東洋では、戦後、戒厳令の一度も布《し》かれたことのない唯一の国でしょう。そういう意味では面白い国です。

〝娯楽としての殺人〟はポオから

――探偵小説の起源というと……。

田村　人によっては、ソフォクレスや、ドストエフスキーまでさかのぼるように言う人がいるが、これはムリです。

そう言ってたら、旧約聖書までいかなくてはならないことになる。旧約聖書はご存じのように、兄弟殺しの話から始まるんですからね。殺人というのは、最も人間的な行為ですが、探偵小説で描く殺人というのは、言ってみれば〝娯楽としての殺人〟なんです。ただ殺人が書かれているからといって探偵小説だということにはならない。

　その意味で、『罪と罰』だって、探偵小説とは呼べない。あれは、政治小説・宗教小説と言うべきでしょう。

　〝娯楽としての殺人〟がテーマかどうかということで、それが探偵小説か否かが決まると言えるでしょう。そういう意味で、ぼくは、やはり、大方の人の間で定説になっているように、ポオが探偵小説を初めて書いたと考えていいと思います。→⑥What is Mystery？

ミステリの出発点

〝瓦版〟に新鮮な娯楽殺人を

――ミステリの出発点がポオだというのはわかりましたが、その辺をもう少し詳しく聞かせて下さい。

田村　産業革命以降、工業化社会が進んだのち、一九二〇年代になって、さかんに読まれるようになったのが、探偵小説です。そして、この探偵小説の誕生には、アメリカで発生した新しいジャーナリズムが大きく関わっているんです。
　ジャーナリズムはもともと、村の情報紙でした。あそこの娘さんが結婚しましたというような記事を載せるローカル・ペーパー（地方紙）だった。北海道新聞とか信濃毎日などというように。あるいは、江戸時代の瓦版みたいにね。

ところが、都市化現象が起こり、ニューヨークという都市ができ、ジャーナリズムの性格が変わったのです。

ポオが『モルグ街の殺人』を発表したのが、一八四一年ですが、これはちょうどアメリカでジャーナリズムができてきた頃なんです。つまり、ジャーナリズムの発生によって、娯楽としての読みものが要求されるようになり、そのジャーナリズムに、娯楽としての殺人小説を提供した最初の作家がポオなのです。

その意味で、ポオが近代的な探偵小説を初めて作ったと言えるわけです。

詩作の気分で食えるか？

当時のアメリカは、ボートピープル（流民）の集まりで、いろいろな人種が新大陸にやって来た。そのアメリカに、ディケンズ以来のイギリスの文学とは違った、まったく新しい文学のジャンル（様式）の一つが生まれたというのは、面白い現象です。つまり、アメリカという新世界でポオが探偵小説の始祖になったことは探偵小説の性格を語っていて面白いと思うんです。

非常に貧窮していたポオが、イエロー・ペーパー（赤新聞）のようなところに書いたのが『モルグ街――』などの小説です。

　ポオ自身、金ほしさに書いたんでしょうが、どうせ書くなら、詩人でもあるポオは、詩的ロジックのあるものを書こうとしたんじゃないでしょうかね。先ほど申し上げたように、探偵小説のロジックは、詩的ロジックに似ていますから。

――では、詳しくはポオのところでまたお願いします。→⑦What is Mystery?

ミステリの黄金時代

『樽』『アクロイド――』『赤毛――』『野獣――』


――ミステリの出発点は、ポオということなんですが、では黄金時代は……。

田村　ミステリは、ポオというアメリカの作家が一八四一年に発表した『モルグ街の殺人』でスタートを切ったのですが、黄金期ということになると、発祥地のアメリカより、イギリスのほうが十年早く迎えるんです。

　つまり、イギリスでの黄金期は、第一次大戦後の一九一八年から三〇年代に及ぶ二十年間です。この間に、クロフツが『樽』を書き、クリスティが名作『アクロイド殺し』を発表した。

そのほかにも、探偵小説の名作と呼ばれる作品が次々と生まれたんです。フィルポッツの『赤毛のレドメイン家』、ブレイクの『野獣死すべし』などがそうです。

アメリカの成熟期はクイーンから

それから十年遅れて、アメリカで突如、黄金期がやってきた。ハワード・ヘイクラフトが、「アメリカ探偵小説は一夜にして成年に達した」とほめた作家がヴァン・ダインだったのです。しかし、ヴァン・ダインという作家は、スタイルはイギリス・ミステリそのままで、新大陸の息吹きを感じさせるものではなかった。ヴァン・ダインに続いて現われたのがエラリイ・クイーンで、ここに至って、アメリカ探偵小説は、完全に成熟期を迎えたわけです。

しかし、アメリカ探偵小説は、地理的にも、社会状況としても、イギリスのような島国とは違って、新しい要素が入ってくる。新大陸の新しい都市に起こった犯罪を扱うわけだから、古典的な探偵小説とは異質なものになってくるのは当然のことなんです。

わかりやすく言えば、戦前だったら京都と東京の殺人では、その背景に大きな差があったはずです。それと同じことです。

新大陸には、アングロ・サクソンに続いて、フランス系、遅れて入って来たのがドイツ、イタリア。そして中国、日本などの有色人種が入り複雑な社会的背景を形成していったわけですから、探偵小説にも当然それは反映していったのです。→⑧What is Mystery?

日本のミステリ輸入時代

工業技術とともにイギリスから

——ミステリが日本に輸入されたのは？

田村　探偵小説は、野球と一緒に日本に入って来たと思っていただいていいでしょう。野球はアメリカ、ゴルフはイギリスから入って来たわけですが、言ってみれば、戦前の上流階級はゴルフを輸入し、庶民層は野球をとり入れたんです。

　ところが、世界を見回してみても、ゴルフ、野球、探偵小説をこれほど自国にとり入れて、はやらせた国というのはないと言っていいでしょう。そういう点では、日本は非常に奇妙な国なんです。

　ま、日本人は古代から謙虚で、外国の文化を尊敬してきた。言葉から美術、宗教に至るまで、いわゆる中華思想はない。明治期も同じことです。

　そこで、日本に探偵小説が登場するわけですが、探偵小説は中国にも朝鮮半島にも（明治〜大正期）なかったんです。そういう意味では、日本文化論的にも非常に興味のあるところなんです。

ともあれ、一八六八年の明治維新後、日本が近代化を急いだとき、学んだのがイギリスでした。そのとき、近代工業社会を支える製鉄、造船、鉄道などの技術と一緒に入って来たのが、探偵小説だったわけです。

外交官の必読書はホームズもの

そして、これは戦前の話ですが、イギリスに行く外交官は、皆なシャーロック・ホームズを読んで行かなければならなかったそうです。外交官というのは、ご承知のように、本音を吐いてはいけないことになっている。本音を吐かずに、いろいろ情報を集めるのが務めなわけだから……。パーティーや晩餐会の時にも、人の噂話はタブーです。当たりさわりのないことを言って話を合わせるには、探偵小説の話が最もふさわしいわけです。

そこで話題にするのが、シャーロック・ホームズの手柄話……。これが一番無難だった。そうでないと、あいつは気にくわない奴だとか、彼女は美人だとか、外交上穏やかでない話に発展してしまう。

日本の村となると、これが探偵小説でなく、ワイ談になったんです。ワイ談以外の話だと、どうしても人を傷つける話になりがちなので、クッションの役目を果たすものが必要だったと言えるんでしょうね。それもこれも、生活の知恵ですよ。ワイ談といえば、昔、春画を笑い絵と言ったそうですね。あれを見て怒る人間はいませんからね。

話が横道に外れましたが、そういうことで、探偵小説は、外交官の必読書だったんです。それから、探偵小説を読むことによって、風俗、個人生活、公的なもの、制度などを知ったわけです。

それに対して、我々の先祖は、江戸や大坂などの寄席で子供はお爺さん、お婆さんに連れられて落語や漫才を聞くことで、冠婚葬祭の際の挨拶や、季節の変わり目の服装などの知識を、知らず知らずのうちに覚えてきたわけでしょう。

戦前日本のミステリ界

——戦前日本のミステリ界についてうかがいたいのですが、日本の探偵小説というと、やはり、江戸川乱歩さんに始まりますか。

田村　作品としては、江戸川先生の『二銭銅貨』（一九二三）ということになるでしょう。最初、先生はアメリカへ渡って皿洗いなどやりながら英語の勉強をして、英文で探偵小説を雑誌に発表したいと考えていたらしい。

しかし、当時は外国へ行くには、見せ金制度というのがあったので、先生は金がなくてこの野望はダメになったんです。その次にやったのが、馬場《ばば》孤蝶《こちょう》のところへ原稿を送ることだった。

ところが、これも何の返事ももらえなくて、当時あった「新青年」という雑誌へ送った。そして、編集長の森下雨村《うそん》に認められて初めて雑誌に掲載されたわけです。

「新青年」は大正から昭和にかけて発行されて、西洋の探偵小説の翻訳を載せたり、日本の探偵作家の作品もかなり積極的に掲載していました。

この時代は、モガ（モダンガール）やモボ（モダンボーイ）のはやった、昭和モダニズムの頃です。今で言うとナウい読者を対象にして始めた雑誌ですね。その頃、寄稿家として、江戸川先生や横溝正史、新潮文庫のシャーロック・ホームズ全集を翻訳している延原謙さんなんかがいた。

のちの編集長の水谷準さんは、名編集長として知れわたった人ですが、自分でもルブランなんかを翻訳したりしていた。ですから、日本のミステリの発生は、昭和モダニズムの頃でしょうね。

戦後日本のミステリ界

――そして、戦後日本のミステリ界は？

田村　探偵小説は、世界的に見ると、第一次大戦後と第二次大戦後が、最も活発な活動期ということが言えると思います。
　それで、現在は第二次大戦後四十年近く経っていますから、かなり状況は変わっています。さっきお話しした「新青年」にしても、敗戦直後は、猟奇小説が多くなって、戦前のイメージはなくなってしまった。猟奇小説というのは、一種のポルノグラフィーですからね。

ミステリ隆盛のカギは〝鍵〟

　日本で本格的な探偵小説が誕生したのは、昭和三十九年の東京オリンピック以降なんです。たとえば、密室殺人を例にとっても、それまでは襖《ふすま》と欄間《らんま》だったから、家の構造上、密室になりようがなかった。

　探偵小説には鍵が大きな役割を果たしていることは言うまでもありませんが、東京オリンピック以前の日本の社会を見ると、東京でさえ、ホテルは帝国ホテルと第一ホテル、そのほか二、三軒しかなかったんだから……。鍵のある生活が一般の人たちに普及したのは、東京オリンピック以降なんですよ。

　ホテルができ、クルマ社会がきて、コインロッカーが行きわたった。こうして、庶民の間にも、鍵の存在、秘密の保てる空間という概念が、はっきりと意識できるようになった。

料理文化の向上をめざしたい

そういう点では、探偵小説というのは、その時代背景を抜きにしては存在しないと言ってもいいはずです。トリックにしても、同じことが言える。

それから、探偵小説もこれだけ隆盛時代を迎えれば、いつまでも〝フーダニット（Who has done it? 誰が犯人か）〟ばかりでは、若い読者をとらえられない。むしろ、殺しが行なわれた情況や心理を鮮明に描き出す必要に迫られていると思いますね。

これからは書き手（作家）と読み手（読者）のレベルがもっと向上して、皆さんが洗練された料理をお食べになることを願います。ぼくが味わったことのないような素敵な料理を、ね。→⑨What is Mystery?

第三章　ぼくの好きな料理――これがグルメの条件です

〈ふ・る・こ・う・す〉

私は殺してしまうでしょう
私は殺しました
私は殺したかったのです
私は殺すでしょう
私は殺したのです
私は殺します
私は殺してしまったのです

（セバスチアン・ジャプリゾ『シンデレラの罠』目次・望月芳郎訳より）

エドガー・アラン・ポオ　Edgar Allan Poe (1809-1849)

文学上の〝産業革命〟

――ポオは〝推理小説の父〟〝探偵小説の始祖〟などと言われますが、いったい探偵小説はどんなふうに誕生したのでしょうか。

田村　ポオと彼の作品を考えるには、その時代背景を考えることが大切です。なぜなら、作品とその時代は密接な関係がありますから。

一口に言えば、ポオが始めた探偵小説は、〝文学における産業革命〟だと思います。

もともと十八〜十九世紀にイギリスで誕生した産業革命というのは、フランス、アメリカというように全世界に広がって、ついには極東の日本に至るまで、社会構造を変えていった。そして、社会構造がすっかり変わった時点で、探偵小説が生まれた。つまり、二十世紀という時代がなければ、探偵小説は生まれなかった……。この意味で、〝文学における産業革命〟なんです。それまで、こんなジャンルはなかったのですから。

――ポオ以前に似た作品はなかったのですか？

田村　もちろん、殺人事件を扱った小説といえば、ディケンズやドストエフスキーなどの文学もありましたがね。ただ、殺人そのものを楽しむ探偵小説という知的エンターテインメントのジャンルが確立されるのは二十世紀です。そこで、この〝文学革命〟を最初に行なった人間、第一バッターは誰かというと、ポオなんです。彼がまず手がかりをつくった。そして、この革命を決定的なものにしたのが、コナン・ドイルです。

新世界の娯楽物として

——では、この〝革命的文学〟を、ポオはどんなふうに、なぜ生み出したのでしょう？

田村　そこが面白いポイントです。

まず、ポオはアメリカに育った。それも、ニューヨークで過ごした。で、このニューヨークって町の歴史は浅いんですよ。江戸の町よりずっと新しい。だって、アメリカ自体がやっと独立二百年を迎えたばかりですからね。

イギリスの清教徒たちは、新世界に憧れて、メイフラワー号に乗ってやって来た。そして、ヨークというイギリスの都市の名前にニュー（新しい）をつけて、「ニューヨーク」という都市を作った。

ここで重要なことは、ポオがこの新都市で生活し、探偵小説を始めたということです。このことが、以後の探偵小説全体の性格を物語っているのです。

——その点をもう少し詳しく……。

田村　イギリスのなかでも最もイギリス的な人々が新しい都市を作った。そこに新しい文学が生まれた。つまり、探偵小説の土壌はもともとヨーク（イギリス）なんだけど、ヨーロッパの伝統から切り離された形で誕生した。ここが面白い点なのです。

　よくアメリカは〝階級なき社会〟とか〝差別なき社会〟と言われるけれど、ぼくに言わせれば、あそこには非常に階級や差別がある。ワスプ（WASP）って言うでしょ。白人（W）で、アングロ・サクソン（AS）で、プロテスタント（P）……これが上層階級なんです。彼らが、まず新世界、たとえばニューヨークを握ってしまった。そのあとで、遅れて、ドイツやイタリアなどの後進工業国の移民連中が入って来て、各地へ進出した。

　余談ですが、現代アメリカの探偵小説を考えるためにもちょっと触れますと、アメリカの南部や中西部は、ナポレオン一世が戦争資金に困って安く売った土地です。昭和四十二～三年にぼくが住んでいた中西部のアイオワ州なんかはドイツ移民が多かったけれど、たしか一エーカー十ドルぐらいの値段じゃなかったかな。今でも中西部の州境の地図を見ると、まるでカステラを切ったみたいに矩形《くけい》になっていて、叩き売った跡が歴然としている。そういう所に、後発の移民たちが進出していったのです。

　ま、そんなふうにアメリカは発展するんだけれど、先ほどのニューヨークって所には、上層階級の、ある意味じゃイギリス人よりもっとイギリス的な人種が生活していた。そこからポオの探偵小説が生まれたのです。

このようにして、探偵小説は、ちょうど今日の水上スキーやサーフィンみたいな、新しい娯楽物として、新世界に誕生した。ポオがこのヴェンチャー・ビジネス（冒険企業、研究開発型新企業）を創案し、のちにイギリス本国が逆輸入した。ポオが第一バッターということ、探偵小説が新世界の産物だというのは、こうした意味なのです。

貧窮と編集者・作家の関係

――ポオの作品を一つ挙げるとすると……。

田村　やはり、『モルグ街の殺人』でしょうね。

この作品で、文学史上（大げさに言えば人類史上）初めて探偵小説というものが産声を上げたわけですから。

もちろんポオ自身には、当時、探偵小説という文学のなかの一つのジャンルを作り上げたなんていう意識はなかったでしょうが、とにかく、後世の研究家から見ると、これが探偵小説という文学のなかでも毛色の変わった一つの分野の源流となったわけです。

ポオの本業は詩人なんですが、当然これでは食えない。今でもそうだけど（笑）。そこで、原稿料欲しさに、つまり、〝神のパン〟を得るためにいろいろなことをやった。これまでの作家が書いていない、風変わりなものを書いてやろうと考えたのです。正統な小説をやろうという気持ちは初めからなかったんです。詩人ですからね。

ポオの両親というのは旅回りの俳優だった。ポオがボストンで生まれて間もなく、両親が死んで、タバコ商人アランという男の養子になった。大学へも行き、陸軍士官学校にも入ったが、うまくいかなくて放校されたりした。

その後、十四歳の従妹のヴァージニアと結婚して、雑誌の編集を手がけたり、寄稿したりしたが、経済的には常に貧窮していたらしい。つき合っていた出版社が日本のある出版社みたいに、ひどい版元で（笑）、いつも安く買い叩かれたので、生活は潤わなかった。

でも、『モルグ街の殺人』を発表した一八四一年頃は、いちばん幸福な時代だったらしい。この頃、「グレアムズ・マガジン」の編集長になっています。

酒から生まれたトリックの数々

――後世の分析では、ポオの作品には種々のトリックの原型があるようですが……。

田村　ポオは、ニュー・エンターテインメント（新しい娯楽）を創るために努力したと思いますよ。先ほど触れたように、ニューヨークは階級的にも厳しい所ですからね。普通のものを書いたって相手にされない。そこで、パン代のためには、どうしても創意工夫せざるをえない。たとえば、『モルグ街の殺人』は、ポオ自身行ったことのないパリが舞台で、モルグ街というのも架空の場所です。登場するオーギュスト・デュパンという探偵もフランス人で、事件としては今でいう密室もの……。犯人がとっておきの意外性をもっているというのも、最初の作品としては並み外れている。

しかし、ポオとしては、後世の探偵小説作家が努力したような創作意識はなかったでしょうね。彼自身は詩人なんだし、いい詩を書くことに意欲を燃やしていたはずです。小説のほうは日々の糧と、好きな酒を飲むための作業だったんじゃないのかな。

——詩人であったことが幸いしたという言い方もできるのですか？

田村　ある意味じゃ、詩の論理と探偵小説の論理には、アナロジー（類比）がありますからね、それがうまくかみ合って、現在ぼくたちが読んでも耐え得るような、永遠不滅の作品が生まれたのでしょう。しかも、わずか四十歳で急死するまでの短期間にね。

コナン・ドイルへの影響

——ポオの死後、五十年してからコナン・ドイルの作品が発表されるわけですが、ポオの創案はどう活かされたのでしょう。

田村　たとえば、『モルグ街の殺人』は密室もの、××トリックものの典型ですから、ドイルの『まだらの紐』やアントニー・ウィンの『サイプラスの蜂』などに影響を与えている。ほかにも、『マリー・ロジェの謎』は安楽椅子探偵もの、『お前が犯人だ』は探偵＝犯人もの、『黄金虫』は暗号小説の傑作、そして、『盗まれた手紙』は人間心理の盲点をついた隠し方のトリックの代表作、というように、すべてドイルの作品に影響を与えています。

——ポオの作品には、怪奇的・幻想的な雰囲気を感じますが、この点は？

田村　当時のヨーロッパ、とくにドイツには神秘主義的な作品が多かったのです。たとえば、ワッサーマンのような……。まあ、ポオ自身が今日のような意味の探偵小説を初めから書こうと自覚していたのではありませんから、それは当然のことでしょうが。

　その意味では、「これが探偵小説だ！」という作品を創り上げたのは、ドイル以降のイギリス人なのです。しかし、ポオはちゃんと探偵小説の真髄を語っていますよ。これは、デュパン探偵についての描写ですが……。

「……分析を愛する性質を過度に持つ人にとっては、分析というものは何にも替え難い享楽なのである。恰度《ちょうど》腕力の強い者が力を揮《ふる》うことそれ自体を愛するように、分析家も分析という精神活動そのものを愛する。分析能力さえ発揮し得れば、その対象が何であろうと構わない。謎々、難題、象形文字の解説の類も大好物で、彼がそれらを解く賢さというものは、普通人には超自然の能力を持つかと思われるほどである。」→検証

コナン・ドイル　Sir Arthur Conan Doyle (1859-1930)

古き良き時代のロンドン

——ドイルの作品は日本で人気がありますね。

田村　ぼくもそうですけど、日本の少年たちは、必ずドイル体験（シャーロック・ホームズ体験）をしている。これを始めたのが江戸川先生です。先生はドイルに心酔して、ホームズの日本版として明智小五郎を創り上げたりしました。

ホームズ物の魅力というのは、子供が読んでも面白く、青年が読んでも面白く、壮年から老年の人が読んでも、馬車とガス灯の古き良きロンドンをしのぶことができる。これは大切なことです。ホームズ作品を通じて、その当時の市民の考え方、行動、マナー、暮らし方などが具象化されている。それほど、当時のロンドンの町には魅力がある。しかも、しだいに光彩を放ってくるという奥深さがある。

その意味ではシェイクスピアの作品に似ていますね。あらゆる年代の人々に読まれる。このように、すごい作品というのは、すべての階層に読まれて、いろいろに読み取られるということでしょう。学問のある人もない人も……ね。言い換えれば、〝お客さんしだい〟

で読まれ得るということが、一流作品に備わっている条件ですね。

そこで、ホームズ研究はシェイクスピアなみに続けられている。なかには、レックス・スタウトが唱えたように、助手ワトソン＝女性説なども出たりしてね（笑）。

売れない医者の暇つぶしから

――コナン・ドイルが探偵小説界の巨人と言われるのは？

田村　彼はシャーロック・ホームズ譚をひっさげてイギリスに登場し、肥沃な土壌に、探偵小説という大輪の花を咲かせ、完成させたと言えるでしょう。

コナン・ドイルは、スコットランドのエディンバラに生まれたのですが、彼の周囲には芸術家的な資質をもった人たちが多かった。まず、祖父のジョン・ドイルは政治風刺の漫画家だったし、ドイルの父も建築家であると同時に、画才に恵まれ、雑誌社などに挿絵やスケッチを売ったりしていた。また、大伯父さんは著名な美術評論家で、伯父さんは美術雑誌の編集長でパリに住んでいたんです。

しかし、ドイル自身は医学の道に進み、サウスシーというところで開業したが、患者はあまり来なかったので、小説を書き始めた。最初は不気味な味わいをもつ冒険物語などだったが、そのうち探偵小説に筆を染めるようになった。

ドイルの頃の探偵小説というと、登場人物の性格描写や事件の謎を論理的に解いていくという、探偵小説本来の面白さをもったものは少なくて、偶然性によって事件が自然に解決するというのがほとんどだったんです。

しかし、そういうもので刺激されて、ドイルは自分でも書いてみようという気になったんでしょうね。また、ドイルがホームズ譚を書き始める五年前（一八八三）に、スチーブンソンの『宝島』が書かれているというのも注目に値します。

まず、ポオのデュパン探偵に伍して、主人公の探偵をつくらなければならないと考えたドイルは、ぴったりのモデルを探し出した。それは、エディンバラ大学の医学部の主任教授だったジョセフ・ベルという人物です。

やせて長身で、もじゃもじゃの髪をもつこの人物が、シャーロック・ホームズの原型になったのです。最初、ドイルはシェリンフォード・ホームズとつけてみたが、ぴったりしないのでクリスチャンネームをシャーロックに変えました。

物語の語り手の名も、最初はオーモンド・サッカーとしたんですが、これもそぐわないのでジョン・ワトソン医師にしたわけです。

ワトソン医師にもモデルがいて、ドイルの友人のジェームズ・ワトソン博士だったと言われています。

著作権がなかった時代

ホームズが初めて登場する作品には、最初『もつれたかせ糸』というタイトルがつけられていたんですが、結局、『緋色の研究』（一八八八）に改めた。

ドイルはこの原稿を三つの出版社に送ったが採用されず、四つ目の出版社が独占掲載料として二十五ポンド支払ってくれることになったわけです。

しかし、『緋色の研究』が初めて載った『ビートンのクリスマス年鑑』の出版（一八八七）は、ほとんど注目されなかった。著作権を早々と売却してしまったので、第二版が出ても、またアメリカ版が出ても、ドイルのふところには一セントも入らなかった。当時はまだ著作権法というものがなかったから、アメリカの出版社は、好きな英国の作家の作品を、無断で勝手に出版できたのです。

今から考えると信じられないような話ですが、当時としてはこれが常識でした。

二足のわらじで書き続ける

ドイルは、こういう事情で、その後はほとんど執筆していませんでしたが、二年後、アメリカの雑誌から前金を添えて執筆依頼があったのに気をよくして、『四つの署名』（一八九〇）を書いた。

ドイルの長編は、いずれも構成がよく似ていて、最初に事件が語られ、第二部では、その事件の動機となった背景が物語られるというものです。しかも、事件そのものは伝奇的な色彩を帯びている。そういう点から見ると、短編には純粋な冒険と推理の面白さがいかんなく現われていて楽しい。

ことに『シャーロック・ホームズの冒険』（一八九二）には、傑作中の傑作と言われる『赤毛連盟』、『唇のねじれた男』、『まだらの紐』が含まれていて、代表作に挙げる価値をじゅうぶんに備えています。

ドイルはすでに歴史小説で成功をおさめていたのですが、まだ医業のほうは相変わらず続けていました。

探偵小説最大の功労者

しかし、一八九〇年、ポーツマスからロンドンに移り住み、「ストランド」誌への連載が始まってからしばらくすると医業を断念し、小説に専念するようになりました。

その後もホームズ譚は書き続けられ、結局、ドイルはホームズものは長編四、短編五十六を書き残したのですが、ドイル自身は、自分を探偵小説家と呼ばれるのをきらい、歴史小説家と称していたそうです。

このほか、後年、彼は心霊学に強い関心をもち、作家、医師として活躍する一方で、心霊学についての活動にも打ち込んだんです。

しかし、ドイルの名を知らない人はいても、ホームズの名を知らない人はいないと言われるほど、この名前を有名にし、実在の人物と信じ込む人もいるほどにした功績は大きいし、ドイルの登場がなければ探偵小説もこれほど広汎な読者を獲得することはできなかったはずです。その意味で、ドイルは探偵小説界最大の功労者と言えるでしょう。↓検証

オルツィ夫人　Emmuska Baroness Orczy (1865-1947)

女流探偵作家の登場

――ドイルのシャーロック・ホームズに対抗・挑戦して、いろいろな作家がさまざまな探偵をつくり出したわけですが、筆頭に挙げるとすれば誰でしょう?

田村　まずは、オルツィの『隅の老人』（一九〇一連載開始）でしょうね。このタイトルもちょっと気になる、いい感じでしょう。

オルツィの父はハンガリー人で、音楽家だった。男爵で、オルツィの母親も伯爵家の出身だった。バロネス・オルツィといえば、なんといっても『紅はこべ』（一九〇二）が有

名ですが、彼女はブリュッセルとパリで初等教育を受け、十五歳までは英語をひと言もしゃべらなかったと言われます。

その後、ロンドンの美術学校に学び、ここで画学生モンタギュー・バーストゥと知り合い、のちに結婚するんですが、二人とも最初のうちは絵の分野で活躍したようです。

前にも言ったとおり、オルツィと言えば、『紅はこべ』ですが、これは夫婦の合作だった。夫婦そろって探偵小説の愛読者だったが、そのうち、夫に勧められて探偵小説を書くようになったのです。

日本なら〝隅の老婦人〟？

『隅の老人』という変な題名は、ロンドンの場末のカフェ「ABCショップ」の隅のほうに座っている老人が探偵役をするところから、この名前がつけられたわけです。

隅の老人は、自分では歩き回らず、婦人記者ポリーの話を聞いて、見事な推理を展開してみせる。いわゆる〝安楽椅子探偵〟のはしりと言えるでしょう。もちろんホームズにもあるけど。こういう探偵もなかなか味がありますよ。

今ふっと読み返したくなりましたね。こっちが老人になったせいか（笑）……。老人ってのは、人生経験豊かでしょ。それが推理のパワーになっている。自分自身が体を動かさなくたってじゅうぶん推理することができる……。最近は老人向け雑誌があるでしょ。あれに載せたらいい（笑）。これからの日本の老人社会にはいいですよ。もっとも、日本じゃ〝隅の老婦人〟になりそうだけど（笑）。

ジャック・フットレル　Jacques Futrelle（1875-1912）

監獄から脱出できるか？

——『隅の老人』から少し遅れて書かれたジャック・フットレルの『思考機械』（一九〇七—〇八）。これはいかがですか？

田村　フットレルは、あのタイタニック号に乗っていて、劇的な最期を遂げた作家ですが、一緒に乗っていた奥さんのほうは助かった。

この思考機械というのは、探偵の綽名《あだな》で、本当の名前はオーガスタス・S・F・X・ヴァン・ドゥーゼンと言うんですが、肩書がまたすごい。哲学博士とか法学博士とかいくつもの博士号をもっている。チェスは初めてだというのに世界一のチェスの名手と勝負をして十五手で勝ってしまう……。まあ超人探偵です。人間世界では、人間の思考力で解決不可能なものはないという考えをもっていて、それでは監獄から脱獄できるかと挑戦されてやってのける。

この「十三号独房の問題」という作品が、フットレルのなかでは最高傑作とされているが、ほかにドゥーゼンの活躍する作品を四十四編残しています。

アメリカ人で、二十歳ごろには劇場の支配人をやったと言われていますが、その後、作家のメイ・ピールと結婚し、新聞の編集にたずさわり、その間にこれらの作品を書きました。

数々のトリックに挑戦

——作品の雰囲気としては？

田村　まあ、ホームズがロンドンと不可分に結びついているというような要素はない。いわば、産業革命時代の〝初期製品〟という感じでしょうか。トリックなどはよくできているけど、味という点では今一つかな。トリックだけで勝負して四十編以上の短編を書けば、どうしても少々後半は質が落ちてくる。

——ヴァン・ダインは六冊しか書いてはいけないと言ったとか。

田村　そうそう、そんな感じです。↓検証

ガストン・ルルー　Gaston Leroux (1868-1927)

ポオに挑戦した密室もの

——今までに取り上げた作品は、ドイルの数編が長編だっただけで、そのほかはいずれも短編ばかりです。しかも、発表された場所もアメリカかイギリスだったわけですが、ほかに目ぼしい作品はありませんか？

田村　この時期に長編で、純粋推理に近い作風で、しかもフランスの作家が書いたという点で、特筆される作品があります。

一九〇七年に発表された『黄色い部屋の秘密』がそれです。作者はガストン・ルルー。フランスなどのラテン系民族の間には、論理を基調とした探偵小説は、ほとんど育っていないんですが、その点ルルーは変わり種と言えるでしょう。

ルルーは、中等教育を終えたのち、法律の道へ進んだが、演劇批評をしたり、衛生学の書物を書いたりして、それにもあきたらず、ジャーナリストになって、北欧、イタリア、中近東というように取材旅行をしてはパリの新聞や雑誌に詩やエッセイを寄稿していた。

そのうち、新聞から推理長編の連載を勧められたんです。そのとき、ポオの『モルグ街の殺人』やドイルの『まだらの紐』以上の怪事件を書こうと考えて思いついた密室本格ものが『黄色い部屋の秘密』です。

　これは二重に内側から閉じられた部屋の中で起こる事件で、発見者が駆けつけてみても犯人の姿はないという、密室と人間消失が融合されたとびきりの謎が冒頭に出てくる。そして、事件解明に努力するのがルルタビーユという十六歳の探偵……。

　心理的な密室ものとしては、これが最初のもので、最も成功したものでしょう。その後も『黒衣婦人の香り』（一九〇八）などいくつか書いていますが、純粋な探偵小説はあまりなく、ファンタジー（空想）もの、歴史小説、恐怖小説など、作品の内容は多方面にわたっています。ま、探偵小説としては、最初に書いたこれ以上のものはなかった。

　ルルーのせっかくの傑作も、フランスではこの種の作品を書く作家が現われず、継承者がいないのは寂しい限りです。↓検証

モーリス・ルブラン　Maurice Leblanc (1864-1941)

フランスでは推理派は育たない？

――フランスといえば、イギリスのコナン・ドイルに対して、モーリス・ルブランがいま

すね。彼の作品、『怪盗ルパン』はいかがでしょう。

田村　ルブラン自身も、ホームズはじゅうぶん意識していたとみえて、ルパンと対決させてみたりしていますね。

　ホームズとルパンをくらべれば、こういうことでしょう。ルブランはフランス人の一般大衆を対象として娯楽小説を書いた。一方、ドイルは最後の大英帝国、ヴィクトリア朝のロンドン市民を相手にして書いた。それだけの違いでしょうね。結局、本格ものはラテンよりアングロ・サクソンのものなんだな。その意味で、どちらが才能が上だったというわけでなく、エンターテインメントという点では同じことです。

――ガストン・ルルーでも言われましたが、フランスにはその後、あまり本格的謎解き小説はないですね。

田村　そう、根づいてない。その後現われたジョルジュ・シムノンの心理小説とか、「セリ・ノワール」などの叢書は暗黒小説とかハードボイルドで、本格ものじゃない。もっとも、『813』（一九一〇）『金三角』（一七）『八点鐘《はってんしょう》』（二三）などのトリックや推理の面白さは、本格を踏襲しながらトリック合戦を行なっているけれど、結局、フランスには根づかない。ガストン・ルルーなどは本格だけど大勢じゃない。

五十の冒険に挑んだ怪盗

――では、ルパンの登場の経緯を？

田村　ルブランの父親は船主で、造船工場も経営していたんですが、ルブランは子供の頃から家庭内の文学的雰囲気に包まれて育ったらしい。二十七歳頃から新聞記者になり、寄稿していたようですが、そのうち自然主義的な小説を書き始めた。

しかし、これらはほとんど評判にならなかった。そのうち、大衆雑誌にアクション小説を書くように勧められて書いたのが、ルパンものの最初だったわけです。

これは、ルパンが豪華客船の中で逮捕されるというものだったんですが、発表されるとかなりの評判を呼んだ。そして、次々と、そうですね、一九〇五年にルパンは初登場し、四一年までに五十ほどの冒険をやってのけることになった。

ちなみに、このルパンの発音ですが、正しくはリュパンなんですが、今までルパンで通っているし、音としてもきびきびしているので、ルパンで通しているようです。

大衆的な冒険小説として

――ルパンの魅力は？

田村　ルパンものが成功したのは、盗賊でありながら、弱いものを助けるという任侠的な性格を盛り込んだことと、盗みをするだけではなく、しばしば探偵として活躍させたからでしょう。

しかも変装の名人で、どこへでも自由に現われることができる、というのも、読者の夢を体現してみせた、ルブランの着想のよさでしょう。

しかし、ルパンものは、なかには探偵小説的な面白さをもったものがありますが、概して大衆文学的、冒険小説的色彩が濃い。だから、ホームズものとくらべて、やはりぼくに言わせれば少年期どまりの作品になってしまう。

――お好きな作品は？

田村　『奇巌城』（一九〇九）は、ルパンものの第三作で、これも冒険小説に近いものですが、大怪盗に高校生が戦いを挑むというのが、取り合わせの面白さがあって楽しいですね。

↓検証

G・K・チェスタトン　Gilbert Keith Chesterton (1874-1936)

〝無知〟が売りものの坊さん探偵

――チェスタトンは、たしかこの頃に『ブラウン神父』のシリーズを発表していますね。

田村　そう、一九一一年に『Innocense《イノセンス》』を発表しています。それから二十数年にわたって「知恵《ウィズダム》」「不信《インクレデュリティ》（懐疑）」「秘密《シークレット》」「醜聞《スキャンダル》」と、五冊、五十一篇のブラウン神父ものを書いています。

　これらはいずれもブラウンというローマン・カトリックの神父さんを探偵にした短篇シリーズですが、「無知」、「無心」、「童心」、「無邪気」などと訳されている〝イノセンス〟という題名が非常に象徴的な意味をもっているんです。

――どういうふうに、大事な意味を？

田村　〝大欲は無欲に似たり〟じゃないけれども、大智《たいち》は無智に通ず、これなんです。

　人間は往々にして、変な生半可な知識をもったり、聞きかじりのイデオロギーにまどわされて、偏見を抱いたりするわけですが、この「イノセンス」というのは、そういうことにとらわれないで、人間の頭脳の知的働きを全開させるという、チェスタトン一流の逆説からきているんです。

　しかも、この坊さんというのが、小柄でまんまるな顔の無邪気な表情をしているんです。こういうボンヤリして、薄バカみたいな風貌の坊さんが、まさか鋭い頭脳をもっているとか、すごい聖者だとか、誰も思わないんだけど、いざ事件にぶつかると実に鋭い論理を展開する。そこが面白い。

　大きなこうもり傘をぶらさげていて、それをしょっちゅう、あちこちに忘れている。国際的な盗賊で、各国から指名手配になっているフランボウというのが出てくるんですが、これを奇想天外な策略でとっちめてしまう。そして、この大泥棒が感動して、坊さんの子分になってしまう。このくだりなんか、漫才のボケとツッコミさながらにやってのける。この二人が事件に遭うんだから、ユーモラスな味が出ていて面白いんです。

なぜカトリック神父か？

――坊さんを探偵にしたメリット（利点）は？

田村　ポオのデュパン以後、探偵小説にはおびただしい探偵が登場して、なかには奇をてらっただけとしか思えない探偵もいますが、最も早い時期に、最も意外な人物像を持ってきたという点では、チェスタトンに匹敵する人物はいなかったとも言えるでしょう。

しかし、チェスタトンがローマン・カトリックの神父を探偵にしたというのは、単なる思いつきではなかった。彼は生涯で百五十冊にのぼる著作を残していますが、その内容は二十冊の随筆集をはじめ、評論、小説、戯曲、詩、紀行、神学論、歴史など実に多岐にわたったものです。だから、相当〝すごみ〟のある人なんです。

しかも、彼自身の政治観・社会観・文明批評の根底にあるのはローマン・カトリック的宗教観なんです。彼はローマン・カトリックの教義こそ人間を苦悩から解放する唯一の宗教だと信じて、自分自身、ローマン・カトリックに改宗したほどです。

単純に考えても、神父というのは、さまざまな身分階級の人と関係がもてるし、ザンゲを聞くこともできる、家庭内にもある程度自由に入っていけて、探偵としてのメリットはじゅうぶんある。

名探偵はなぜ独身か？

——それから、独身ですね？

田村　そうそう、そこが大切なんです。だって、カトリックの神父は独身が条件ですからね。そもそも名探偵というのは、圧倒的に独身者が多いでしょ。ホームズ以来、ファイロ・ヴァンス、ブラウン神父、ドルリー・レーン……。クリスティのミス・マープルもポアロも独身。日本でも、明智小五郎、金田一耕助。

——ハードボイルドの探偵もそうですね。

田村　彼らは離婚したのや女房に逃げられたのが多い。で、独り身がやり切れなくて、酒や女に対して暴力的になる、という設定（笑）。

——警官ものの主人公は妻帯者ですが……。

田村　そう、警官ってのはちゃんと結婚した「マットウな生活人＝市民」です。刑事コロンボみたいに、豊かじゃないけど、おだやかな家庭をもっている。ところが、天才的な探偵というのは、みんな独身なんです。女房がいると名探偵になれないらしい。

——なぜでしょう……。

田村　ずっと考えているんですがね。女房や夫がいると足手まといになる（笑）。家庭の雑事にまぎれて、天才が発揮できなくなるのかな。もっとよく分析することができたら、論文を書きましょう。「名探偵童貞論」ってのをね。

翻訳のよいものを選ぶこと

——短篇ながら、文章がやや難解ですねえ。

田村　ブラウンものはたしかに謎に富み、トリックも斬新豊富なんですが、プロットだけ聞いたのでは、子供だましにもならないような筋立てのものもある。チェスタトンは、それを彼一流の警句や逆説で包んで、抽象論理の世界に引き込んでいるので、翻訳を失敗すると、なんだかわかったようなわからないようなものになってしまう。

だから、英文学者たちがシェイクスピアに取り組むようなつもりでやらないと、ブラウン神父ものの味っていうものが出ないんです。その点、福田恆存氏の訳はいいですね。

こういう名作は、いろいろな人が訳して、訳すたびに作品に光が加わってくる。チェスタトンなんかは、それがまた名作の条件と言えるでしょうね。これからもどんどん新しい方が翻訳に取り組んだらいいと思いますね。

神父シリーズの影響力

――ブラウン神父については、クリスティが「いつでも私の大好きな探偵の一人」と言い、クイーンは「あらゆる小説の人物中、移り変わりのはげしい歳月を超越して生き残るにちがいない、ごくまれな人物」と言ってますが、どういう点が、こう言わしめるのでしょう。

田村　それはやはりブラウン神父の人間像でしょう。グレアム・グリーンが書いた『権力と栄光』（一九四〇）、このなかにウイスキーばかり飲んでいるカトリックの神父が出てくるんですが、この人物像は明らかにブラウン神父の影響を非常に強く受けている。

そのほかでは、『ブラウン神父の知恵』（一九一四）のなかの「通路の男」（一三）にパトリック・バトラーという弁護士が出てくるんですが、同名の弁護士がディクスン・カーの『疑惑の影』（四九）の主人公として出てくる。カーのチェスタトン礼賛は、かなり有名なものでしたからね。カーはたぶん、これをそのままいただいたというわけでしょう。

だから、ブラウン神父は探偵小説をはじめとして文学全般に非常に大きな影響を与えているんです。

それから、ブラウンものを探偵小説という面から分析してみると、これは江戸川乱歩先生の研究ですが、正統派探偵作家の代表と見られているドイルとくらべてもトリックの創案率ははるかに高い。類型的なトリックのあらゆる原形がおさめられているとも言われて

います。↓検証

E・C・ベントリー　Edmund Clerihew Bentley (1875-1956)

最初の作品が『最後……』

——次は『トレント最後の事件』（一九一三）ですが、この作品は現代推理小説の黄金時代を築く先駆的存在だと言われていますね。

田村　これは忘れ難い作品です。出てくる婦人がチャーミングだし、第一作なのに『最後……』という題名も愉快ですね。こういうタイトルをつけるのが面白い。タバコ、香水、ウイスキーの名前などで忘れ難いのがあるでしょ。ぼくはね、これと同じで魅力のない題名の探偵小説は失敗だと思うんです。この『最後……』というのもイギリス特有のウィットとユーモアがきいていて、第一級の名に恥じないカンロクがある。

浩宮様留学の大学に学ぶ

——どんな作者ですか？

田村　E・C・ベントリーは職業作家ではなかったし、探偵小説は数えるほどしか書いていませんが、この作品は、構想の新しさ、よく考えられたトリック、人間性を描き出したことで、それまでの作品とは大きく異なる画期的な作品だったと言えるでしょう。
従来、探偵小説のタブーとされていた恋愛事件も巧みにとり込まれている。探偵が被疑者の女と恋に陥ってしまうんですからね。江戸川乱歩先生なんか、びっくりしちゃった(笑)。

ベントリー自身、従来の作品に対するそうした反発から、この作品を書いたと言っています。とは言っても、この作品が現代推理小説の礎石という評価を受けるとは、ベントリー自身、予想はしていなかったでしょう。

ベントリーは、それではどんな人だったかというと、イギリスの中流家庭に生まれたんです。お父さんは、法務省所属の司法官で、彼自身は伝統あるセントポール学院に学び、そこでG・K・チェスタトンと親交を結んでいます。探偵小説史に名を残す二人が、学友だったというのも興味深い話です。

その後、オックスフォードのマートン・カレッジ――そう、どこかで聞いたことがあると思う人もいるでしょうが、浩宮《ひろのみや》様が留学された大学です――に進んだ。

卒業後は法律の研究に打ち込み、弁護士の資格を得たんですが、弁護士にはならず新聞記者になった。

親友チェスタトンとの交流

——新聞記者とはユニークですね。

田村　『トレント最後の事件』は第一次大戦直前の一九一三年に英米両国で同時に刊行されたが、処女作を『最後の事件』としたのは、忙しい記者生活の合間にこれ以上書くのは無理だと考えたかららしい。その点では古き良き時代の最後の作品でしょうね。

当時ある出版社が賞金五十ポンドで探偵小説の懸賞募集をしていたので、この賞金目当てに書いたとも思われるんですが、応募する前にその出版社の編集長に原稿を見てもらったら、当選の見込みなしと言われて、応募はあきらめた、という経緯もあったらしい。

ベントリーが探偵小説を書く気になったことについては、親友のチェスタトンが、その頃さかんに、探偵小説についての評論を書いていたことにも刺激されたのかもしれませんね。それに、トリックを重視する作品に対する反発があって、心理サスペンスを取り入れたのでしょう。

チェスタトンといえば、彼はベントリーが最初に出版した諧謔《かいぎゃく》詩集に、挿画も描いているんです。↓検証

ジョン・バカン John Buchan (1875-1940)

――次はジョン・バカンの『三十九階段』ですが、スパイ小説のはしりと考えてよいですか。

田村　これは一九一五年の作品です。いわゆる冒険スパイ小説で、今のスパイ小説とくらべると、単純で、他愛のないものですが、主人公が事件にいつの間にか巻き込まれて、右往左往するという多少ドタバタの〝巻き込まれ型〟の典型のような作品です。でも、ちょっと忘れちゃいけない作品だな。

――今のスパイ小説とくらべると？

田村　そりゃ、情報とか機械とか、全然違いますからね。やや馬鹿馬鹿しい点もありますが、まあ、はしりとしての意義がある。たしか『三十九夜』という邦題でヒチコックが映画化（一九三五）しましてね。学生時代に観たけどよくできていた。役者がよかったな……。

　これは一九一五年でしょ、第一次大戦の真っ最中に生まれたものですから、今と違って外交官なんかが華々しく活躍した時代背景があります。その点では古典的スパイ小説として面白い。

死んだ男が最後に言い残した「三十九階段《サーティナイン・ステップス》」という言葉によって冒険が繰り広げられて行く、とだけ申し上げておきます。

カナダ総督になった作者

作者のジョン・バカンはスコットランドの旧家の出身で、彼のお母さんはグラッドストンの従妹です。かなり多方面に活躍した人で、弁護士、実業家、軍人のほか、情報局に勤めて『大戦史』四巻を書いたり、国会議員にもなった。晩年には男爵の爵位を受けて、カナダ総督にもなっているんです。

文筆家としても、小説では『三十九階段』のほか、『緑のマント』（一九一六）を残しているし、歴史、評論、詩を発表しました。この多彩な生涯にふさわしい最期と言ったら失礼ですが、馬から落ちて頭を打って亡くなっています。

F・W・クロフツ　Freeman Wills Crofts (1879-1957)

探偵小説黄金期への第一歩

——いよいよ、探偵小説黄金期の一九二〇年代に入るわけですが、この時代の筆頭によく

『樽』が挙げられますね。

田村　探偵小説は、今までもお話ししたとおり、アメリカで発生し、その後五十年経って、イギリスでじっくり発酵され、コナン・ドイルのシャーロック・ホームズ譚という香り高い名酒として誕生したわけですが、ポオという探偵小説の始祖を生んだ本家本元のアメリカでは、ヴァン・ダインが出現するまでは八〇年以上も、これといった作品は現われなかった。

その間、同じアングロ・サクソンの住むイギリスに入った探偵小説は、水を得た魚さながらに、元気よくはね回り、堂々とした大木に育ったわけですが、その素地をつくったのはベントリーであり、チェスタトンだった。

この人たちを水先案内人とすると、以後に現われるクロフツやクリスティ、クイーンなどは国際航路の船長だったと言えるでしょう。クロフツの『樽』が書かれたのは一九一九年ですが、事件の舞台は一九一二年、第一次大戦前夜とも言えるロンドン、パリ、ブリュッセルです。第一次大戦は一九一四年夏に始まったんですからね。

古き良き時代の〝戦後〟作品

一九一九年にはもう第一次大戦は終わっているんです。それをあえて大戦前の三つの古都に舞台をもってきたところに、クロフツの『樽』という作品の深みがあるんです。つまり、クロフツは古き良き時代の最後のヨーロッパを描こうとしたわけです。そこに、『樽』の主題とともに、作者の単なる思いつきではない重要な点がある。

　そもそも、第一次大戦後のヨーロッパは文学や芸術の分野で構造的な大変化が起きました。ぼくの生まれたのは一九二三年ですが、その前年にT・S・エリオットの『荒地』が出る。ジェームズ・ジョイスの『ユリシーズ』、マルセル・プルーストの『失われし時を求めて』の第四巻の『ソドムとゴモラ』が出る。これらが戦後文学と呼ばれます。ヨーロッパで〝戦後〟というと、第一次大戦後のことなんです。音楽、絵画、彫刻の分野でも、ダダイズム、キュービズム、シュールレアリズムというように変わってくる。そんな流れのなかで探偵小説が生まれた。『樽』も、そんな視点で読むことが大切でしょう。

『点と線』の原型がここに

――『樽』には一か所、トリックの点で間違いがあるという話もあるんですが。

田村　興味のある方は、どうぞお読みになって、それがどこなのか捜してみられると面白いでしょう。

　人によっては、クロフツの『樽』や『クロイドン発十二時三十分』（一九三四）などを読むと、松本清張氏の作品がクロフツ的だと思われるそうですが、たしかに、どこかに共通した点があるような気もしますね。『樽』は、探偵小説としては、非常に動きの大きい作品だし、しかも、それらは汽船や鉄道という交通機関を縦横に組み入れている。これは、作者のクロフツの本業が鉄道技師だったことと無関係ではなかったでしょうし、クロフツがイギリス人だったこととも関係があったかもしれない。

つまり、イギリスは世界に先駆けて産業革命をやってのけた国だからです。その点でも、『樽』は画期的な作品だったと言える。

凡人型探偵の出現

――クロフツの作品の価値はどこにあるのでしょう。

田村　クロフツは、ルパンやシャーロック・ホームズに代表される、いわゆる超人型探偵（神の如き叡知で、一挙に難事件を解決するタイプ）に対して、初めて、凡人型探偵（通常人と変わらない頭脳を持った探偵。こつこつ歩き回って解決する）を登場させた。これも画期的な点です。

『樽』にはバーンリー警部とラ・トゥーシュ探偵が出てくるが、彼らは別に人目を惹くような奇矯な行動をするわけでもない、平凡な市井《しせい》人です。そして、実に粘り強く動き回る。

――読者を探偵と同じ行動状況に置いて、一体感を持たせることに成功したと言ってよいのでしょうか。

田村　まあ、それまでの、きらきらとした才気走った超人探偵に対する、クロフツ自身の地味な鉄道技師という職業からくる挑戦でもあったんでしょうね。このバーンリー警部というのは、いかにもイギリス人らしくて、粘り強く捜査するんです。黒葉巻をくゆらしながらね。

『樽』は、文章が無味乾燥だとか、探偵小説のメカニズム（仕組み）のみにとらわれ、文学的要素を無視しているとか酷評する人もいますが、そういう点では、発端の樽の中から金貨がころがり出て、死人の手まで現われるところなどを挙げても、非常に魅力ある作品ですよ。

　クロフツは、あまりに微に入り、細をうがった説明的文章が多すぎてきらわれる一方、有形無形の形で、後世の作家に与えた影響という点も、かなり大きかったはずです。処女長編が代表作とはいえ、その作品はいま読み返してみると、黄金期の落ち着きが懐かしく感じられるものが多いのです。↓検証

イーデン・フィルポッツ　Eden Phillpotts (1862-1960)

――フィルポッツの『赤毛のレドメイン家』はずいぶん晩年に書かれたものですが……。

田村　イーデン・フィルポッツもイギリス人です。お父さんは大尉で、フィルポッツはインドでの勤務中に生まれたようです。

最初火災保険会社に勤めたが、十年ほどでやめ、次には俳優を志したものの、才能のないことを自覚して新聞社に勤めた。勤めのかたわら、創作を始め、三十歳頃から本格的に文学に打ち込んだのです。

陰うつな沼沢地を舞台に

彼の作品の多くは、イギリスのダートムーア地方を描いた田園小説で、この分野では高名でした。ほかには、ギリシア、ローマ、中世を題材にした歴史小説もあります。

探偵小説に筆を染めたのは、五十九歳の時で、ヴァン・ダインがイギリスのすぐれた探偵小説の作品を挙げたなかでは、『赤毛のレドメイン家』（一九二二）と、別名ハリントン・ヘキストで書いた『誰が駒鳥《こまどり》を殺したか』（二四）を挙げています。『赤毛の――』も、彼の作品の多くと同様、やはりダートムーア地方を舞台にしています。ダートムーア地方というと、探偵小説通の人なら、よくご存じのコナン・ドイルの『バスカーヴィル家の犬』の舞台となる場所です。

陰鬱で不毛の沼沢地《しょうたくち》というのは、犯罪を象徴する場所としてぴったりするのか、イギリスを代表する二人の探偵作家が、この土地を描いたというのも、偶然か必然か考えてみると面白いことです。

精神的な闘争が魅力

――本格的な謎解き小説ではないという評がありますが……。

田村　それに関して興味深いのは、ヴァン・ダイン自身がほめた作品なのに、作中に恋愛が描かれているということです。どういうことかと言うと、ヴァン・ダインは『推理小説作法の二十則』（一九二八）のなかで、探偵小説のなかに恋愛をもち込むことを禁じているからです。ところが、『赤毛の――』では、探偵が恋愛するんですから面白い。しかも、これが成功している。少しも、作品をそこなってはいないんです。

　フィルポッツの作風というのは、本格的謎解き小説でなかったからかもしれないんですが、とにかく、作品のなかにうまく恋愛が溶け込んでいる。謎解きに重点を置くよりは、犯罪者と探偵との精神的な闘争がサスペンスを盛り込んで展開されるというのが、フィルポッツの作品の特徴なんです。

『赤毛の――』のほかにも、『闇からの声』（一九二五）などという作品がありますが、これもやはりそうです。少し前、ＮＨＫでテレビドラマ化して、東野《とうの》英治郎氏がリングローズ探偵でしたが、なかなか面白かった。

　まあ、こういう作風のせいでしょうか、日本では高く評価されているフィルポッツの探偵小説は、欧米では必ずしも高い評価を得てはいないんです。↓検証

ロナルド・A・ノックス　Ronald A. Knox (1888-1957)

大僧正が書いた本格もの

——探偵作家には、いろいろ変わった職業、経歴を持った人たちがいますが、『陸橋殺人事件』(一九二五)の作者も、かなり変わり種のようですね。

田村　ロナルド・ノックスと言って、チェスタトンと同じく、ローマン・カトリック教で、しかも大僧正です。また、ロナルドのお父さんは、イギリス国教派のマンチェスターの僧正だった人です。

ノックスは大学時代、非常な秀才だったそうで、卒業後、大学で二年間講義し、その後、僧職についたんですが、ラテン語聖書の改訳に手を着け、十年以上かかって完成したのが『ノックス聖書』と言われるもので、三百五十年ぶりの英訳新聖書だそうです。

欧米、とくにイギリスでは、チェスタトンに限らず、こうした最高の知識階級の人士が探偵小説に正面から取り組む歴史的伝統があるんですね。だから、日本の流行作家が、週刊誌に書きとばすものとは、質も違ってくるわけです。

——作品の特徴は？

田村　ノックスの『陸橋殺人事件』は、処女長編で、探偵小説を漁り尽くしたマニアが読むべきものとされている作品です。一般の探偵小説のもつ面白さを裏返しにした〝ひねり〟が持ち味になっています。↓検証

アガサ・クリスティ　Agatha Christie (1890-1976)

声楽家になろうとした少女

――さて、いよいよ本格派の巨匠、クリスティ女史の登場ですが……。

田村　クリスティは、もちろんイギリス人なんですが、父親はアメリカ人だったんです。ところがこの父親は早く死んだために、お母さんの手で育てられた。このお母さんがインテリ女性で、しっかりしていたらしくて、クリスティを学校に行かせず、自分で教育した。しかも、クリスティにさかんに詩や物語を書くように勧めたらしい。

そして十六歳のとき、パリの学校で声楽を習ったんですが、オペラを歌うには声量不足で、あきらめざるをえなかったんです。この時は相当がっくりきたらしい。

クリスティは、前に触れた『赤毛のレドメイン家』の作者、フィルポッツの家の近くに住んでいて、フィルポッツはクリスティに小説の書き方の手ほどきもしてるんです。そし

て、一九一四年、第一次大戦の起こった数か月後に軍人だったアーチボルト・クリスティと結婚しています。この人はのちに大佐になったんですが、クリスティとは離婚します。

処女作誕生の頃

夫が出征したので、クリスティは看護婦になって病院に勤めた。終戦間際には薬局勤務になり暇ができたので、探偵小説を書き始めた。

これが処女作の『スタイルズ荘の怪事件』（一九二〇）です。この原稿をいくつかの出版社に送ったが、送り返されてきて、四年ぐらい経ってから最後にようやく出版されることになった。これに気をよくして、次々に書き始めたんです。

名前のほうはしだいに有名になってきたが、私生活のほうはうまくいっていなかったとみえて、作品でいうと『アクロイド殺し』（一九二六）の発表された翌々年の一九二八年に、クリスティ大佐とは離婚した。

実は、『アクロイド――』発表の年の暮れに彼女は行方不明になり、この事件は大変な騒ぎをもたらした。警察犬や飛行機まで動員して捜し回ったらしい。そして、失踪から十二日目に、ようやくヨークシャーのホテルで発見された。

発見された彼女は記憶喪失症ということで、この十二日間のことは、今でもわからない。この騒ぎののち、二、三年間は海外旅行に出かけ、その旅先で、考古学者のマクス・マローワンと出会い、結婚します。

トリックを上回る語り口

――クリスティの作品は、トリックに独創性がないという評がありますね。

田村　クリスティの作品に出てくるトリックというのは、たいてい他の作家がそれより以前に考え出しているものがほとんどなんです。『アクロイド殺し』のトリックは、読者に対して作家が仕掛けたものですが、これも先例がある。スウェーデンの作家でドゥーゼという人がいるんですが、この人の書いた『スミルノ博士の日記』（一九一七）のなかで使われている。ただし、このトリックは一度使ったら二度と使えない。

しかし、クリスティは小説づくりのうまさで、それらの欠点を補っているんです。たとえ、トリックは先例があっても、作品そのものを比較してみた場合、クリスティの作品のほうがすぐれているという例が多いんです。

それに、作中で描かれる殺人そのものも、カーなんかにくらべると平凡ですが、それでいて、いつの間にか小説のなかに読者を引き込むうまさがある。そして、さまざまな作家が独創したトリックを複合させる、むしろ、トリックの複合性に、クリスティの独創性があると言えますね。小説づくりにかけては、なかなかしたたかな腕をもっています。

ところで、余談ですが、『アクロイド殺し』に出てくるテープレコーダーですが、あの当時（一九二六）は実用化されていないんじゃないかって手紙を出した日本人がいるんです。そうしたら、クリスティから返事が来たそうですよ。それによると、「四十年前のことでよく覚えていないが、確かにあった」そうです。『アクロイド殺し』は、意外性ということで、クリスティの代表作に推すべき作品ですが、作品の質量ともに充実した時期というと、一九四〇年代です。この時期には、『白昼の悪魔』（一九四一）、『ゼロ時間へ』（四四）、第二次大戦後では『予告殺人』（五〇）。その円熟期を予告する作品『三幕の殺人』は一九三五年ですがね。『白昼の悪魔』はこの間映画化（八二）されましたが、映像では、味の深みが出ませんね。やっぱり本で読んでもらわないと、本格ものの醍醐味はわかりませんよ。

ミス・マープルと〝村〟

——クリスティというと、ポアロものとミス・マープルものとに大別できますね。むろん、トミーとタペンスのおしどり探偵や警部ものもありますが。

田村　ミス・マープルは、イギリスの典型的な独身の老婦人ですが、ロンドンから一時間ほど行ったところのセント・メアリ・ミードという村に住んでいる。狭い村の中だから、酒屋のおやじから、毛糸屋のおばさん、皆な顔なじみなんです。なかにはインドに長くいた退役軍人の大佐なんかもいる。

同じ村ということで考えると、横溝正史の作品舞台が浮かびますね。だから、イギリスと日本の村の構造というものを考えるうえで、クリスティと横溝を読みくらべると、比較文化論になるんじゃないかと思うんです。

横溝作品に描かれる村は陰惨で、セント・メアリ・ミードのほうはひどく明るい。そして、マープルも、同じ村のなかでも比較的若い頃には、村の風物に主に関心が向けられていたのが、後年になると、リウマチなんかで出歩けなくなって、おのずと人間に観察の目が向けられていって、探偵眼が養われるなんていうのも面白い。

また、村そのものの変遷も描かれている。第二次大戦後、様変わりして、六〇年代ぐらいになると、スーパー・マーケットなどが進出してきて、古き良き時代を懐しんで嘆いたりするわけです。今までののんびりした村のたたずまいが、しだいに時代の波に洗われて、家の建築様式なども変わり、いわゆる近代化されてゆく。そういう意味では、イギリスの典型的な村の変遷もたどれる。こんなところは、シャーロック・ホームズの十九世紀のロンドンなんかと比較してみても興味深いでしょう。

このマープルには、文学青年の甥っ子がいて、マープルものの初期の作品では、第一次大戦後の新しい文学作品、たとえばジェームズ・ジョイスとか、D・H・ロレンスの「猥褻な」小説を読み出したと言って怒ってる。怒ってみても、甥っ子だから、どうしようもないんですが、マープルが晩年になると、この甥っ子がちゃんとした小説家になって、印税も入ってくるので、マープルおばさんに「たまには、村の外へ出たほうがいいよ」なんて言って、カリブ海旅行なんか勧める。ミス・マープルものの三部作『カリブ海の秘密』（一九六四）、『バートラム・ホテルにて』（六五）、『復讐の女神』（七一）は、こういうなりゆきで出来たことになっているんですが、その裏には、クリスティ自身が、ミス・マープルを、すっかり近代化してしまったセント・メアリ・ミードという村のなかで生かせなくなってきたという理由もあるのかもしれない。

この間、日本で公開された映画『クリスタル殺人事件』（一九八〇）は、やはりマープルものの『鏡は横にひび割れて』（六二）が原作ですが、あれはかなり近代化されたセント・メアリ・ミードだった。たしか、スーパー・マーケットが進出してきて嘆くのが、あの作品だったと思いますね。映画では、甥っ子が、スコットランド・ヤードの警部になっていたが、あれは映画の脚色です。

探偵ポアロは移動場面が専門

一方、ミス・マープルに対してポアロがいるわけですが、エルキュール・ポアロのエルキュールというのは、ヘラクレスという意味なんです。ヘラクレスのフランス語読みですが、クリスティは、文字どおりの『ヘラクレスの冒険』（一九四七）という短編集も書いています。

――ポアロの特徴の一つは、例の卵型《エッグ・ヘッド》の頭ですね。

田村　あの言葉にはインテリとかキザっていう意味があるという説があります。ですから単なる形ではない。それでよく問題になるのは、上まで禿《は》げていたかどうかということですが、頭についてはいろいろ解釈の仕方がある。マープルのイメージというと、大体決まっているんですが、ポアロはどうももう一つはっきりとしたイメージがわかない。ピーター・ユスチノフやチャールズ・ロートンが映画や舞台では演じているけど、どうもピンとこないんだなあ。第一、ポアロはあんな大きな男じゃないんですから。しかし、映画化された『オリエント急行殺人事件』（一九七四）のポアロ役、アルバート・フィニーは、かなりいい線いってましたよ。強いて言えば、植草甚一さんのイメージかなあ……。

――マープルとポアロの違いは？

田村　事件の舞台背景の違いでしょう。

イギリスの「村」という、イギリスの生活に根づいたところに発生する事件には、マープルが登場するし、ホテル、列車、飛行機、船などといった、近代文明の技術の所産である舞台装置のなかで起きる事件には、小男で、お洒落で、卵型の頭の変なベルギー人であるポアロが登場する。

そして、外国人（ベルギー人）を探偵にもってきたところが、クリスティの頭のいいところでね。彼女自身、看護婦をやっているとき、ベルギー人の難民たちと接触する機会があって、そのイメージが残っていたんでしょう。

それで、男の探偵をつくりたいと思ったが、彼女は女だから、イギリス人の男の探偵では、ちょっと手に負えない。そこで、ベルギー人を探偵にもってきたというのが、そのモチーフの一つじゃないかと思うんです。

ミス・マープルだと女性が書いているから、観察でも、ちょっとした仕草でも生き生きとしているんですが、ポアロになると、男の探偵だから、クリスティも同性の探偵を描くようにはいかなかったんでしょうね。そういう欠点を補うためにトリックが中心になり、細かい描写を避けて通れる、英語のうまくしゃべれないベルギー人をもってきた。そこが、ぼくはクリスティが、なかなかしたたかなおばさんだなと感じたところなんです。

ですから、生きた探偵という面から見ると、ミス・マープルに軍配を挙げたいですね。

選ぶのに困る代表作の数々

――クリスティのベスト3を挙げていただくと？

田村　やっぱり『ゼロ時間へ』（一九四四）なんか、うまいと思いますね。『白昼の悪魔』も入れていいと思う。あとは、マープルものでは『牧師館の殺人』（三〇）。それからマープルものの最後の三作は面白く読みました。『カリブ海の秘密』、『復讐の女神』、とくに

『バートラム・ホテルにて』なんかうまくできてるんです。全部、舞台装置になっててね。

古いイギリスのホテルに老紳士や老婦人が集まって来てね。ところがそれが〝サクラ〟になっていて……。これらの人物はすべて舞台装置の一部として集めるんです。この三作はなかなかいいですよ。自分の訳した作品を挙げられなくて残念ですが。

女性作家らしい？　毒薬好み

――彼女の作品の特色について、何か感じられることは？

田村　特色は何と言っても、劇作法に近いということです。そういう点で、ポアロものの『三幕の殺人』もいいですね。これは三幕に分かれていて、幕ごとに多少年月の経過があるんです。引退した俳優がパーティーをひらき、そこにポアロも招かれている。牧師かなんかが飲みものを飲んでいて死んじゃうんですが、それが予行演習なんです。だから誰が死んだってかまわないんです。それが第一の犠牲者で、あとに事件が続く。

それで最後のポアロの台詞がいいんですよ。「わたしが飲まなくてよかったですね」って……（笑）。クリスティはこのように、劇的効果を盛り上げることはうまいんです。

小説のつくり方も劇作法に近いと言えるでしょう。それから、彼女の作品の特徴は、第一次大戦中看護婦をやったり薬局勤務をしたりしていたので、毒薬の知識が豊富で、毒薬がかなり使われていることです。

毒薬だと、血を見ることが少ないので、いかにも女性的とも言えますね。そういう点から見ると、『オリエント急行殺人事件』（一九三四）なんか、例外的な作品でしょう。十二の刺し傷ですからね。あれは、いかにもヨーロッパ的な事件ですが、ただ一つ、希望を言わせてもらうと、せっかくオリエント急行を舞台にしたんだから、トルコのイスタンブールまで行ってほしかったな。あれだけは惜しまれる。

堂々とタブーを破る女王

それから、クリスティの作品について語る時に、どうしても触れておかなければならないのは、彼女はヴァン・ダインの『二十則』（一九二八）や、ノックスの『十戒』（同）などのタブー破りをずいぶんしているということです。双子も使っているし、読者に対する一種のぺてんもやっているんです。こういうふうに、堂々と正面からタブー破りをやってのけたところをみると、むしろ、彼女は、禁忌を破ることに快感を感じていたんじゃないかと思えるほどです。

ただし、『アクロイド殺し』（一九二六）のトリックだけは一回性のものだから、二度とは使えない。そのほかのトリックは、組み合わせ方などを工夫すれば、ある程度の新鮮さを感じさせることもできなくはないわけです。

コンピューターで言えば、ハードウェアの部分は、ルールとして守らなければならないが、ソフトウェアの部分は、いろんなバリエーション（応用）が可能なわけです。この論法でいくと、『アクロイド殺し』のトリックはハードで、ソフトにはなり得ない。

日本のミステリ作家がんばれ！

――よく言われるのは、イギリスの村がよく書けているということですが……。ひきくらべて、日本の探偵作家の作品は、市民生活の描き方が物足らないとも言われますね。

田村　そう、そう。結局、日本の探偵作家の場合は、表現力が不足してるんじゃないんですか。文章がラフ（雑）ですよ。第一流の文学者が書けば、そういう批判は出ないはずです。

　たとえば、大岡昇平さんとか、亡くなりましたが、福永武彦さんとか、開高健、丸谷才一さんなんかが書けば相当のものができるはずです。トリックにこだわっているとか、そういう問題ではないんです。

　たとえ、かなりのトリックを案出したとしても、文章がお粗末ではうんざりしてしまう。探偵小説の黄金期と言われる時代に発表された作品の書き手というと、イギリスなどを見てごらんなさい、詩人とか教会関係者、学者などが多い。知的レベルが高いんです。しかも、そういう人たちが、余技として書くんですから、ゆとりがある。

――ついでに、日本の作家でお気に入りは？

田村　松本清張氏の短・中編などには、いいものがありますね。文章が簡潔です。長編では『点と線』（一九五八）がいい。あの作品で、日本の探偵小説は「村」から脱却した。

　また、松本さんは風景描写がうまいんですよ。あの人は、新聞の広告の版下を描いていたという経歴があって、絵を描くから、それが生かされているんでしょう。それに独自の美術眼がある。まあ、若い時の下積み生活のコンプレックス（劣等感）のようなものに、時にはうんざりさせられますが、それも清張文学の薬味になっているところに、この作家の腕のしたたかさがある。だから、今度は田中角栄なんか書いてみたらどうなんでしょう。あ、政界の迷走図や汚職など、そういうテーマの作品はありましたね。↓検証

ヴァン・ダイン　S. S. Van Dine (1888-1939)

ポオ以来のアメリカ人探偵作家

——次はいよいよ、ヴァン・ダインの『グリーン家殺人事件』（一九二七）と『僧正殺人事件』（二八）ですが、久しぶりにアメリカ人ですね。

田村　そう、ヴァン・ダインについては、その点が大切です。ポオというアメリカ人が、十九世紀の半ばに貧窮のなかから作り上げた探偵小説という文学のなかの一つのジャンル

は、その後、じゅうぶんにアメリカの土壌に根づかずに、むしろイギリスへ逆輸入された形で入っていって、コナン・ドイルが確固たる様式を作り上げた。その後、イギリスでは、国民性にフィット（適合）したというのか、探偵小説はますます枝葉を繁らせ、巨木に育ったわけです。

ところが、本家のアメリカのほうでは廂《ひさし》を貸して母屋を取られた格好で、ポオの業績の跡を継ぐような作品は生まれなかった。それが、一九二六年に、突如、ヴァン・ダインという作家が現われて、処女作『ベンスン殺人事件』を発表したことによって、一挙に遅れを取り戻すことになったんです。

二千冊の作品を読破して……

――なんでも、暇つぶしに探偵小説を書き始めたそうですが……。

田村　ヴァン・ダインは筆名で、本名はウィラード・ハンティントン・ライトといって、文芸美術評論家として有名な人物だった。彼はこの方面で八面六臂の活躍をし過ぎて、過労から病気になり、ベッドの上でひどく退屈な日々を送っていたんです。

病状がいくらか回復したところで、軽い読みもの程度ならいいでしょうと医者から許可されるようになって、それから二年間は、探偵小説の類に没頭したらしい。

この間に、二千冊の探偵小説を読破した彼は、探偵小説には独特のテクニックとユニークな魅力があることを知ったようです。もともと、彼には評論家として培《つちか》われた分析的な目と研究心があったので、探偵小説という文学のなかの特殊分野についても、徹底的な研究をやった。ただ漫然と読むのではなく、ポオから始まってガボリオーと進んで、しだいに年代順に読んでいった。

ベッドの上で生まれた三冊

二千冊という探偵小説の内容も、手当たり次第にかき集めたというのではなく、ベルリン、パリ、ロンドンの書店に注文を出して、過去七年間に発表された、あらゆる探偵小説を探させて集めたものだったそうです。

こんなふうに徹底したやり方は、あとで評論書を著わすつもりだったからなんです。ところが、評論より実作のほうに手をつけることになった。と言うのは、病気回復後も、彼の専門分野の仕事は医者に禁じられていたことと、第一次大戦後、収入が乏しく、何か新しい生活手段を探す必要があったからです。

幸い、探偵小説の創作は医者にも禁じられなかったので、探偵小説を書いてみようと思い立った。ベッドの上で読んだ二千冊の大部分は、欠点の目立つものであるにもかかわらず、版を重ねているものがあったために、この程度のものなら、自分にも書けるという自信をもったようですね。

こうして三冊分のプロット（筋書き）を練り、梗概をまとめて、大学時代の友人がやっている出版社に持ち込んだところ、すぐに出版を承諾してくれました。→②注

読者との知恵くらべに努力

――今日から見て、どういう性質の作品なのでしょうか。

田村　処女作は『ベンスン殺人事件』で、続いて、『カナリヤ殺人事件』、『グリーン家殺人事件』と発表されたんですが、彼はこれらの作品を発表するのに、筆名を使った。理由は、自分が今まで手がけてきた美術や文学の分野で築いてきた名前や著作が、探偵小説を発表したことで傷つくことを恐れたというのが、どうも本当の気持ちだったようです。まだ、アメリカでは「探偵小説」が社会的に認知されていないことを物語っていて興味があります。

筆名にしたヴァン・ダインというのは、母方の祖母の家名からとったものです。この前に、Ｓ・ＳとついてＳ・Ｓ・ヴァン・ダインと言うんですが、このＳ・Ｓが何のことかと言うと、汽船＝Steam Shipの頭文字をとったというんだから愉快ですね。

ヴァン・ダインは、完全なパズル・ストーリー（謎解きを主題にした探偵小説）しか書かなかった作家で、しかも、読者との知恵くらべをやろうとした。本格ものしか眼中にないという感じで、それもイギリス的本格派を追求した。つまり、ゲームと同じものと規定

したわけですから、そのゲームには当然ルールがなければならなかった。そのルールを規定したのが『推理小説作法の二十則』（一九二八）と呼ばれるものです。

「新世界」のキザな探偵が登場

――気どった探偵が登場するそうですが。

田村　ファイロ・ヴァンスと言うんですが、これがキザの典型みたいな男でね。美術には詳しい――と言うのは、作者の本職を考えればわかるとしても――フェンシングはやる、ゲームはなんでもござれ、という超人型探偵の典型なんです。この点では、いかにもアメリカ人好みでね。イギリス人は、ちょっと恥ずかしくて書けないタイプの探偵ですね。やはり、「新世界」の名探偵という感じなんです。探偵法も、クロフツの作品に出てくる物的証拠を大事にするやり方と違って心理的探偵法です。そのうえ、ペダンチック（衒学《げんがく》的）で、鼻もちならない。

　また、『グリーン家――』の出た一九二八年というのは、ちょうどアメリカの繁栄の絶頂期でしょう、たしか……。この直後に、アメリカはウォール街で株の大暴落があって、大恐慌を経験するんですが、この時はまだそんな気配はなかったから、個人的にも国家的にも、非常な気負いがあって、ファイロ・ヴァンスのような探偵像が生まれたんだと思います。

しかし、ヴァン・ダインの作風そのものが、社会的背景を映すというようなものではなかったせいか、その後、アメリカが非常に不景気な時代に足を踏み入れてからも、作品に時代が暗い影を落としているという跡は見られません。あくまで、謎解きに徹したわけです。

このファイロ・ヴァンスという探偵はとうてい付き合いかねるような男ですが、やはり、ヴァン・ダインというのは、ポオ以後、寂しかったアメリカの探偵小説史のなかでは、重要な位置を占める作家だと言えるでしょう。新しい国アメリカの生んだ新しい探偵作家です。

日常生活で〝見えない人〟

作品は、ヴァン・ダイン自身は最初、三冊しか書かないつもりだったんですが、結局、十二冊書いています。これも、「一人の作家に書ける探偵小説のいいものは六作が限度だ」と言いながらですからね（笑）。

作品のなかでは、『グリーン家――』が、ストーリーの構成、展開などの点で最も出来がいい。それに、この作品の面白さは、一種の〝見えない人〟のはしりという点にあると思います。たとえば、日常生活のなかで、われわれは、制服を着た人間に対しては、さほど注目しない。郵便配達夫や、巡査、駅員、ウェイター、黒ネコの宅急便の配達人には、ほとんど注意を払わずに、お中元の中身などばかり気にする……。あまりはっきり言ってしまうと、興味を殺ぐのでまずいのですが、『グリーン家――』の面白さはそういうところです。

ほかでは、『僧正殺人事件』もいいが、これはいわゆる〝見立て殺人〟のはしりです。マザー・グースの童謡や数え唄の文句になぞらえて事件が起こるんですが、当時としてはこれは相当新鮮な衝撃を与えたものだったでしょう。

馬丁、料理人は犯人にもなれない？

――しかし、ヴァン・ダインの『二十則』というのは、すさまじいまでの差別意識をもち込んでいますね。その十一番目で「――執事、馬丁、部屋男、猟番、料理人等のごとき――を犯人としてはならない」って言ってますよ。

田村　だから非常な階級社会なんです。匹夫《ひっぷ》、馬丁の類は犯人にもなれないんだから。探偵がキザであるわけですよ。キザな探偵にふさわしいのは、キザな犯人というわけでしょう。つまり、探偵と知的闘争でじゅうぶんにわたり合えるような人間が犯人であることが望ましいというわけです。しかも、ヴァン・ダインの時代には、読者も限られていた。要するに知識階級に供する読みものだったわけですから。いわゆるジェントルマン（紳士）の階級だけで、女も入れずに楽しむゲームだった。

こういう思想は、源流はイギリスの会員制クラブに発しているんです。おそらく、ヴァン・ダインは、イギリスのクラブで「入会おことわり」を食ったんだな。その反動から、キザな探偵を登場させた、とぼくは推理する（笑）。

日本人の〝探偵小説のルール〟は？

ヴァン・ダイン自身、偏狭な考えに基づいて『二十則』などつくって、結局、自分で自分を縛ったような結果になってしまったわけですが、探偵作家とか探偵小説マニアというのは、ルール好きのところがある。だから、こういう点がチェスに似ている。

――しかし、日本にはあまり、ルールがない？

田村　本質的には、日本人はルール好きの国民なんですが、日本は近代文化が非常に急激でラディカル（急進的）だったので、それに対応できないという面もある。ルールをつくってる暇がないほどなんです。極端なことを言えば、年ごとにルールをつくっていかなければならない状況ですから。そのいい例が、最近復活してきたゴジラ人気です。ゴジラが最初にできたのは昭和三十年頃ですが、その頃は国会議事堂なんかを破壊した。ところが、あの当時のゴジラを使うと、新宿西口の高層ビル、あれの半分ぐらいしかないそうですよ。笑っちゃうでしょ。ヴァン・ダインから、かなり外れた話になりましたが、〝時代は変わる〟というわけです。

E・D・ビガーズ　Earl Derr Biggers (1884-1933)

三〇年代の騎手はハワイの探偵

——たしかに、ポオの出現から一九二〇年代前半までは、イギリスで有力な作品が相次いで誕生しているのに対して、一九二六年にヴァン・ダインが現われてからは、アメリカに主導権が移っていくのが、はっきりと分かりますね。

田村　面白いものです。時の流れとでも言うのでしょうか。その意味では、ヴァン・ダインは、アメリカに探偵小説の主導権を取り返す〝呼び水〟の役を果したと言えましょう。一九三〇年代に入ると、まず筆頭にビガーズの『チャーリー・チャンの活躍』(三〇)が発表されますが、これがやはりアメリカの作家です。

アール・デア・ビガーズを有名にしたのは、探偵に中国人をもってきたことでしょう。ハワイのホノルル警察に属する警部なんですが、この人物がなかなか人間味豊かでいいんです。警句を吐くのが得意で、忍耐強く、人情家でね。

中国人はルール違反？

——ノックスは、『十戒』のなかで、たしか、中国人を登場させてはいけない、と書いていたはずですが……。

田村　これは公正な目で見て納得のいかない考えです。おそらく、ノックスは、彼がその当時読んでいた探偵小説のなかに、怪しげな中国人が怪しげな振る舞いをすることで、読者の目をあざむくような作家の作品をいくつも目にしていたために、中国人を登場させるな、と言ったんでしょう。

今でも、むこうの映画などを見ると、中国人に限らず東洋人全体がおかしな描き方をされている。中国人と日本人を混合したりしてね。日本は中国の一部だと思いこんでいる手合いも多いようだから。もっとも、日本人が見ても、中国人、日本人、朝鮮の人の区別はなかなかつかないんだから、無理もありませんね。ノックスもビガーズの小説は読んだでしょうが、どんな顔して読んだのか、ちょっと興味のあるところです。

映画と原作の追いかけっこ

ビガーズの書いたチャーリー・チャンもののなかには、十か国にも訳されたものがあったようで、次々に映画化され、あまり好成績だったので、原作のほうが追いつかず、映画会社のオリジナル・ストーリーもあったようです。ラジオや新聞の絵物語にも、チャーリー・チャンは登場して、この中国人探偵の名前は、原作者・ビガーズよりも有名になった。

――ビガーズはどんな経歴の人物ですか？

田村　ハーヴァード大学卒業後、新聞社に入り、ユーモア欄を担当したり、劇評も書いたようです。そのうち、自分でも戯曲を発表したが、これは評判がよくなかった。その後、探偵小説に筆を染めた。チャーリー・チャンものが書かれたのは、その後十二年ぐらい経ってからです。

ビガーズの作風は、トリックらしいトリックはほとんどありませんが、チャンの調査が丹念に描かれている。やはり、ビガーズの作品を支えているのは、中国人探偵のキャラクターの面白さでしょう。

ダシール・ハメット　Samuel Dashiell Hammett (1894-1961)

――ヴァン・ダインが出現した当時のアメリカというのは、経済的にも非常な繁栄を謳歌していた時代ですが、『マルタの鷹』（一九三〇）のハメットが現われた時は、大恐慌の嵐に見舞われていたというのが、何か象徴的ですね。

田村　探偵小説も文学の一つの部門を形成する分野である以上、その時代を反映する鏡であることに変わりはないでしょう。いや、その時代の文学的所産と言うべきかもしれない。

そういう意味で、ハメットと大恐慌というのは結びつくんです。経済的には繁栄の頂点から、急転直下、奈落に落ちたような状態になったアメリカ社会は、銀行のとりつけ騒ぎ、失業、犯罪の多発という暗い時代を迎えることになりました。

こういう社会で幅を利かせるのは、暴力であり、その元締めであるギャングたちです。だから、逆に言うと、こういう社会状況をバックにしたハードボイルド小説を書いたハメットは、生まれるべくして生まれた作家であり、アメリカ以外では生まれるはずのない作家だったとも言えるわけです。

アメリカの厳しい現実を背景に

アメリカは、ご承知のようにイギリス本国からやって来たアングロ・サクソン系の人種が母体になってできた国ですが、独立戦争、そして、国を二分して戦った南北戦争など、いくつかの試練を経てきた。

そして、この大恐慌もその一つだった。アメリカにとっては、経済的な意味での第一次大戦と言えるかもしれません。その後、ルーズヴェルトが出てきてニューディール政策などでアメリカ経済を建て直すわけですが、とにかく当時のアメリカにとっては非常なショックだった。ニューディール政策の根本はケインズの経済理論ですが、ケインズがこれによって、マルクスに対抗し得る唯一の経済理論ということになった。ニューディールもフェアディールもケインズですからね。

こうした社会背景をバックにして生まれたハードボイルドですが、良くも悪くも、それまでの探偵小説がもっていた不自然さから脱却して、現実社会に目を向けたということでは、いわゆる本格謎解き小説にとっても、大きな刺激になったことは確かです。

作者は現実にも私立探偵

サミュエル・ダシール・ハメットというのが本名ですが、彼は少年時代から、さまざまな職業についたようです。

新聞売り、列車の貨物係、鉄道の雑役夫、沖仲仕、運送屋の手伝いなどをやったあげく、最後にはアメリカ一の探偵社、ピンカートン社の私立探偵になったんです。

探偵の仕事は八年間やったようですが、彼自身の言葉によると、『血の収穫』と『ディン家の呪い』（いずれも一九二九年の作品）は、この時の経験を、ほとんどそのまま書いたものだそうです。彼が創案したサム・スペード、コンチネンタル・オプなどの探偵像には彼の体験が反映しているに違いありません。

一九一八年には、第一次大戦に従軍するために探偵社を辞めたが、軍隊にいる時に結核にかかり、除隊した。その後、もう一度、私立探偵の職に戻ったんですが、健康の面で無理とわかった。

　そして、生活のために小説を書き始めたんです。おもに私立探偵時代に体験したことをもとにした犯罪小説なんかが多かったようですが、一九二三年頃からは、この当時の有名なパルプ・マガジン「ブラック・マスク」の常連作家になっていたし、その後数年間は、新聞や雑誌などの探偵小説書評欄を担当したようです。

血と銃声だけの物語か？

　これまでに書いてきたのは、いずれも短篇だったわけですが、一九二九年になると、処女長篇の『血の収穫』が出版されます。この一九二九年というのは、探偵小説界として、実りの多い年で、ハメットのほかにも、ヴァン・ダインが『僧正殺人事件』、エラリイ・クイーンが処女作『ローマ帽子の謎』を発表している。

『血の収穫』は、ハメット自身が言っているように、私立探偵当時の体験をもとにした作品ですが、利権と汚職で腐敗した鉱山町に起こる事件を描いている。

　この作品が出たとき、アメリカの有名な探偵小説研究家のハワード・ヘイクラフトは「緊密な構成を欠いた、ハメット自身の探偵事件の定義にすらあてはまらない、ギャングスター的な血と銃声の物語だ」と手厳しく、こきおろした。ところが、アンドレ・ジイドは、この作品を高く評価しました。

続いて、『血の収穫』には辛い点しか与えなかったヘイクラフトも、『マルタの鷹』に対しては、惜しみなく高い評価をしている。とにかく、ハメットの出現は、探偵小説界にはショックを与え、同時にかなり高い点数で迎えられたわけです。

〝言葉〟から〝アクション〟へ

ハメットの小説の特徴というのは、まず文体がキビキビとし、形容が斬新で、会話が短く、これはすべてのハードボイルド小説に通じて言えることですが、心理描写を省いているということです。

ハードボイルド小説と言うと、純文学ではヘミングウェイ、探偵小説の分野ではハメットということになるわけですが、この二人は同根でしょうね。

そして、これがアメリカ独自の文学の誕生とも言えるわけです。それまでの文学は、イギリスの伝統のうえに乗っかっていたわけです。詩人でもなんでもそうです。ところが、第一次大戦後の大恐慌で、アメリカは経済的などん底に陥った。

そして、そこから、イギリスの尻尾を断ち切ったものが出現したんです。シャーウッド・アンダーソンやフォークナーにも一脈相通じるものがありますね。フォークナーなどは、アメリカ南部という土地をしつこいほどに描き続けるわけですから。

イギリスのような伝統のある国というと、文学でも言葉の世界に埋没することになってしまうんです。いい例が『不思議の国のアリス』です。あれは、日本では、幼児用の本ですが、イギリスでは大人が読んでいる。基本になっているのが〝言葉遊び〟だからです。それを、日本語に翻訳すると、言葉遊びの面白さがじゅうぶんに伝わってこないから、どうしても子供っぽいストーリーだけを追ってしまって、童話になってしまうんです。

　このように、イギリスの文学伝統が、言葉を追うのに対して、新大陸アメリカの文学は〝アクション〟の世界なんです。

禁酒法と州の法律

　しかも、アメリカ社会は、人種の坩堝《るつぼ》ですから、黒人もいれば有色人種もいれば白人もいる。そのなかでも、イタリア系の移民は、最も遅れて入って来たために、移民のランク（位置）づけのなかでも下のほうにならざるをえなかった。そこで、ギャングになった。マフィアという犯罪組織がそれです。

　しかも、禁酒法（一九二〇―三三）という滑稽な法律が生まれた。禁酒法というのは、いかにも清教徒の国・アメリカ的な法律なんですが、これが制定の意図に反して、逆にギャングを養成することになり、ますますはびこらせることになってしまった。

　日本の売春防止法と同じです。誰のための法律かわからない。禁酒時代最後の大統領がフーヴァーですが、これがケッサクなんです。

フーヴァーはアイオワ州生まれですが、ここはほんとの寒村でね。ぼくが行ってた大学のすぐそばに生家が保存されてたが、これが十二坪ぐらいの家。そして、そこがドライ・ステート（禁酒法の州）なんです。ビールはスーパーでも売ってるが、ウイスキーは星条旗が飾ってある州営の町はずれの酒屋まで買いに行かなきゃならない。ニューヨークなんかでも、酒壜むき出しで持ち歩けない。しかも相手の年齢を確かめてからでないと売らない。

アメリカはご存じのように、州単位の法律ですから、まったくややこしい。日本で言えば、江戸時代の藩と同じです。タバコの値段さえ州によって違う。ニュージャージー州からマンハッタンへ来ると、タバコの値段が倍になる。だから、むこうで買ってニューヨークの人間に売りつけたりして……。列車に乗ってて、車掌にタバコくれって言うと、あと五分すると値段が下がります、なんて言われる。すごく良心的でね。

それからむこうのテレビや映画を見てると、地方の州で、頭のコチコチの偏見に満ちた保安官が出てきますが、ハードボイルドの土壌からうなずける。セルフ・ディフェンス（自分の身は自分で守る）の国なんですね。↓検証

ジョルジュ・シムノン　Georges Simenon (1903-1989)

磯釣り+ワインの味

——探偵小説というと、主流はなんと言っても英米ですが、この名作リストでも、時折り、フランス作家が登場しています。これまで出たのではガストン・ルルーの『黄色い部屋の秘密』がありますが、どういうわけか同じ色で、シムノンの『黄色い犬』（一九三一）という名作がありますね。

田村　たまたま色合わせみたいに、フランス作家のタイトルが、〝黄色〟でダブリますが、ラテン系民族の間では、アングロ・サクソンほど探偵小説はもてはやされない。

フランスには、スパイ小説のジェラール・ド・ヴィリエの〝プリンス・マルコ・シリーズ〟なんかがありますが、探偵小説の枠からはやや外れている感じです。

ジョルジュ・シムノンもいわゆる論理的な謎解き小説は書いていません。〝殺人小説〟〝事件小説〟といった類のもので、事件の謎より人間の存在の哀れさのようなものをテーマにしている。だから、ヨーロッパでも、彼は探偵小説作家ではないと言う人がいるくらいなんです。

フランスの探偵小説の味というのは、チェスの味でなく磯釣りの味なんですよ。一種の生臭さがあるんです。酒で言えばワイン。

心理小説の伝統が長いからでしょうね。

ジャン・ギャバンがぴったり

シムノンは、非常な多作家で、二十歳から三十歳ごろまでの間に、十六ものペンネームを使って、約二百冊の通俗長篇小説を書きまくった。

しかし、シムノンがメグレ警部を登場させるシリーズを書き出したのは、もっとあとです。メグレもののなかでは、ほかに『男の首』（一九三〇）とか『聖フォリアン寺院の首吊男』（同）などが比較的よく知られています。

映画化（一九五八―六三）されると、メグレ警部はジャン・ギャバンが扮するが、あれはかなりメグレのイメージに近いという気がする。少なくとも、ポアロやフィリップ・マーロウの役者よりははるかにいい。→検証エラリイ・クイーン　Ellery Queen(M. Lee 1905-1971/F. Dannay 1905-1982)

〝二人二役〟の覆面作家

田村　エラリイ・クイーンは、前にも言ったように、一九二九年に処女長編の『ローマ帽子の秘密』を発表し、続いて作品の頭に国の名前をつける〝国名シリーズ〟を次々と世に送ったんですが、『Yの悲劇』の作者と同一人物だということは、誰も知らなかったんです。

――一九三二年は『Yの悲劇』の登場ですね。

と言うのは、『Xの悲劇』、『Yの悲劇』などは、当初、バーナビー・ロスBarnaby Rossという別の筆名で書いていたからです。クイーンとロスが同一作者だとわかったのは、一九四一年になってからだった。一九三二年に発表したロス名義の『Xの悲劇』を、四一年にポケットブックに入れることになって、このとき、「読者への公開状」のなかでクイーンとロスが同一作者であることを明らかにしたんです。

クイーンはご存じのようにマンフレッド・リーとフレデリック・ダネイという従兄弟同士の合作名なんですが、講演などにも、一人はクイーン、一人がロスとして目隠しのマスクをして出たというんだから、念が入っているでしょう。しかも、皆なそれにだまされて、真相は知らなかったというのは面白いですね。

作品は読者への挑戦状

——なぜそんなに凝ったことを？

田村　これらは、いかにもアメリカ人らしい、念の入った〝おふざけ〟といっていいでしょうが、あるいは、これは、ヴァン・ダインが、実は文芸・美術評論家であるハンティントン・ライトとしての素性を隠したまま探偵小説を発表したことに刺激されたせいかもしれません。

——ヴァン・ダインに挑戦したのでしょうか？

田村　そうです。クイーンは、彼のやったことを見ると、有形無形に、かなり、ヴァン・ダインを意識していたところが感じられる。たとえば、クイーンとロスを使い分けたこともそうだし、国名シリーズの作品の題名を「Mystery《ミステリ》」つまり、『——の謎』、『——の秘密』で統一したこと。これは、ヴァン・ダインが、『——殺人事件《マーダー・ケース》』としたのと共通してるでしょう。

　それから、内容的には、読者への挑戦状を入れて、読者に犯人当てを試みさせた。これは、裏返せば、謎解き犯人当て小説として、自分の作品にはじゅうぶんに伏線が張ってあり、完全にフェアであると無言のうちに誇っていたのでしょう。そういう作品を書けるのは、ヴァン・ダインばかりではないというデモンストレーション（宣伝）だったかもしれません。

――合作者の二人の持ち場は？

田村　その点はほとんど生前にしゃべっていないんでわからないんです。ダネイが考えて、リーが書いたんじゃないか、とか、作品によってそれぞれが受けもっていたんだとか、さまざまな説が流布していますが、それは本人たちの証言をとって裏付けられてはいないから、あくまで噂の域を出ない。→③注

小説の原稿が殺人を……

――さて、『Yの悲劇』は、各種の探偵小説のベストテンに、ほとんど顔を出す作品ですね。

田村　発表後五十年経っていますが、謎解き探偵小説の最高峰として、いまだに色あせたという感じがしない作品です。

〝気違《マッド》いハッター〟と呼ばれる一家に起こる連続殺人事件なんですが、登場人物がまず変わっていて、まともな人間は一人もいない。

そういう家系に絶望を感じて化学者の父親が自殺するんですが、その死体がニューヨー

ク港で発見されるところから話は始まる。続いて、ハッター家ではおかしな事件ばかり起こる。それが、ストーリーが進むにつれて、自殺した父親の書き残した小説の原稿が発見され、そのとおりに事件が起こっていることがわかるという展開なんですが、なんといっても、この小説の圧巻は、犯人がマンドリンを使って殺人をしようとする謎です。なぜ、犯人はマンドリンなどという、凶器にふさわしくないものを使ったのか、という最大の謎が、最後まで読者を引っぱっていって飽きさせないのは、さすがクイーンの名作に恥じないものです。

探偵にも魅力がありますね。ドルリー・レーンというシェイクスピア劇の老俳優が出てくるんですが、これが探偵役のクイーンとはまったく反対の性格で、なかなか魅力的です。

日本人のファンに作者が「?」

ところで、先年来日した合作者の一人の故フレデリック・ダネイが言っていたことですが、日本では『X』、『Y』、『Z』、それから初期の典型的な本格謎解き作品が読者のファン投票などでは多いわけですが、著者自身は、なぜ日本では〝国名シリーズ〟などが受けるのかわからないと言ってるんですね。

むしろ、著者自身としては、後期の〝ライツヴィルもの〟などが気に入っていると言っていますね。その辺が、国情の違いというか、受け止め方の違いということになるんでしょう。ぼく自身、『災厄の町』（一九四二）などの作品には感動しました。「探偵小説」と「感動」というのは、なかなか結びつかないものですがね。

　クイーンは、論理的謎解き小説の代名詞のように言われた作家ですが、単なる謎解き小説がいつまでも通用しないことを知って、作風のうえでも、何度か転換を試みた作家です。おそらく、〝ライツヴィルもの〟などは、作者自身も相当苦しんだ末にひらいた新境地だったので、強く印象に残っているのでしょう。

　また、クイーンは、作家としてすぐれていたばかりでなく、書誌学者・編集者としても一流だった。フレデリック・ダネイの趣味は古書の収集で、自宅には世界一と言われる探偵小説・犯罪文学の文献を集めていたそうです。

　日本でもおなじみの「エラリイ・クイーンズ・ミステリ・マガジン」の編集は、一九四一年に始めて、戦後、日本版が早川書房で刊行されたことは、ご存じのとおりです。

　ぼく自身、その編集には、一年間、たずさわって十二冊のＥＱＭＭを出しましたからね。

ＥＱＭＭの版権獲得競争

――ＥＱＭＭの日本版の話が出たところでもう一度その話を。

田村　当時、ＥＱＭＭは世界の探偵小説誌のなかで一番権威のあるものだった。だから、本当の探偵小説マニアは、直接アメリカへ注文して取り寄せて読んでいたほどです。

また、探偵作家としてはＥＱＭＭに取り上げられれば、一応、認知されたというお墨付きをもらったようなものだった。しかし、雑誌の体裁は地味で、大きさも大学のパンフレットか何かのようで目立たなかったんです。

当時、早川書房では、ハヤカワ・ポケット・ミステリを中心に出版していたので、宣伝媒体として雑誌を何か出そうということになったわけです。

探偵小説誌は、いろいろすでに出ていたことは出ていたんです。「宝石」とか……。「鍵」なんていう雑誌もありましたね、たしか。しかし、それらは戦前のイメージ（印象）なんだなあ。泥臭くてね。

それに、当時はまだ占領下だったので、前にも話したようにフォルスター事務所というのが、版権を一手に扱っていたんです。だから、翻訳権をとる場合は、そのフォルスター事務所に行ってフォルスター大佐に会わなくてはならないんですが、その部下の女性で、中国系アメリカ人だろうと思われるのが、いやに威張っていましてね。もういい年だったんですが……。こちらはおかげで三顧《さんこ》の礼を尽くさなきゃならなかった。

そのうち、ＡＰ通信にいる日系イギリス人がフォルスター事務所に入って来たんです。ぼくより少し若いぐらいの男でしたが、彼と酒を飲んだりして、「ハヤカワ・ミステリの出版を始めたいので、なにかと便宜を図ってほしい」と言って、早川書房で版権をとったんです。

創刊号の表紙は〝田村デザイン〟

ＥＱＭＭの出版の経緯は、ハヤカワ・ミステリの草創期に早川書房に入って来た田中潤司さんが本国版を持っているのを見て、「へえ、こんな雑誌があるのか」って知ったわけです。

編集は、独自でやりましたね。年間何篇以上、本国版に載った作品を採り上げるというようなやり方で、表紙もかなり斬新で、当時としては画期的な雑誌でしたよ。雑誌のイメージはぼくがデザインしたんです。むろん、モダン・アートの勝《すぐ》呂《ろ》忠《ただし》さんが創刊号以来、独自の抽象画で飾ってくれましたがね。

初めは中綴じで、これは「美術手帖」を手本にしたんですが、なかなかスマートだった。挿し絵はいっさい抜いて、翻訳者の名前も小さく載せるだけにした。よく、「エラリイ・クイーン　田村隆一訳」なんて、でかでかとやるでしょう。しかし、あれはダサいって言ったんですよ。翻訳者も探偵小説専門の翻訳者以外の一流の英文学者とか、探偵小説の好きな文学者に依頼することにしたんです。乱歩先生にもディクスン・カーの短篇の翻訳をお願いした。

そうしたら、江戸川乱歩先生は、古いんだね、訳者の名前が、作品の尻尾に小さく入っているだけだったから、こんなに小さいのかって、ご不満そうだった。たしかに英語からフランス語へ訳すのと違って、日本の場合、欧米のものを訳すのには、高度な翻訳技術がいりますからね。訳者の力は大きい。しかし、活字の大小で敬意を示すやり方は、歌舞伎や相撲の世界を思わせませんか。

一流の翻訳家の名前を小さく出す、そこに新しさがあるんです。つまり、スマートさですね。そういうのを狙ったんです。ですけど、乱歩先生に叱られて、訳者の名前も大きくなってしまいましたよ。

世界の探偵小説合作者たち

――クイーンをはじめとして、探偵小説には、普通の文学と違って、合作が目立ちますね。

田村　沢山はいませんが、何組かいますね。エラリイ・クイーン以外では、フランスのボワロー＝ナルスジャックがそうだし、スウェーデンの警察小説マルティン・ベック・シリーズを書いていたペール・ヴァールー＝マイ・シューヴァルが夫婦の合作者です。ご主人のペールが一九七五年に亡くなったので、このシリーズはもう書かれていませんが。それから、アメリカにもロックリッジ夫妻がいる。

夫婦の合作者というと、かなり古い作家ですが、G・D・H&M・コールという名で『文化村の殺人』（一九二九）とか『百万長者の死』（二五）、『ブルックリン家の惨事』（二三）などの作品を残しているイギリス人作家がいますが、これは夫婦そろって経済・労働問題の学者という変わり種でした。合作の例としては、この夫妻などは古いほうでしょう。この人たちの作品は、今は絶版になっているかもしれませんが、新潮文庫に入っていました。

単発的な作品では、早川書房で出した『第五の騎手』(一九八〇)というのが、やはり二人で書いた合作です。アラブが核を持って、アメリカを狙うというショッキングな内容ですが、『パリは燃えているか』(六五)などのノンフィクションを書いているドミニク・ラピエール、ラリー・コリンズというフランスとアメリカのジャーナリストのコンビです。

――日本では?

田村 乱歩賞作家の岡嶋二人がいますね。合作というのは、昔は一種のお遊びみたいによくやったんです。何人かの作家が一つのストーリーを書き継いでいくという形式ですが。それから、合作と言えば、坂口安吾の『復員殺人事件』という作品は、安吾が未完成のまま死んでしまったので、そのあとを高木彬光さんが引き継いで完成させたという例もある。『樹のごときもの歩く』(一九五八)というんですが。これは合作の変形でしょうか。

皆なでミステリを書きませんか

――合作についてどう思われますか?

田村 合作は、探偵小説のような知的エンターテインメントには向いているんじゃないかな。むしろ、あるグループで作ったほうが面白いと思いますよ。それぞれに得意の分野というのがあるわけだから。

多作ができるんじゃないかと思いますね。法人組織のようなものにして、多重構造でつくるんです。野球で言うと、中心になる監督のような存在を置いて、女の描写は君が書けとか、あんたは酒場のシーンを受けもてとか……。建築設計みたいなものですよ。それぞれに役割分担を決める。最初にデザインを決めておいてうまくいかなければ手直しする

……法人・松本清張ですか。

劇画なんか、その方式でしょ。そこまで極端でなくても、小説の場合、資料集めがありますからね。山崎豊子さんの『二つの祖国』（一九八三）の場合なんか、公開された米国関係の資料を読んで聞き出す係りの人もいるだろうし、少なくとも五、六人のチームでないとてもできませんよ。

ハヤカワ・ミステリ文庫で出した『漂う提督』（一九三一）なんかもそうですね。これは、クリスティ、クロフツをはじめ、著名な探偵作家十三人が一つのストーリーを練って、次々と作家が書き継いでいったわけです。一種の連句ですよ。

トリックも出尽くしてしまっていることだし、こうした行き方も方法論としてはじゅうぶん可能でしょうね。↓検証

リチャード・ハル　Richard Hull (1896-1973)

倒叙型探偵小説の代表作に

——一九三四年にはリチャード・ハルの『伯母殺し』が出ていますが、これは倒叙型探偵小説として、世評の高い作品ですね。

田村　クロフツの『クロイドン発十二時三十分』（一九三四）、フランシス・アイルズの『殺意』（三一）とともに、三大倒叙型探偵小説と言われています。

倒叙型というのは、「刑事コロンボ」（一九六八―七八）でおなじみの形式で、普通の探偵小説と違って、犯人はわかっているんです。犯人の犯行を先に描いて、探偵が犯人の緻《ち》密《みつ》な犯罪を、どのように暴いていくか、という点に狙いを置いてサスペンスフルに描いていくんです。

経理マンから作家へ

ハルはイギリス作家で、本名はリチャード・ヘンリー・サンプスン。ハルというのは、母方の姓ですね。

十八歳の時に、軍隊に召集され、三年間ほどフランスに行ってたようです。

戦後、除隊になってから、経理事務所に勤め、その後独立したものの、あまり繁盛しなかったので作家になる決意をした。ちょうどこの時期、アイルズの『殺意』が出た時だったので、それに刺激されて、スタイルも同じ倒叙型で書く気になったんでしょうね。こうして書かれたのが処女作の『伯母殺し』だったわけです。

その後も、彼は経理士や官庁の仕事のかたわら、毎年一冊ぐらいの割合で長編を書き続け、二十冊近くの作品を残しています。

知的な殺人を楽しみましょう

――ハルの作品の魅力は？

田村　『伯母殺し』が最もよく知られていますが、これは、学問も教養もなく、おまけに怠け者の主人公が、血を見る勇気もないくせに、完全犯罪を企むというストーリーです。殺される側の伯母さんが、なかなかのしたたか者で、ずる賢いくせに勇気のない青年との虚々実々の闘争が、ユーモアを含んで面白いんです。『伯母殺し』の面白さはその辺でしょうね。
それから「コロンボ」の話が出たついでに言うと、あのテレビは視聴率も高かったんだから、知的エンターテインメントとして、あの程度のものは、もっと出てきてもいいんじゃないかと思いますね。日本の探偵作家も見習ってほしい。

もっとも、実際に起こる日本の犯罪というのは、すべて底が浅くて、お粗末すぎる。功成り名遂げた大学教授や政治家が、小学生でもわかるような収賄で逮捕されたりする。それまでの知性はどこへ行ったかと思われるようなバカな動機なんです。

動機に知性がない。社会的風土の関係かどうかわかりませんが。犯罪がすべて類型的で、それから、個人が個人を殺してはじめて殺人事件になるんで、集団が集団を殺戮したんでは、殺人にならない。しかるべきところにしかるべき死体がころがっているから面白いんです。

〝個の確立〟がない日本では……

——日本の犯罪がオソマツだから真の探偵小説が育たない……ということですか。

田村　卑近な例ですが、自治体や国鉄なんかで三万円とか十万円なんかで地位を棒にふっちゃう話がよくあるでしょう。信じられないような話です。それだけ、日本というのは平和なのかもしれませんがね。

結局、根底に個人の確立というものがないと、犯罪にしろ、探偵小説にしろ面白くない。探偵小説というのは、前にも触れましたが、産業革命以後の文明社会に起きた、さまざまな個人的動機によって発生した犯罪を描くんですから、個の確立というのが絶対条件なんです。

その点、日本では民主主義にしろ個人主義にしろ確立していないから、まわりの組織に圧迫されてしまう。〝村〟はたしかになくなったが、それに代わるものは、〝個人〟ではない。〝村〟の代わりに会社・大企業となっただけなんです。ソニー村とかトヨタ村とか……。

それから、封建時代にあった代官制度、あの代官のなかで悪代官と呼ばれるのは、年貢米を決められたとおりのマスできっちりと測るのが悪代官、それを少しお目こぼししてくれるのが良い代官だったんです。これじゃ、〝正義〟や〝合理性〟は育たない。こうした伝統というのは百年や二百年では変わりませんよ。日本人は心情的には、まだ徳川時代の臍《へそ》の緒を断ち切っていないんです。

ユーモアのなかの〝苦い味〟を

伝統という点では、言葉（思想）も同じことです。たとえばですね、大日本帝国なんか八十年しかもたなかった。で、結局、海軍は〝スマート〟という言葉と〝チャージ〟という言葉を訳せなかったんです。

そもそも、もっともらしく訳しているからといって、本当に理解しているかどうかといったら疑問なのです。たとえば、ユーモアという言葉、これは日本語ではなかなか表現できない。ユーモアに含まれている苦い味。この苦みが賞味できるのには、三代かかるそうですから、戦後百年くらい経てば、日本の社会に、ユーモアの味が生まれるかもしれませんね。その時は、ぼくはもういないけれど。

どうやら、〝面白い探偵小説〟というのは、書き手と読み手の両方が育てる〝文化〟じゃないでしょうかね。↓検証

カーター・ディクスン　Carter Dickson/John Dickson Carr (1906-1977)

二人の大男が探偵役

——次は『プレーグ・コート（黒死荘）の殺人』（一九三四）ですが、この作家は二つの筆名を使い分けていますね。どこが違うのですか？

田村　ジョン・ディクスン・カーとカーター・ディクスンですね。しかし、作風に大きな違いはないんです。ただ、登場する探偵が違うだけで。

カー名義のものにはギデオン・フェル博士、カーター・ディクスンのほうにはヘンリー・メリヴェール卿、というふうに探偵を使い分けています。

フェル博士というのは、カーの尊敬するチェスタトンの作品に出てくるブラウン神父を頭において書いたという人物で、黒い大きなマントを着て、ボサボサの頭にシャベル帽をのせている。にこやかな、サンタクロースみたいな顔に、山賊のような口髭を生やした大男といういでたちなんです。

ヘンリー・メリヴェール卿のほうも、負けず劣らずの大男で、つぶれたパナマ帽子をかかえていて、幅広の鼻に、ずり落ちかけている眼鏡をかけた悪党面というんですが、クリスティのポアロとミス・マープルほどの明確な人物像の違いというのはない。

大時代的な道具立て

カーの作風は、「鬼面人を驚かす」というか、アクの強さでは第一番で、徹底して不可能興味を追求しているんですが、それもただ不可能興味を満足させるだけでなく、道具立てが凝っているんです。

たとえば、密室殺人でも、ただ内側から鍵の掛かった部屋で人が殺されるというのではなく、それに伝説を絡めるなどして、大げさな舞台装置を施す。日本でいえば空かずの間で人が死ぬとか、幽霊の呪いで人が殺されるといった類の話ばかりです。ですから、こういう話の好きな人にはこたえられない作家でしょうが、どうもドギつくてという人には、まったく見向きもされないわけです。

しかし、そういった好みを超えて、『火刑法廷』（一九三七）、『プレーグ・コートの殺人』などは、なかなか面白い読みものです。

早熟な少年の寄稿

——彼は一九二〇年代の終わりごろアメリカからヨーロッパを旅行していますね。

田村　カーは、生まれたのはアメリカですが、彼自身、スコットランドの血を引いてアメリカに生まれた、と言っているように、イギリスを強く意識していた。

カーの父親は弁護士で、国会議員に選出されたこともあったらしい。カーは少年時代から、ホームズやダルタニアン（デュマ『三銃士』のなかに出てくる）に憧れていたというから、その頃から、探偵作家になる素地はあったのかもしれませんね。

かなり早熟な少年だったらしく、地方新聞にスポーツや裁判記事などを寄稿して、十四歳の時には、何度か採用されたというから、栴檀《せんだん》は双葉より香《かんば》し……ということでしょう。

大学を出るとパリに遊学に行き、ここでは、アレクサンドル・デュマに憧れたのか、歴史的なロマン小説を書いたりしたが、認められるまでにはいかなかったようです。

ミステリもこの頃、試作をしたようですが、気に入らずにストーブで焼き捨ててしまったらしい。

怪奇趣味から歴史ものへ

カーが世に知られるようになったのは、一九三〇年に書いた『夜歩く』によってです。この作品は処女作ですが、すでにこれはカーのその後の作風を示すように、怪奇趣味《オカルト》にあふれた密室殺人だった。これを書いたのはパリですが、その後はイギリスに行き、十七年間過ごした。

カーは七十編に及ぶ作品を残しましたが、一九四〇年頃からは、不可能犯罪に凝りかたまった作風から、歴史的な事物や人間をテーマにすることが多くなった。

これは、カーに限らず、本格的謎解き作家と言われる人たちに見られる共通した現象です。このカーにしろ、クリスティにしろ、それまでの作風とは少しずつ変わってきています。クリスティも、持ち前の器用さで恋愛小説を書いたりしていますからね。

カーは晩年、コナン・ドイルの伝記を書いたり、一九五四年には、ドイルの息子のアドリアンとの合作で、『シャーロック・ホームズの功績』を書いたりしています。これはホームズものの贋作《がんさく》です。→検証

E・S・ガードナー　Earl Stanley Gardner (1889-1970)

〝小説工場〟と呼ばれた作家

――こうして見てくると、たしかに一九三〇年代は、めぼしい作品が目白押しで、探偵小説の黄金期といった感じがしますね。多くの読者を獲得したという点でガードナーも忘れてはならない存在ですね。

田村　ガードナーは、作品の大量生産と、多くの読者をひきつけたという点で並み外れた作家です。その精力的な小説の生産ぶりから、〝小説工場〟と言われたほどです。

ガードナーの父親は、鉱山技師だったので、土地を移るたびに、彼自身も次々に学校を変えた。二十一歳のとき、司法試験に合格し、一九一三年には弁護士を開業した。一時は、自動車部品の販売会社の社長になったりしたようですが、恐慌のために、また弁護士業に戻った。

そのうち、弁護士業のかたわら、執筆を始め、軽いものを雑誌に売るようになった。最初の短篇が、パルプ・マガジンの「ブラック・マスク」に載ったのは、ガードナーが三十四歳の時だったと言われています。

この作品は、送り返されてきたので、何度も書き直したようです。それからの十年間は、昼は弁護士業、夜は小説を書き続け、三日に一篇の割で、短篇を送り出した。その執筆量は一年に四百字詰原稿用紙で一万枚以上だったというから、すごい馬力です。探偵小説ばかりではなく、この当時は西部劇《ウェスタン》小説も書いたらしい。

ハードボイルド＋本格派

――ペリー・メイスンはいつごろから登場したのでしょう？

田村　今申し上げたものはいずれも短篇ですが、長篇は一九三三年になってはじめて書かれます。これがペリー・メイスンを主人公にしたシリーズの始まりです。

処女長篇の『ビロードの爪』、これは三日半で書かれたという伝説的なスピードを誇っています。

それ以後は一冊に一週間かけるようになり、ずっとのちになると一か月かかって書くようになったようです。いずれにしろ、欧米作家としては、異例のスピードです。

ガードナーと言えば、「メイスンもの」が圧倒的に多いわけですが、これに出てくる主要な登場人物は、メイスン、秘書のデラ・ストリート、それから探偵のポール・ドレイク。

ガードナーの作風は、論理的謎解き小説ではなく、行動派と呼ばれるスタイルです。つまり、動きの多い作風ですが、それはアクション（行動）とは違うんです。

しかし、根底にあるのは、やはり謎で、ハードボイルド派の作品などよりは、ずっと本格派に近いんです。

　会話が多く、人物の動きや一般の描写も、かなりあっさりしている。この辺は、口述筆記によって作品を作り上げていたからでしょう。

　だから、小説のコクとか、本当に読書を楽しむという面から見ると、ガードナーのものはちょっと物足りない。だが、それでも、あれだけの読者を獲得したことは無視できないでしょう。一作二百万部を超す売れ行きをみせたものが何作もあるというんですから。

法廷ものはアメリカ人好み

――なんと言っても、ガードナー作品、とくにメイスンものの圧巻は、テレビの法廷場面でよく知られていますね。

田村　アメリカ国民は、もともと非常に裁判の好きな国民なんです。日本は主権在民の法治国になって、半世紀にもみたないんですからね。

　とにかく、英米法の法廷《コート》を考えるとき、テニス・コートを思い浮かべるのが一番手っ取り早い。もっとも、中世の異端裁判では、火刑法廷のことをバーニング・コートと言いますけどね。検察側と弁護側が被告の有罪、無罪をめぐってやり合うわけですが、その際、バックハンドや、ボレー、ロブなどさまざまなテクニックを駆使して法理論のプレーを繰り広げる。そして、双方がルール違反をしないようにジャッジがついていて、注意を与える。こうした形式はまったくテニスそのものです。

ここで忘れてならないのが陪審員制度です。この制度は、日本のように、法律の専門家の裁判官や検事、弁護士などだけで裁判を行なうのではなく、法律的知識、経験に乏しい市民を参加させて、被告の有罪、無罪の判断をさせるものですが、こういう制度があるために、裁判が非常に身近なものになっているわけです。アメリカの郡の法廷は、大衆娯楽の中心だとさえ言えるほどです。ガードナーは、現役の弁護士で、しかもそのまま弁護士を続けていれば、作家としての彼以上の成功をおさめたことは間違いないと言われたほどの腕利きだったので、法廷闘争を書くには最適の人物だったんです。

こういう人間が、自分から書いたのですから、白熱した法廷場面ができるのは当然だったわけです。

でぶでケチな女探偵事務所長

――法廷ものを書く作家には、ほかにどういう人がいますか。

田村　イギリスにヘンリー・セシル（一九〇二―七六）という作家がいる。この人の作風は、法廷もののなかでも、かなりユーモアの味の濃いもので、邦訳されているものを挙げると、『メルトン先生の犯罪学演習』（四八）、『判事に保釈なし』（五二）、『あの手この手』（同）、

『ペテン師まかり通る』（五七）、『法廷外裁判』（五九）などがある。『あの手この手』、『ペテン師まかり通る』の二作は、詐欺師の話でユーモア小説に近い。
また、ガードナーに戻りますが、彼はもう一つの筆名、A・A・フェア名義でも二十九冊の作品を残しています。ぼくも、このシリーズを一冊訳していますが、これはなかなか面白いですよ。でぶでケチな女探偵事務所長バーサ・クールとちびで頭のきれるドナルド・ラムが出てくるんですが、ラムはいつも、バーサ・クールに尻を叩かれて働かされている。かなりユーモア性の豊かなシリーズで、なかでは第一作の『屠所の羊』（田村隆一訳）が最もいい。→検証

ニコラス・ブレイク　Nicholas Blake (1904-1972)

詩才の天分は母方の血筋

――『野獣死すべし』（一九三八）はタイトルがすごいですね。

田村　江戸川乱歩さんのつけたタイトルですが、なかなかいいでしょう。本当は聖書の言葉に由来していて、のちに喧嘩言葉になったものなんですが、あえて文語体にしたところがいいんです。一言、文末に出てきて、ピリッと効いています。

ブレイクの本名は、セシル・デイ・ルイスと言って桂冠詩人です。父親はアイルランドの坊さんだったらしいんですが、母親のほうは、十八世紀の詩人で小説家だったオリバー・ゴールドスミスの血を引いていただけあって、自分でも詩を作っていたそうです。ブレイクも、こうした血統で詩を書くようになったのかもしれない。三歳のとき、イングランドに移住し、オックスフォード大学を卒業し、教師をしながら、詩作と文筆的政治活動を続けたんですが、一時は共産主義者と見られたこともあったようです。彼の詩がラディカル（急進的）で社会的なのでそう見られたようですが、その後は穏健な社会主義者になった。

日本の〝落ちこぼれ〟探偵作家殿へ

詩人としてのルイスは、W・H・オーデン、スティーブン・スペンダーらと一つのグループをつくっていて、これは、エリオット以降、英語圏では、最高の詩のグループです。ちょうど、ヒトラーがヨーロッパに暗い影を落とし始めた頃で、スペインのフランコの存在も油断のならないものだった。こうした民主主義の危機的時期に、反ファッショの旗幟《きし》を高く掲げた。

こういう人物が、探偵小説を書くわけだから、質の高い作品も生まれるし、探偵小説に取り組む姿勢にもゆとりがある。この辺が、イギリス探偵小説の土壌の豊かさでしょう。

　ところが、日本の場合は、小説家志望が小説家になれなくて、探偵作家になったり、児童文学者になったりするケースが多い。そして、とくに戦前は探偵作家自身、社会の隠花植物的な存在で、そのファンも同質と見ていいですね。

　おそらく、日本の探偵作家で、自分の文体をもっている作家は五本の指で数えられるぐらいでしょう。探偵小説だって立派な文学なんですから、きちっとした自分の文体をもたなければならないんです。これは、探偵小説を書く人だけでなく、編集者やお客さん（読者）の責任でもある。日本独得の〝文壇〟に属する「純文学」——主として私小説ですが——と、「〇〇読物」的な「中間小説」とに分けてしまって、探偵小説はなんとなく後者だという意識がある。そこで、大衆娯楽の読み捨て方式になって、文体も思想も磨くヒマがない。むこうじゃそんな区別はありませんよ。フォークナーやトルーマン・カポーティなんかがどんどん雑誌に小説を発表する。

　しかし戦後四十年近くを経て、欧米のミステリが大々的に紹介されて、翻訳者の質もきわめてよくなったし、それを享受する読者層も多元化してきたから、新しいタイプの探偵作家が誕生する基盤はできました。これからが楽しみです。謎解きばかりに血眼になっていて、ユーモアのセンスもウィットもない作家が、今までは多すぎましたよ。

緻密な性格描写が魅力

ブレイクはそれほど多くの探偵小説を書いているわけではありませんが、そのなかでは『野獣死すべし』が最も世評が高い。

主人公は、筆名を使って探偵小説を書いている退職官吏なんですが、息子を自動車で轢き殺され、犯人（＝野獣）を自分の手で捜し出し、復讐しようとする。その日記で始まるんです。

クルマの持ち主の見当をつけ、まず同乗者の女優と知り合い、クルマの持ち主の自動車修理工場主に近づき、ヨットに誘い出して殺す計画を立てるんですが、日記を読まれてしまっていたために失敗する。ところがこの男が毒死して、警察は被害者の子供を疑うんですが、主人公の友人のストレンジウェイズが真相を突きとめるというストーリーです。前半が日記で、後半は普通の文体、という工夫も、この場合、成功していることの一つでしょう。

ニコラス・ブレイクの作風は、イギリスの作家らしく、緻密な性格描写で、ウィットとユーモアに満ちた文体は、探偵小説に最もふさわしいといっていいと思いますね。↓検証

エリック・アンブラー　Eric Ambler (1909-1998)

――次はアンブラーですが、スパイ小説は、バカンに続いて二冊目ですね。

田村　ぼくに言わせれば、ジョン・バカンは、スパイ小説におけるエドガー・アラン・ポオであり、エリック・アンブラーは、コナン・ドイルの役割を果たした作家です。そして、アンブラーに大きな影響を受けた作家がグレアム・グリーンなんです。

その意味では、アンブラーは、スパイ小説史上に大きなエポックを画した作家です。アンブラーの作品としては、『あるスパイの墓碑銘』（一九三八）もいいが、翌三九年に発表された『ディミトリオスの棺』もすぐれている。

東洋と西洋を分けているボスポラス海峡あたりを舞台にしているんですが、ストーリーは、国際的犯罪者・ディミトリオスを追う物語です。ディミトリオスは、一応死んだとされているんです。ところが、追う側の主人公である経済学者で推理作家が調べているうちに、ひょっとするとディミトリオスは生きているんじゃあないかと考え、足跡を追い始める。隠された真相にたどり着くまでの克明な調査とスリリングな過程がよくできている。

異国の地で犯人扱いされる恐怖

『あるスパイの墓碑銘』は、アンブラーの第三作で、ハンガリー生まれの語学教師が、休暇でフランスのホテルに滞在している間に事件に巻き込まれるという、スパイ小説にはよくある〝巻き込まれ型〟の典型です。

自分の写した写真の現像を受け取りに行って、スパイ容疑で逮捕されてしまう。誰の保護もない外国で、しかもほとんど無国籍者同然で、ひとりの力で疑いを晴らさなければならないという状況に追い込まれるんです。

一種の犯人探しですが、アンブラーは、国際間の陰謀の狭間で翻弄される個人を描き出すことがうまい作家です。

市民が巻き込まれる近代戦争

——再びスパイ小説について……？

田村　スパイは、売春とともに、世界最古の職業だと言われていますが、小説に登場したのは、比較的新しい。戦争には、ほとんどスパイが暗躍しているわけですが、文学史的には日が浅いというのは、どういうわけなのかな。

ルキュー（一八六四—一九二七）とか、オッペンハイム（一八六六—一九四六）という人たちが、バカン以前にいたことはいたんですが、これは冒険活劇的なもので、スパイ小説という分野が確立していたとは言えなかったわけですから。

結局は、読者が興味を示さなかったのかもしれませんね。それが、第一次大戦など、大きな戦争を経験するうちに、その裏で諜報活動が活発に行なわれていることがわかってきて、その実体に興味をもつようになった。

それと同時に、近代工業化社会になり、豊富な情報を必要とするようになり、市民生活も大きくそれに関わっていることがわかってきて、スパイ小説が読まれるようになったと言っていいでしょう。

――時期的には、『あるスパイの墓碑銘』は、第二次大戦前夜に書かれたものですね。

田村　近代戦は、否応なく市民を巻き込んで行く。第一次大戦より第二次大戦に、いっそうその色合いが濃厚になってきた。そうした点が、スパイ小説の土壌を広げ、需要を大きくした原因でしょうね。また、アンブラーのこの二作は、第二次大戦をテーマにしたスパイ・陰謀小説が、戦後何十年と経ってから書かれている現在の出版現象と違って、一九三八、三九年という国際政治の状況をほとんど同時進行的に描いているところも、アンブラーが、リアリティー（現実性）のあるスパイ小説の分野を確保し得た大きな要因になっていると考えられますね。↓検証

グレアム・グリーン　Graham Greene (1904-1991)

自殺を図った少年時代

――続いて、やはりスパイ小説ですが、グレアム・グリーンの『密使』はいかがですか？

田村　グレアム・グリーンは、イギリス文壇の代表的作家ですが、彼自身エンターテインメントの小説と称する数篇を書いている。映画で有名な『第三の男』（一九四九）や、この『密使』（三九）、『恐怖省』（四三）などは、その部類に入るものです。一説には、エリック・アンブラーの影響を受けて、スパイ小説を書き始めたそうです。

父親は学校の教師を三十八年間勤め、あとの十七年間は校長だった。ところが、グリーンは父の学校を嫌悪し、少年時代から何度か自殺を図ったそうです。

しかし、大学卒業後、カトリック信者と結婚し、自分もカトリックに入信したんです。

スパイ戦争のなかの孤独な男

『密使』は、うまくできているんです。舞台はイギリスなんですが、泣かせる小説ですよ。スパイ小説としても抜群。ある国から国内の戦乱の死命を制する石炭の買いつけに、イギリスに派遣されたDという男のことを徹底的に描いているんです。元大学教授で、古典語を研究し、いわば象牙の塔にこもっていたような男なんですが、戦争で妻を銃殺にされてから、戦争の勝敗のカギを握るような重大任務を帯びてイギリスにやって来る。ところがイギリスでは、この男は自由に行動できず、反対派、裏切者、監視者に四六時中見張られる。

そういう状況のなかに置かれた孤立無援な人間の心情や孤独が実によく描かれているんです。早川書房でも、グレアム・グリーン全集を出したんですが、『密使』の解説〔青木雄造〕がよかったなあ。

——グリーンはカトリック作家だと言われますが……。

田村　この小説もパウロの回心にひっかけているんです。つまり、パウロがキリストと、その教徒たちを追いかけるでしょう。ところが、そのうちキリストによって劇的な回心が起こる。そして今度はローマ兵から追われるという故事にひっかけてるんです。

心にくいばかりですよ。この辺の着想は。実にスマートですね。

グリーン全集出版の経緯

グレアム・グリーン全集を、早川書房から出版した経緯については、前にも触れましたが、あれには、早川社長が一枚嚙んでいた。早川社長は、自社の出版物をあまりお読みにならないという変わった性癖の持ち主ですが、あの時はどうしてもグリーンを出すと言い張った。面白い社長さんでね。勘なのかどうか知らないが、そういう点はぼく、早川さんを買うんです。

このグリーン全集のうち、二つだけは新潮社が版権をもっていたので、泣く泣く、早川書房のもっている版権と交換したんです。あのとき、早川書房が渡したのは何だったのか、思い出せませんが。仕方がないでしょう、新潮社が二つ版権もってたんでは、全集できないんだから。しかも、その二つがいい作品なんです。『事件の核心』（一九四八）と『権力と栄光』（四〇）ですから。

グリーンは、自分の書くものをシリアスな（まじめな）「ノヴェル」と、「エンターテインメント」にはっきりと分けていますが、作家としては、今世紀の文学者のなかでは第一級ですね。↓検証

レイモンド・チャンドラー　Raymond Chandler (1888-1959)

浪花節好みの日本人向き

――順序が、ちょっと前後しましたが、チャンドラーの『大いなる眠り』がこの頃ですね。

田村　チャンドラーは、生まれたのがシカゴというのが、ふるってますね。いかにも、ハードボイルドの担い手にふさわしい場所でね。

先日ロス・マクドナルドが亡くなりましたが、俗に「ハメット＝チャンドラー＝ロス・マクドナルド・スクール」と言って、この三人が正統ハードボイルドのご三家と称しています。この三人のなかで、日本人に一番好かれるのはチャンドラーでしょう。チャンドラーの特徴は感傷性にあるから、浪花節を生んだ国民性にはぴったりくるはずです。

両親ともクウェーカー教徒でしたが、チャンドラーが八歳のとき離婚したので、母親とイギリスに帰った。しかし、チャンドラーの国籍はそのままだったんです。

彼はイギリスで文官試験に合格後、海軍省に勤めたんですが、実は弁護士志望だった。金がなくて勉強ができなかったので、その後ジャーナリズムの世界に入った。

一九一二年にはアメリカに帰り、帳簿係などもやったようです。それから第一次大戦では、軍隊にも行ったが、戦後は小説を書いたりした。しかし、この時はモノにならず、銀行に勤めたり、石油会社の支配人をやったりしたが、一九二九年の大恐慌で失敗した。

そして、このときまた小説を書き始めたんです。チャンドラーの処女作は、「ブラック・マスク」に載った一九三三年の『脅迫者は射たない』ですが、続いてパルプ・マガジンを舞台に中・短篇を発表していった。

行動＋会話の魅力

『大いなる眠り』は、処女長篇で一九三九年に刊行されたものです。将軍の令嬢が恐喝され、私立探偵のフィリップ・マーロウが乗り出していき、複雑な人間関係を解きほぐしていって、真相に突き当たるわけですが、行動派の探偵というのが新鮮で、この作品はかなりの賞賛をもって迎えられたようです。

チャンドラーは、本格派の不自然さを排して、現実に目を向け、人間を生々と描写した。チャンドラーの持ち味と言えば、有名な「しっかりしていなければ生きていけない。やさしくなければ生きる価値がない」という名台詞に代表されるように、形容のうまさ、会話の妙味です。そこに感傷が混じって、上等な酒のうま味にも通じるものを感じさせる。

シャーロック・ホームズの熱烈な愛好家を〝シャーロキアン〟というのに対して、〝チャンドリアン〟と言う言葉もあるぐらい、チャンドラー信奉者は日本にも多いんです。

泣かせる酒場の描写

――お好きな場面は？

田村　とくに、彼の場合は、酒が作品とよく溶け合っていますね。酒場の描写など非常にうまいんです。酒場が開いたばかりで、店のなかにはまだ誰も客がいなくて、前の晩のタバコと酒の匂いがこもっていてね。そこへ一人で入って来て、ボンヤリしながら飲んでいるところなんか実にいいんです。それもロサンゼルスあたりのバーでないと感じが出ない。ロンドンのパブやフランスのバーじゃだめ。強いて日本で言えば、鎌倉に一軒、なぜか家にいられない中年独身男性ばかりが集まってくるバー（「A」）がありますが、この淋しさをも少しハードにした雰囲気を描いたのがチャンドラーです。チャンドラーは泣かせる作家ですよ。

酒が出てきたから言うわけじゃありませんが作品に酔わせる力をもっているのは、探偵作家のなかでも最右翼の一人でしょう。↓検証

ウィリアム・アイリッシュ　William Irish (1903-1968)

出版社が違えば筆名も違う

――一九三〇年代に別れを告げ、一九四〇年代に入るわけですが、四〇年代の筆頭に現われるのが、ウールリッチの『黒衣の花嫁』（一九四〇）。そして四二年にアイリッシュ名義での『幻の女』が発表されますね。

田村　ウールリッチ、アイリッシュというのは同一作家の筆名なんです。ウィリアム・ア

イリッシュの本名が、コーネル・ジョージ・ハプリイ・ウールリッチというんですから、コーネル・ウールリッチは、本名の真ん中の二つを抜いたものですね。

カーと同じで、筆名を二つ使い分けていますが、作風において大きな違いはない。にもかかわらず、なぜ二つの筆名を使ったかというと、アメリカの出版界では、一作家の作品は同一出版社から出版するという慣例なので、他の出版社と契約した場合は、別の名義を使ったわけです。アイリッシュはいわゆるサスペンス派で、事件の展開に重きを置いた作風ですが、『幻の女』などは、なかなかいいんです。犯人の意外性もあってね。

アリバイを証明する女を探せ!

――どんなサスペンスですか?

田村　章別の見出しに、殺人の嫌疑をかけられ、死刑を宣告された男の、死刑執行日が徐々に迫ってくる日付が付けられていて、それがいっそうサスペンスを盛り上げるんです。10、9、8、7、6……ロケット打ち上げの秒読みが進んでいくのと同じ調子ですよ。「幻の女」というのが、何を意味しているかと言うと、ある男が、女房と喧嘩したあげく酔っぱらって街中をぶらぶらと歩き回るんですが、その間に、街で一人の女と出会う。この出だしが最高の文章です。

で、この女が、ちょっと変てこな帽子をかぶっていて、男は女と酒場かなんかに入るんです。そして、しばらくしてから別れて家へ戻ってみると、女房が殺され、男は警察に女房殺しの容疑で逮捕されてしまう。それが導入部ですが、あとで男の友人が現われて、探偵を買って出るんです。

ところが、男のアリバイを証明してくれるはずの女のことを聞いて回るんですが、誰もそんな女は見なかったと言う。

そして、女はそれっきり、どこを捜しても見つからないんです。女は男にとっては、みんな「幻」みたいなものでしょう。おそらく、作者はその辺の含みをもたせて書いたんじゃないかな。

都会の孤独をかみしめた作家

アイリッシュは、その作風が示すようにニューヨークに生まれ、少年時代はしばらく両親と一緒にメキシコに住んだようです。

しかし、その後、ニューヨークに帰ってコロンビア大学を卒業したんですが、その年病気にかかり、回復期に本を読みあさり、自分でも執筆を思い立った。

二十一歳の時には処女作を書いて、コロンビア大学のカレッジ・ユーモア賞の一万ドルをもらっています。それまでは、ダンサーにでもなろうかと思っていたらしいんですが、このことで作家志望に変わったようです。

アイリッシュのあと、デッドラインが次第に迫っていくという手法は、数多くの作家が書いていますが、やはり『幻の女』が出色ですね。

彼は都会――この場合はニューヨークですが――を描くことにもすぐれた腕を見せた作家です。アイリッシュ自身、都会の孤独を地でいったような人で、一生のほとんどを母親とホテル暮らしで送り、彼自身の葬儀に立ち会ったのは、株式仲買人だけだったというほどです。日本では、ちょっと考えられないことですね。

「孤独と暴力と言葉」のアメリカ

こうしたアメリカの孤独が理解できないと、アメリカ文学もわからない。ノーマン・メイラーにしろ、ヘミングウェイにしろ、孤独のうちに死んでいったんですからね。

アメリカの孤独が理解できないと、詩も、文学も、こうしたエンターテインメントが生まれてきたこともわからない。

アメリカを特徴づけるとすれば、孤独と暴力と言葉です。

この〝言葉〟といっても一言では言えない。ヨーロッパ言語一つをとっても、アングロ・サクソン、ゲルマン、ラテンとある。同じ白人社会でもヒエラルキー（階級組織）があるし、そこに黒人、中国人、日本人も加わる。実に複雑な社会構成になっている。そのなかの孤独は深刻なものです。

だから、その反動でしょうが、よくアメリカ人の笑顔は美しいって言われるが、本当なんです。人なつっこいですよ。
　また、それが一種の親しみをこめた出会いの挨拶でもある。「お前に悪意はないぞ」っていう……。それに反して、日本人はラッシュアワーでもなんでも、黙りこくって、能面のような顔して乗っている。アメリカ人から見たら、何を考えているのかわからない。気味の悪い民族でしょうね。↓検証

クレイグ・ライス　Craig Rice (1908-1957)

これぞ〝素敵な洋食料理〟

——次は女流作家、クレイグ・ライスですが。

田村　これもアメリカ的な作家ですね。
　クレイグ・ライスの作品は、非常にユーモアのセンスに富んだ作風で、おすすめ品です。シリーズ・キャラクターとしては、『大はずれ殺人事件』（一九四〇）、『大あたり殺人事件』（四一）、『素晴らしき犯罪』（四三）、『幸運な死体』（四五）に登場する弁護士マローンと元新聞記者のジェーク、そしてその奥さんの金持ちで冒険好きのヘレンの三人なんです。

代表作は『スイート・ホーム殺人事件』（四四）で、これは女流探偵作家の子供たち三人が、母親を有名にするために、隣家で起こった殺人事件を解決しようとする話です。あら筋だけではこの〝味〟は語れません。隅々までコック長の舌の感覚が活きている、と言いましょうか。

日本で言えば仁木悦子さんの小説に近いかもしれませんが、とにかくユーモアがあって楽しい作品です。『スイート・ホーム殺人事件』は、長谷川修二さんの訳で文庫に収録されていますが、その後の『大はずれ――』『大あたり――』以下は、女流推理作家の小泉喜美子さんが改訳しています。彼女はクレイグ・ライスの大ファンでね。とくにおきゃんなヘレンがお気に入りらしい。

ライスを小泉さんに勧めたのはぼくなんです。あれは三十歳の時かな、ぼくが。その頃、生島くん（推理作家の生島治郎氏）が早川書房の編集部にいて、そこに小泉くんが出入りしていて、愛が芽ばえて結婚したというわけです。打ち明けた話をすると、この二人は、ぼくの下訳をやっていたんです。

放浪と不遇の美人作家

――ライスは家庭的には恵まれなかったとか。

田村　父親は放浪癖のある画家だった。ヨーロッパやインドにも住んだことがあったらしく、母親もライスを産むと、親戚に預けて父親のところへ行ってしまったんです。ライスは預けられた親戚のもとで成長したが、その家族も、アメリカ各州を転々と移り住むという暮らしだったんです。

小さい時から、一か所に落ち着いて生活するというのとはほど遠かったわけですが、彼女は成人してからも、さまざまの職業を経験した。レスリング選手の新聞関係の宣伝係、新薬の売り込み係、ラジオの台本作家を経験したのち、詩や小説も書いたり、作曲まで試みたがうまくいかず、最後に探偵小説に行きついて成功したわけです。

結婚に四度も失敗し、五人目の夫としばらく同棲していたんですが、自殺を図ったこともあったようです。これを狂言自殺だとする説もあるのですが、まあ、そんなことはどうでもいい。作品をお読みください。

ユーモアは痛みから生まれる

――彼女の経験から思い出したことですが、クレイグ・ライスのユーモアは、もう少し日本人に理解されてもいいはずですね。

田村　ユーモアと言うと、とかく日本人は〝お笑い〟と混同しがちですが、本当のユーモアはもっと深みのあるもので、浅薄なバカ笑いとは違うんです。

クレイグ・ライスの略歴を見ると、こういう苦労をした人が、なぜああいう楽天的なユーモアを書けるのかと不思議に思うかもしれませんが、それは大きな間違いです。ユーモアは、〝痛み〟から生まれるんです。そして、ユーモアによって痛みを救うんですよ。

また、文学にできることといったら、そのくらいしかないんです。芸術のなかの他の分野、たとえば、絵画、美術、音楽などを文学が受けもつことはできないんです。

言葉で表現できるのは、ユーモアのセンスとウィットの知的活力によって新鮮な生命感覚を産みだすことですからね。↓検証

マーガレット・ミラー　Margaret Millar (1915-1994)

女性ならではの心理スリラー

——やはり、次も女性作家で、『鉄の門』（一九四五）のマーガレット・ミラーですが。

田村　マーガレット・ミラーは、ハードボイルド派の巨匠で、先日物故したロス・マクドナルド（本名＝ケネス・ミラー）の夫人です。

作風は心理的スリラーですが、ヨーロッパに伝統的に培《つちか》われているゴシック・ロマンとミステリを融合させたような色彩の濃いものです。

『鉄の門』は、犯人がわからないまま、何かの事件で亡くなった前夫人の代わりに、隣家の女性が医師の後妻になるんですが、十年以上経って、平穏な生活を続けているところへ、ある日、謎の小箱が届けられてから、その夫人は頭がおかしくなって家出し、ついに強迫観念にかられて精神病院に入ってしまうんです。

その辺の恐怖は、いかにも女性作家らしいキメの細かい描写で伝わってくる。従来の恐怖小説に新しい息吹きを与えたものでしょう。

かなりニューロティック（神経症的）なところがあって、この辺は、夫のロス・マクドナルドにも影響を与えたのではないかという感じがします。

音楽＋詩劇＋精神病理学

マーガレット・ミラーの経歴を見ると、初めは音楽家志望だったのが、途中から古典文学に興味をもち、トロント大学でギリシャの詩と劇を研究したようです。

その後、精神病理学を学んだと言われますから、彼女の作風はこの経歴に根ざしたものかもしれません。

ミラーには、ほかに『目の壁』（四三）、『狙った獣』（五六）、『殺す風』（五七）、『まるで天使のような』（六二）などがあります。このうちで、『狙った獣』は、一九五六年度のアメリカ探偵作家クラブ賞を受賞しています。

——旦那さまの話はのちほど……。

田村　夫婦でともに探偵作家で、しかも合作をしない例としては、ミラー夫婦のほかに、ヘレン・マクロイとブレット・ハリディという組み合わせがあります。↓検証

エドマンド・クリスピン　Edmund Crispin (1921-1978)

パブから生まれた本場もの

——次は久しぶりにイギリスの作家ですが。

田村　これは、全体が〝遊び〟の要素の強い作品です。ぼくの詩の先生である西脇順三郎氏の意見ではありませんが、イギリスの文学はパブ（居酒屋）で生まれるという考え方があって、西脇先生の評論集で『居酒屋の文学論』というのがあるんです。たしか、吉田健一氏にもパブの本があったはずですが……。

『消えた玩具屋』（一九四六）は、そういう考え方の素地をそのまま裏付けるようなところがある。まず、パブが出てくる。そしてオックスフォード大学ですね。そこで文学や芸術の論争が起こる——こういう雰囲気を読者が掴み取ってくれれば、この作品の持ち味は生かされるんです。滑稽で、バカバカしくて、面白い、しかもスリリングな（戦慄的な）

雰囲気もある、なかなかハイブローな（高尚な）作品なんです。

クリスピン自身、本名はロバート・ブルース・モンゴメリーといって、作曲やオルガン演奏をやる音楽家でもあるんです。映画音楽も手がけていますよ。そういう人物が、こういう作品を書くというところに、イギリス探偵小説の土壌の豊かさがある。

英国風ユーモアの真髄

ストーリーを言うと、詩人がいて、これが玩具屋の扉を押してみると、鍵がかかっていないので、好奇心から入ってみる。すると、女性の死体がころがっているんです。死体を見つけて呆然としていると、廊下に物音がして頭をなぐられて気絶する。意識をとり戻して警察に知らせ、案内してその家の前まで行ってみると、そこは食料品店で、玩具屋がなくなっている。

このほか『金蠅』（一九四四）、『お楽しみの埋葬』（四八）などの長篇もユーモアが重要な味つけになっている。

ただ、国民性の相違からか、日本人にはイギリス人のユーモアは、ちょっと理解しにくい。日本で戦前に言われていたユーモアというのは、イギリス流のユーモアだったんです。佐々木邦などという作家がさかんにユーモア小説を書いていました。ところが、戦後は、アメリカとダイレクトに（直接に）結びついたために、ユーモアもアメリカ流のものに慣らされてしまった。しかし、さかのぼれば、アメリカのユーモアも源泉はイギリスのユーモアに発しているということを強調しておきたいんです。

パブの話が出たついでに言うと、これはアメリカではドラッグストアが近いんですが、現在の日本では、パブに相当するものがない。昔は居酒屋というのがあったんですが、戦後は東京に人間が集中してしまって、通勤時間が一時間半も二時間もかかるので、のんびりしているわけに、いかなくなった。しかも、パブというのは地元の人間が寄り集まる場所、言いかえるなら、地域社会の中心なのです。むしろ、パブは日本の銭湯と同じなんですよ。

日本の銭湯文化はどこへ？

ちなみに、日本で最初に銭湯の経営をやったのは福沢諭吉なんです。もちろん、明治時代になってからですが、福沢が慶應義塾をひらいて、そこへ全国から塾生が集まってきたわけですが、困ったのは風呂に入れないこと。

そこで、福沢は三田の辺りの銭湯を買い取って、人に貸して経営させたわけです。塾生が入るのと一緒に、土地の人も入ったんです。その辺のことはぼくの『ぼくの憂き世風呂』という本に詳しく書いてあります。

そして、一日でも貸し賃の支払いが遅れると、厳しく取り立てた。だから、慶應の理財科（現在の経済学部）っていうのはすご味があったんですよ。銭湯は日本のパブリック・ハウス＝パブなんです。そして、番台に坐っているのは、教会の牧師さんということになるかしら。

ヨーロッパ、とくにイギリス人は、ウィークデーはパブで過ごし、日曜だけ教会に行けばいい。ところが、われわれ仏教国の人間は、毎日毎日罪の〝懺悔〟をしなければならない。その〝場〟としての銭湯が最近少なくなったことは、日本の民主主義にとって憂うべき現象です。これじゃ、「消えた玩具屋」ではなくて、「消えた銭湯」ですね。この作品は植草甚一さん好みのミステリ。アレック・ギネス主演で映画化したら、きっと傑作が生まれますよ。↓検証

ミッキー・スピレイン　Mickey Spillane (1918-2006)

戦争直後の〝劇画小説〟

――いよいよ戦後に入り、まず、ミッキー・スピレインの『裁くのは俺だ』（一九四七）。

田村　スピレインの長篇第一作は『裁くのは俺だ』なんですが、ハヤカワ・ミステリとしては『大いなる殺人』（一九五一）がトップで『裁くのは俺だ』が五番目です。これを見

てもわかるように、早川書房は、かなり時代の先取りをしてるんですよ。劇画なんて思いもよらない時代に、真っ先にミッキー・スピレインを登場させたんですからね。ハヤカワ・ミステリよ、永遠なれ！　ですよ。

まさに、スピレインの小説は劇画の世界です。今ならば、日本でもああいう作風の作家はいくらもいますよ。大藪春彦とか、西村寿行とか……。スピレインよりどぎついほどです。しかし、あの当時としては、あれが受けたんですね。戦争直後だったし、GIに読まれた。ちょうど、気持ちの荒《すさ》んでいた彼らにぴったりきたわけです。

学費稼ぎに暴力を描く

スピレインの父親は、造船所の職工、セールスマン、バーテンなどと職業を転々と変えたようですが、ミッキー・スピレインは、高校時代にディケンズに傾倒するとともに、パルプ雑誌を耽読し、卒業間際には、すでにひとかどのパルプ小説作家になっていたらしい。パルプ雑誌というのは、低俗なエロ・グロを売りものにする雑誌のことですよ。

その後、カンザス州立大に入るんですが、大学の学費は、そのほうの収入で賄ったそうです。第二次大戦になると、召集されて空軍に入り、少尉に任官して教官になりました。戦後は都会生活を棄てて、森のなかに家を建てて住んだんですが、この家の建築資金をつくるために、また小説を書いた。それが『裁くのは俺だ』です。

親友を殺された私立探偵のマイク・ハマーが、麻薬にからむ暗黒街の組織とわたり合うというストーリーですが、他人の裁きには任せておけない、俺が裁判官なんだ、というわけです。

一冊平均一千万部の大ベストセラー

もともと、アメリカ合衆国の国民には、自分の拳銃で自分の命をまもり、荒地を開拓してきた、良くも悪くも開拓者の精神が流れている。自分の身は自分で守るんだというセルフ・ディフェンス（自己防衛）の考え方がある。合衆国憲法の一大支柱です。そういうところが、スピレイン小説の大衆受けにつながったんでしょうね。

『裁くのは俺だ』を含めて、一九六三年までに八作のマイク・ハマーものを書いたんですが、それまでの探偵小説の売れ行きの記録をことごとく塗り替えてしまった。

スピレインが現われるまでは、ウォーレスとかガードナーが売れ行きの記録をもっていたんですが、スピレインの作品は、一九六三年の時点で八作合わせて七千四百万部売ったそうです。

一冊平均一千万部というのだから、『トットちゃん』や『気くばりのすすめ』も真っ青というところでしょう。現在でも、アメリカの探偵小説売り上げベスト10をとってみると、七位まではスピレインの作品が占めている。しかし、彼の作品が受けた非難も前例のないもので、探偵小説の滅亡につながると、評論家の総攻撃を浴びたようです。八作以後、スピレインは、新興宗教に凝ったとかいうことで、それまでのような勢いでは小説は書かなくなっているようですね。

ＧＩの愛読書として

――日本での出版当時はどうでした?

田村　実を言うと、ぼくはスピレインを読んでなかったんです。ああいう、劇画のようなのは好みに合わないのでね。だから、スピレインをハヤカワ・ミステリの一番に選んだのはぼくじゃないんです。たしか、映画が輸入されたんで、あわてて出版することになったんです。

とにかく、先刻も言ったように、スピレインはアメリカでは爆発的な売れ方をしたんですから。面白いことに、それがＧＩたちの読むアーミー（軍隊）文庫に入ってるんです。ペーパーバックの半分の、横長の本なんですが、それに、スピレインから、フォークナー、ジョン・コリア、グレアム・グリーンまで入ってるんですから、相当高級な配給品ですよ。むこうの兵隊さんはそういうのを読みながら戦争してるっていうのに、日本は軍人勅諭しかないんですから。これでは勝負になりませんよ。さすがに、やるね、アメリカさんは。

スピレインがあれだけ売れたというのは、やはり当時の世相と連動していたからなんでしょうが、今となっては、そういう本もあったという程度の評価しかされないでしょう。しかし、内容はともかくとして、ハヤカワ・ミステリが千四百点に及ぶ現在、ぼく自身は二百五十点出して退社しましたが、単に探偵小説界に寄与しただけでなく、戦後の文化現象としてとらえていいと思うんです。その一冊目を飾ったというのは、当時の世相も反映して、意義のあることと言っていいでしょう。→検証

ヘレン・マクロイ　Helen McCloy (1904-1994)

女流作家の本格恐怖小説

――一九五〇年代に入ってトップにヘレン・マクロイの『暗い鏡の中に』があります。

田村　この人は、前にもちょっと言いましたが、マイケル・シェーンというハードボイルド派の探偵をつくり出したブレット・ハリディの奥さんです。

作風は、前出のマーガレット・ミラーに似ていて、恐怖小説風なんですが、ミラーよりは、やや本格派に近いと言えるでしょう。

アメリカの女流作家で、クウェーカー教徒の家に生まれ、ヨーロッパで教育を受けたの

ち、美術雑誌の特派記者として、パリで活躍した。そのうち、探偵小説に筆を染め、数は少ないが、かなりの力作を発表しています。EQMMの第一回コンテストの第二席になった『燕京綺譚』(一九四六)、これは短篇ですが、一八六〇年代の北京を舞台にしている。続いて、『暗い鏡の中に』(五〇)、それから『歌うダイアモンド』(六五)がやはりコンテストに入選しています。

『暗い鏡の中に』は、女学校の女教師が、突然理由を告げられずに解雇されるんですが、本当の理由は、彼女の分身が現われるためです。

「分身」などというと、怪奇小説の世界のようですが、ちゃんと論理的な説明がつけられているんです。

医師と弁護士は競争社会の反映

――一九五〇年代というと、アメリカではこの頃から、精神病理学とか心理学を重視し始めるようですね。

田村 日本では考えられないことですが、アメリカでは簡単に精神分析医にかかったり、心理学者に相談したりする。

よく最近では、日本でも医者と弁護士とは仲よくしておいたほうが利口だ、というようなことが言われ始めていますが、むこうではかなり以前から、ホーム・ドクターとホーム・ロイヤー（かかりつけの医者と弁護士）を決めておかないと暮らせないと言われていましたね。

　つまり、それだけ、日本もそうですが、アメリカはもっと厳しい競争社会で、人間同士の軋轢が激しいという社会的背景があるからでしょう。むこうの新聞社、テレビ会社などが個人のプライバシーに強く関わる報道をしようとする場合、あらかじめ、顧問弁護士と相談し、訴訟を起こされても勝てるというメドがある場合に、報道に踏みきる。

　毎日が、そういうギリギリの厳しい状況下で動いているという裏返しの現実があるんです。結局は、競争社会の反映ということですよ。法か暴力か、ロゴスか弾丸か、この二者択一で生きている社会、そして魂の問題は教会から離れて、精神科医の手に移りつつある、なんだか、当節の日本も、アメリカに似てきましたね。↓検証

アンドリュー・ガーヴ　Andrew Garve (1908-2001)

死んだ女性の心理を追う

——アンドリュー・ガーヴの『ヒルダよ眠れ』（一九五〇）。これは、悪女をテーマにしたものですね。

田村　ガーヴはイギリスの作家で、新聞記者です。ロンドン大学を卒業して、「エコノミスト」、「ニューズ・クロニクル」の記者をやり、戦時中は特派員としてモスクワにいたんです。

終戦後すぐに探偵小説を書き始め、多作はしていませんが、なかなかいいものがあります。『ヒルダよ眠れ』はその第一作で、公務員の妻ヒルダがガス中毒死して、夫に容疑がかかり逮捕される。戦友が彼の犯行ではないと信じて、調べ始めると、死んだ女の性格が徐々に浮かび上がってくるんです。もちろん、探偵小説ですから、謎の解決もあるんですが、それよりもヒルダという女の人間像が浮き彫りにされるところが、この作品の特徴でしょう。

女性はもともと悪の存在

そこで、一般論としての悪女ですが、悪女というのは、どういうものなのか、個人によってイメージが違うでしょう。ぼくのもっている悪女についての持論は、女性すべてが悪女だということなんです。

人間という生物は、せいぜい人間らしくなってから一万年ぐらいしか経っていないそうですから、この地球上で一番ヤングなんですが、ありとあらゆる悪いことをやってきた。その人間を産みだすのが女性なんですから、女性は悪いに決まっている。

人間は魚を食い、鳥を食い、木はなぎ倒し、鯨は獲り尽くし、空気は汚す、しかも人間を殺す。他の動物は飢えなければ、殺し合いはしませんが、人間は自分の感情で人を殺すんですから、これ以上野蛮なことはない。

その人間を産みだしたんですから、女性は悪いんですよ。女性全体を悪いというのは、必ずしも、女性に対して失礼なことを言っていることにはならないと思う。悪というのは、非常に強いものなんですからね。むしろ、男性から見れば尊敬すべき生物です。

いい悪女と悪い悪女がある

しかし、よく医者が言いますが、コレステロールにもいいコレステロールと悪いコレステロールがあるのと同様に、いい悪女と悪い悪女があるんです。それは、パートナーしだいなんですよ。男によって、いい悪女になるか、悪い悪女になるか分かれるんです。しかも、最近知ったことですが、男性ホルモンは女性ホルモンから作られるんだそうです。

聖書では、男の肋骨の一本から女が生まれたことになっていますが、あれとは逆なんです。だから、女性が強いというのは本当なんです。肝機能が衰えてくると、男性が女性化するそうです。ですから、女性化した社会というのは、肝機能の低下した社会ということでしょうね。

悪女についてしゃべるのは、なかなかむずかしいことですが、ただ、悪女のなかにも、いい悪女と悪い悪女というのがあって、一番恐ろしいのは、頭が悪くて根性のひねくれた悪女。だから、せめてユーモアのセンスをもった悪女になってほしいということです。

ジョセフィン・テイ　Josephine Tey (1896-1952)

〝寝台探偵〟が悪王伝説に挑戦

――次はジョゼフィン・テイ『時の娘』（一九五一）。変わった題名ですね。

田村　これは〝真実は時の娘〟というイギリスの諺《ことわざ》からとった題名で、真実というものは、長い時間をかけないと生まれないという意味です。なかなかの高級小説です。

スコットランド・ヤード（ロンドン警視庁）のアラン・グラント警部がケガをしてベッドに寝たままなんですが、誰かが持って来た本のなかに載っているリチャード三世（一四五二―八五）の写真を見ているうちに、イギリス史上最大の悪王とされていることに疑問を抱いて、さまざまな文献を集めて、その事実をひっくり返してみせるという話なんです。

英国史に通じていると、より面白いでしょうね。日本人では、リチャード三世といっても、シェイクスピアの戯曲でぐらいしか、あまりなじみのない名前ですから。では、どんな王様だったのかというと、シェイクスピアなども、そのまま悪のイメージで書いているわけですが、王位を奪って、ロンドン塔に幽閉されていた前王の血続きの二人の少年を殺させたと信じられていた王様です。

探偵小説としては、まったく型破りな小説で、安楽椅子探偵の上をいって〝寝台探偵〟というわけです。

素人歴史家の傑作

ジョセフィン・テイは、こういうイギリス人なら誰でも知っているような歴史的事実をひっくり返してみせたわけですが、惜しいのは、これが彼女の独創的な考えだったわけではないことです。

もっとも、彼女のまったくのオリジナルな（独創的な）アイデアだったら、歴史学会ででも発表すればいいわけですから。そういうことをふまえたうえで、この作品はじゅうぶんに傑作の名に値するものです。

批評家のアントニー・バウチャーは「現代の視点から歴史的事件を再構成してみせたのは画期的だ」と賞めていますし、推理小説のベストなどでは必ず入っている作品です。

ジョセフィン・テイは、イギリスの女流作家で、最初は男性の名前（ゴードン・ダビオット）で戯曲を書いていたようです。一九二九年に、同じ筆名で長篇探偵小説を発表したんですが、これには『時の娘』と同じグラント警部が登場しています。『時の娘』は第七

作で、『フランチャイズ事件』（四八）、『美の秘密』（五〇）などが邦訳されています。↓検証

ボワロー＝ナルスジャック Boileau-Narcejac (1906-1989/1908-1998)

「妻」が「毒」になる心理

——次はボワロー＝ナルスジャックの『悪魔のような女』（一九五二）。これも悪女の話ですね。

田村　探偵小説に出てくる女性となると、ほとんど悪女ですからね。しかし、個人の女性観の問題がからんでくるから、なかなか難しい。ま、女性を研究するには、探偵小説を読むのも一つの方法かもしれません。

悪女という言い方は、比較的新しいもので、昔は日本では毒婦と言ったんです。この毒というので思い出したんですが、面白い話がある。

慶應大学のラテン語の先生で、高齢のために教壇から退いた方がいるんです。自分ではまだ頭はしっかりしているつもりなんだけど、妻という字を書こうとすると、どうしても毒という字になってしまうんだそうです（笑）。ひどく象徴的な話ですね。

共作の第一作が『悪魔――』
――作者は二人の名前を合わせたものですね。

田村　そう、エラリイ・クイーンの場合は、合作名として新しい名前を使ったが、こちらのほうは、そのまま二人の名前を使った例です。

ピエール・ボワローは、高等学校卒業後、刑余者救済の社会事業団に関係していたので、その経験から探偵小説を書き、推理小説大賞をとったこともある。

トーマ・ナルスジャックは、大学教授で一九四五年頃から探偵小説を書き始め、四八年には冒険小説大賞をとっています。実作以外に、探偵小説に関する研究評論もいくつか書いている。たとえば、『読ませる機械＝推理小説』（一九七五）など。二人が共作を始めたのは、一九五二年からで、その第一作が『悪魔のような女』です。

セールスマンが女医と仲よくなって、彼女と共謀して妻に保険をかけ、睡眠薬を飲ませ浴槽で殺すんです。そして、死体を川に流すんですが、その死体が消えてしまう。

セールスマンが家に帰ってみると、妻の置手紙があるし、妻の兄のところにも姿を現わしている。たまりかねて、セールスマンは自殺するんだが、このあとどんでん返しがある。

クルーゾーとヒチコックの映画化

この作品はジョルジュ・クルーゾーによって映画化（一九五五）され、評判になりました。最後のどんでん返しがあの頃はひどく新鮮な感じがしたものです。推理映画の結末に、しばしばどんでん返しが使われるようになったのは、この映画あたりがはしりだったんじゃなかったのかな。今でも、浴槽で目を見開いていた死体の顔をおぼえていますよ。

ボワロー＝ナルスジャックの作品は、このほかにも『死者の中から』（一九五四）が、ヒチコックによって『めまい』（五八）という題で映画化されています。ジェームズ・スチュアートが高い所へ上がるとめまいのする高所恐怖症の刑事役で、この症状のために刑事を退くんですが、ある男から、妻（キム・ノヴァク）を監視してくれと依頼されるのが発端です。

この作者のものは、心理サスペンスと呼ばれる作風で、そのうちのいくつかはどんでん返しで締めくくられるというものです。

ロアルド・ダール　Roald Dahl (1916-1990)

味のある好短篇「味」

——〝おいしい料理〟という探偵小説の定義はダールによく当てはまるようですね？

田村　ダールはぼくより七歳年上で、『摩天楼』（一九四九）という映画でクラーク・ゲーブルと共演したパトリシア・ニールという美人の舞台女優が奥さんですから、多少意識せざるをえない（笑）。もっとも二人は一九八三年に離婚してしまったそうだから、人生はわからないけど。

もう一つ、ダールはイギリスのサウス・ウェールズ生まれなんですが、ちょっと詩人W・H・オーデンが思い出されるのです。彼の詩に「谷間のチーズ」というのがある。自分の村でできたチーズを他人が賞めてくれたらうれしい、というような内容なんですが、これと、『あなたに似た人』（一九五三）の巻頭の傑作「味」（五一）とがオーバーラップしましてね。

「味」は、いやらしいワインの専門家が、金持ちの友人の虚栄心に乗じて、ワインのきき酒ゲームを行なう話なんですが、その代償が、専門家は自分の二軒の家、友人は自分の娘……。ワインを少しずつ味わいながら、しだいにブドウ園の場所と熟成の年を言い当てていく。つまり、娘を手に入れる時が迫ってくるというスリル満点の短篇です。前に、探偵小説は一回性の魅力があると言いましたが、この「味」だけは何度も読み返す気持ちになります。開高健さんや吉行淳之介さんもご推薦の名短篇です。

——最初は〝神のパン〟のために翻訳されたそうですが？

田村　ええ。ある日、植草甚一さんに会ったら、「アメリカ探偵作家クラブ賞を受賞したばかりの短篇集がある。これは面白い」って勧められましてね。綺麗な単行本で、訳し始めて夢中になってしまいました。以来、彼の書いた童話も含めて、今になるまでダールのものをコツコツと訳してきました。

〝会話の教科書〟として

——「味」と言えば、「会話の味が知りたかったら、ダールの短篇を読むこと」と書いておられますが。

田村　そう、訳がまた名訳だから（笑）。

短篇「味」の大半は、この腹黒い、好色漢のワインの専門家のモノローグ（独白）なんですが、このモノローグ自体が、スリリングな会話になっているんです。

「『さあ、つづけよう！』と彼は声をたてた、『味わっていると、タンニンがある。そうだ、舌にピリッとくる収斂性の感じ。わかった！　この酒は、ベシュヴェイユのまわりにある、ちいさな葡萄園のものです。さあ、思い出した。ベシュヴェイユ地方、いまでは酒積船も利用しないようなどろどろの河とちっぽけな港。ベシュヴェイユ……これはほんとにベシュヴェイユ産だろうか？　いや、そうじゃない。違う、だが、ほんのすぐそばだ。シャトー・タルボ？　タルボだろうか？　そう、それはありうる。ちょっと待って』

　こんな調子で続いていく。とくに、ワインを女性に見立てて、エロチックな擬人法を縦横に駆使するくだりも素晴らしい。そして、この賭けの最後に強烈などんでん返しが控えている。泣かせるのは、興奮した金持ちの男を奥さんが制する言葉で終わるくだりです。

「マイケル、おちついて！」

洒落てるでしょ？　こういう味がわからなけりゃ何を言っても無駄だって感じがする。前に申し上げたユーモアの味ですよ。

　思うに、会話の味というのは、現実生活でも小説のなかでも、事実を語っていきながら、他人の頭のなかの動きを打診するところが魅力なのでしょう。ここに、磨《と》ぎすまされた知性やユーモアのセンスが要求される。その意味で、ダールの短篇はいい教科書になるでしょう。

材料に大金を投じたご馳走

――ダールはどんな作家ですか？

田村　日本の特異な短篇作家都筑道夫さんが、簡潔にこう紹介しています。

「アフリカの土語スワヒリ語とノルウェイ語を、英語と同じように話し、《ニューヨーカー》誌に、賭に熱中する男たちの物語を書き、飛行機のことならなんでも知っている、ノッポのイギリス人――これぞ、ロアルド・ダール」

この大男は、幼くして父親に死に別れ、母親に育てられました。十八歳でシェル石油会社に入社して、アフリカに転勤。第二次大戦時には大英帝国空軍《ロイヤル・エア・フォース》に志願して、戦闘機乗りとして地中海で転戦。一九四二年に、在アメリカ大使館づき武官となりまして、このころ短篇を書き始めたのです。

初めての短篇集が『飛行士たちの話』（一九四六）というのですが、十二篇全部が飛行機乗りの生活でして、この原文は、読んでいて困りましたね。やさしい英語なんだけど、航空専門用語が多くて……。ぼくも戦時中、海軍航空隊でパイロットたちの空気を少しは嗅いだことはあるんですが、難しかった。

それでもおわかりのように、ダールは、短篇一つ書くにも、豊富な資料と、たぶん大金を投じて、鮮度のいいご馳走を作るという感じがする。飛行機、ワイン、賭博、ドッグレース……というようにね。

　そして、描かれる人間があなた（読者）に似ている、という面白さ。また、都筑さんの言葉を紹介しましょう。

「ダールは大ざっぱに言って、ふたつのテーマしかあつかわない。賭博に打ちこむ人間たちの心の恐しさ。それと人間の想像力の恐しさ、つまり、実際にはなんの現象もないところでも、人間があつまるとその想像力から、こんな恐しいことも起るのですよ、という恐しさ。このふたつのテーマである」

『あなたに――』のなかでは、「味」に次ぐ傑作が「南から来た男」（一九四八）でしょう。これも最後のどんでん返しに鬼気迫るものがあります。むろん、「南」はラテン・アメリカの南。この〝男〟には植草さんの渋い面影があります。

大人の童話にも良い味

――近訳『オズワルド叔父さん』（一九七九）を読みました。大人の童話でしょうか。

田村　サンキュー。笑っちゃうでしょ。まあ、いわゆるミステリ作品ではありませんがね。

　これは認識不足の方もいらっしゃると思うのですが、ダールは童話も書いていまして、すべて最高の作品なんです。『チョコレート工場の秘密』（一九六四）、『おばけ桃の冒険』（六一）、『ガラスのエレベーター宇宙にとびだす』（六七）、『父さんギツネバンザイ』（七〇）

……これらは、四人の子供たちを、夜、寝かせるために即興的につくっては語り聞かせたものだそうです。とくに『チョコレート――』は、イギリスではA・A・ミルンの『クマのプーさん』（二六）を質的に凌駕して、ロング・セラーのトップだと言われるほどの名作です。も少し、日本のお母さんはダールの童話に注目して下さい。でないと、ぼくの老後は怯えてくる（笑）。

そういうわけで、ダールは、恐怖や異常ばかりをテーマにしているわけではありません。『オズワルド――』のように、セックスをテーマにしたユーモア作品も書けるんです。ヨーロッパの王様から科学者アインシュタインまで、世界中の天才や有名人の精子を蒐集してひと儲けしようなんて奇想天外な発想でしょう。

これは読み捨てていいんです。問題は、探偵小説と同じようにヒマツブシになるかならないかが大切なんです。もっとも、『オズワルド――』を二度も三度も読んだという孤独な方もいるそうですが（笑）。

最後に一言。〝違いのわかる男〟ってコーヒーのCMがあるでしょ。あれは、ダール風に言えば、つまらない文句ですね。ぼくだったら、〝違いのわからない男〟としますね。「私は、生まれたときから、そろそろお迎えが来るんじゃないかというこの年齢まで、いいものしか飲んでいない。だから、違いが分からない」（笑）。こういう発想がダールの味です。

アイラ・レヴィン　Ira Levin (1929-2007)

「犯人＝彼」が初めから登場

——次はアイラ・レヴィンの『死の接吻』（一九五三）ですが、個人的な感想ですが、いたく感心しました。

田村　レヴィンは非常な才人ですよ。たしか、『死の接吻』は二十三歳の時の作品ですからね。その年齢が示すように、これが処女作だった。

しかも、この作品は一九五三年度のアメリカ探偵作家クラブ賞を獲得しています。もっとも、小説のほうはこれが最初ですが、大学を出た年に、テレビドラマを書いて、NBCテレビで放映されたこともあるようです。『死の接吻』は、出版される前から、すでに評判になっていたという曰くつきの作品なんです。

ストーリーは、まず「彼」としか書かれない人物が登場する。「彼」は男性で、ストッダードという大学の学生だとしかわからない書き方をされている。

まず、この叙述上の工夫が新鮮で、作品のうえで生きているんです。一見、最初から犯人が割れているんですが、実際は犯人は誰だかわからない。

ですから、倒叙ものとサスペンスものと犯人さがしの三つの作風を一つにした面白さがあるんです。

金持ちの女性に近づく青年たち

「彼」は貧しい家庭に育ったので、そこから脱け出すために富豪の娘とつき合うんですが、そのドロシイという富豪の三女が妊娠してしまい、堕胎を勧めるんですが承知しないので殺してしまう。そして、この妹の死に不審をもった二番目の姉さんが調査にのりだすんですが、これも殺されてしまう……というものです。

ひと口で言うと、新人らしからぬ達者さをもった作家ということになるんですが、とにかく、未読の方にはお勧めします。

ストーリーとしては、恵まれない環境から脱け出すことを夢見て、金持ちの女を利用するというのは、よくある話です。古くは『赤と黒』（一八三〇）のジュリアン・ソレルに始まって、いろいろありますね。『太陽がいっぱい』（一九五五）とか、野心家の青年が、底辺から這い上がろうとするストーリーをテーマにしたパターン化したものがある。

その意味では底は割れているんですが、最後まで引っぱっていく力はじゅうぶんにもっている。そして、もう少しで成功するというところで、計画が破綻するわけですが、この種の物語は、作家の腕にもよるが、名作が多いですね。レヴィンは寡作な作家で、探偵小説らしい探偵小説はこれ一作ですが、日本でも上映されて話題になった恐怖映画『ローズマリーの赤ちゃん』（もちろん、原作〔一九六七〕も邦訳されていますが）、それから〝ナチもの〟の傑作と世評の高い『ブラジルから来た少年』（七六）、ほかに『ステップフォードの妻たち』（七二）などがあります。

日本は階級なき社会

ところが、こうした物語は、現代の日本では起こりえないんです。なぜかと言えば、こういうストーリーの小説は、背後に階級社会が存在して初めて意味をもってくるんですから。

世界でも、現代の日本ほど階級のない社会はほかにないはずです。もちろん、戦前はありましたが、戦後の日本は、農業従事者とか、ブルーカラー、ホワイトカラーなど、一応職種別に色分けはされても、給与的な面をくらべると、むしろホワイトカラーよりブルーカラーのほうがいいという例も多い。

それから、こんな例もあるんです。横須賀や佐世保といったアメリカ軍基地の港に巡洋艦などが入って来ますね。こういう船の艦長の給料より、為替レートの関係もあるが、その基地を警備している日本人ガードマンの給料のほうが高いんだそうです。艦長というと大佐クラスでしょうが、基地から一歩も出ないで、基地の免税ショップで買い物するしかないという、笑えないような話もあるらしい。

階級社会というのは、固有の文化生活様式をもった階層が多重化されているのですが、戦後の日本社会は、固有の文化どころか、のっぺらぼうで、せいぜい金があるかないかの違いくらいです。とくにオイルショック後では、給与体系が高く、退職金のいい地方自治体にでももぐり込むのが、最も手近な方法ということになる（笑）。

たとえば、ぼくの住んでいる地方自治体で言えば、市役所の現在の部課長というのは、高度経済成長期に入って来た人たちで、いたってのんびりしているのですが、この四、五年は、国家公務員の上級試験にパスしたようなエリートばかりが入ってくるそうですよ。まさに地方の時代です。

一億総中流階級のなかの〝野望〟とは？

今後、それがどういう結果を招くかは、ぼくの知るところではないが、とにかく、今の日本で、こういう小説を書こうとしても不自然としか言いようがないわけです。もし、あえて日本で『太陽がいっぱい』の青年のような野望を満足させるつもりなら、パチンコ屋とか、サラ金、セックス産業の経営者の娘でもモノにするしかないでしょうね。とくに戦後はそうです。一流会社の社長の月給って言ったってタカが知れてるんだから。

教育程度が平均化しているという点でも、日本は特筆すべき国です。

能力と金さえあれば、誰だって高等教育が受けられる。だから、探偵小説の読者も千二百万人という数だって夢じゃない。フランスだって、イギリス、アメリカだって、読書人口っていうのは、ある程度限られてる。アメリカなんか、家のなかに書斎があるって言ったら、中流の上以上です。電車のなかで本や新聞なんか、ほとんど読んでいない。

朝日新聞の記者なんかが、むこうへ行って、お前の新聞社の発行部数はいくらだ、と聞かれて、七百万部なんて答えたら、大衆紙だと思われる。つまり、それだけ、教育程度が平均化しているということです。

それにつれて、貧富の差も縮まった。ゴルファーより、キャディーのおばさんのほうが土地成金なんですからね。戦前は課長になれば、月給百円でしょう。それで今みたいにローンで家を建てたり、土地を買うことに目の色を変えたりしなかった。農村以外はね。

探偵小説の話から、いろいろ近代の日本のことまでわかって面白いでしょう（笑）。探偵小説をテキストにして学校で教えれば、「落ちこぼれ」なんかなくなるんですよ。英語のリーダーにでもなれば、近代史、現代史、社会、地理、それに殺人の研究にもなるんだから。

レヴィンの父に会った話

ところで、アイラ・レヴィンといえば、ぼくはレヴィンの父親に会ったことがある。それも東京でね。

レヴィンのお父さんは、玩具の輸入商なんですが、たしか昭和三十一年か三十二年頃だと思いますが、日本製の玩具を仕入れに来たんです。蔵前の玩具屋から、レヴィンのお父さんが来日しているという電話が早川書房にかかってきて、評論家の中島河太郎さん（当時は高校の先生）と一緒に会いに行ったんですよ。

それでね、「あなたの息子さんの小説は、日本でも大変評判がいいので、息子さんによろしく言ってください」って言ったら、「サンキュー、サンキュー」って喜んでいましたよ。あの当時で年齢は五十代に見えましたね。ところが、こちらは中島さんと二人で、わざわざ会いに行ったというのに、お茶一杯出さないんですからね。あれには、あきれましたね。中島さんと二人で、キツネにつままれたような顔をして帰ってきたことを、今でもおぼえています。↓検証

エド・マクベイン　Ed Mcbain (1926-2005)

〝幸福な時代〟の警察小説

――八七分署シリーズ（一九五六―二〇〇五）は、聞くところによると、ペール・ヴァールー&マイ・シューヴァル夫妻にも影響を与えたそうですね。

田村　そうです。この二人は、スウェーデンの警察小説を書いている夫妻ですが、八七分署シリーズをスウェーデン語に翻訳していて、その影響を受けて警察小説を書き始めたそうです。

八七分署シリーズは、エド・マクベインが原作者ですが、五〇年代の最高のシリーズだと言われている。五〇年代というのは、第二次大戦が終わってしばらくした時で、アメリカにとっては幸福な時代だった。第二次大戦前は、アメリカ合衆国は赤字国だったのが、第二次大戦によって黒字に転化したんです。

アメリカが経済的苦境に陥ったのはヴェトナム戦争によってです。だから、五〇年代は〝世界の警察〟を自認して、自信に満ちていた。

個人の警察から組織的警察へ

さて、これまでにも、警察官を主人公にした小説はいろいろあった。しかし、それらは一人一人が個性的な名探偵であるわけです。

ヒラリー・ウォー(一九二〇―二〇〇八)やJ・J・マリック(一九〇八―七三)という人たちが、警察小説らしきものを書いてますが、やっぱりどちらかというと主人公の個人プレーに近かった。ところがマクベインは、警察機構のなかの警官や刑事の哀歓などを含めて、チームプレー、組織的捜査、科学捜査といったものを前面にもってきた。また、それは同時に、都会を描くことであり、都市生活の描出につながったわけです。

日本で言えば、テレビの『太陽にほえろ!』(一九七二―八六)などがそうでしょうが、あれなどは現実の警察とはほど遠い。よく、日本でなぜ八七分署シリーズのような警察小説が書かれないのかという意見を聞くが、組織が違うし、国民性の違いということもあるから、まず無理でしょう。

都市そのものが主人公である

八七分署シリーズの背景となる都会はアイソラという市なんですが、これはニューヨークのあるマンハッタン島、つまり島(アイランド)をもじったものらしい。だから、アイソラ＝ニューヨークと思われる。描写の感じからすると、ニューヨークも下町、ブルックリン辺りのようです。

　ニューヨークには八六分署まであって、八七分署というのは、架空の分署。そこへよく、家出娘なんかが保護されてきて、どこから来たんだ、って聞かれると「アイオワ」なんて答えてる。日本の警察署のイメージでいうと、上野警察署って感じなんだ。家出娘のほうは、岩手とか青森とか山形から……。

　もちろん、ミステリ的な側面もあるんですが、むしろそれより、アイソラ＝ニューヨークという都会が主人公だという説を唱える人もいる。まさしく、そうでしょうね。たいていの場合、いくつかの事件が並行して起こって、なかには迷宮入りになるのもあれば、解決されるものもある。黒沢明が撮った映画『天国と地獄』（一九六三）の原作は本シリーズの『キングの身代金』（五九）の翻案です。

ロス・マクドナルド　Ross Macdnald (1915-1983)

宇宙飛行士の孤独感

——アメリカのハードボイルドの正統を継ぐものと高く評価されているロス・マクドナル

ドの作品について、どう思われますか。

田村　去年（一九八三）、マクドナルドが六十七歳で亡くなって、アメリカの代表紙がマクドナルドの業績を、純文学なみにとりあげて絶賛したという記事を日本の新聞の文化欄で読んで、実は、その最盛期の作品をたて続けに読んだのです。いやあ、すっかり、とりこになりましたね。

――どういう点で？

田村　有名な推理小説評論家アントニー・バウチャーが、「ハメット＝チャンドラー＝マクドナルド・スクール」と命名したように、マクドナルドの作品は、まさに第二次大戦後のアメリカ社会の暗部、その暗部という子宮に養われたものです。

彼の作品は、サンフランシスコ、ロサンゼルスといった西海岸ベルト地帯の、一歩外へ出れば、砂漠とサボテンと、ラスベガスのような性とアルコールとギャンブルの迷宮に生きる人間存在を取り扱う。これらの悲惨を、「わたし」という血肉化された四十男の私立探偵リュウ・アーチャーの冷たい炎のような眼で追って行くプロセスは、まるで月に軟着陸した宇宙飛行士の孤独さえ、ぼくに感じさせるのですよ。

リュウ・アーチャーの〝飢え〟とは？

むろん、ぼくがハヤカワ・ポケット・ミステリを編集していた三十年前に、ジョン・ロス・マクドナルド名義の『人の死に行く道』（一九五一）、『象牙色の嘲笑』（五二）は出ていたんですが、その頃は、マクドナルドの外国での評価は知っていたものの、ぼく自身は、チャンドラーやアイリッシュに関心が強かった。

なにしろ、日本は、朝鮮戦争が終わって、その反動の大不況にあえいでいた時代で、「アメリカ」と言えば、日々、〝神のパン〟に飢えているぼくにとって、ドルの神さまが金色に輝いているデモクラシー（民主主義）の総本山にしか見えなかった。だから、リュウ・アーチャーの「飢え」など、とても理解できなかった。たとえ頭でわかったとしても、はだでは感じられなかったですね。

ペンネームは三つ

――マクドナルドは、筆名を何回か変えていますね。

田村　マクドナルドの長篇の処女作は『暗いトンネル』（一九四四）、そして『トラブルはわが影法師』（四六）、『青いジャングル』（四七）、『三つの道』（四八）、この四作は本名のケネス・ミラーで発表しています。『鉄の門』のマーガレット・ミラーが夫人なんですよ。

　第五作、私立探偵リュウ・アーチャーが初登場する『動く標的』（一九四九）では、ジョン・マクドナルド。第六作『魔のプール』（五〇）から、第九作の『犠牲者は誰だ』（五四）までが、ジョン・ロス・マクドナルド。そして、十作目の『凶悪の浜』（五六）から最終作『ブルー・ハンマー』（七六）までの十三冊のアーチャーものは、すべてロス・マクドナルド名義です。その最終作が六十歳の時ですから、その後、六十七歳でこの世を去るまでは、残念ながら刊行されたものはないのです。

しかし、リュウ・アーチャーという、最も現代的な肉眼を創造しただけでも、彼の業績は偉大だと言わなければなりません。

両大戦と禁酒法の時代を経て

――その偉大さについてもう少し？


田村　アメリカの東部ニューヨークで誕生したエドガー・アラン・ポオの探偵小説は、第二次大戦後、大きな変貌をとげました。

イギリスでは二〇年代の黄金期を開花させましたが、アメリカでは二〇年代の禁酒法時代、世界経済にパニックの引き金をひくことになった二九年のウォール街の株価大暴落というように激動期を迎え、探偵小説の舞台は、ニューヨークから最もアメリカ的な都市と言われているシカゴに移ります。ここでハメットが登場します。一方、第一次大戦でチャンドラーは、その青春をカナダ陸軍やイギリス空軍の兵士として戦争に捧げ、第二次大戦ではマクドナルドは海軍予備士官として活躍します。

このように彼ら三人の「ハードボイルド・スクール」を考えてみると、二つの大戦と、禁酒法時代に合衆国の全土に根をおろしたギャングのシンジケート、資本主義経済と社会構造の諸矛盾が激しい形で顕在化した時代こそ、ハードボイルドの母胎であることがわかるでしょう。

アメリカの〝自由の幻想〟は砕かれた!

そして、第二次大戦後の世界は、その母胎を縮小するどころか、全世界的な規模で拡大されつつあるのです。

——〝ロス・マク〟に現代のアメリカの空気を感じる、と言ってよいのでしょうか。

田村　そう。チャンドラーの私立探偵フィリップ・マーロウも、マクドナルドのリュウ・アーチャーも、ロサンゼルスと西海岸が舞台ですね。東部から中西部へ、そしてロッキーを越えて、西海岸へ、犯人も探偵も、被害者も加害者も、目に見えない巨大な手で追いつめられて行く。そして、西海岸の先は、太平洋があるばかり……。

おわかりでしょう。二〇世紀初頭には繁栄と自由のシンボルだった「アメリカ」の「自由」の幻想は砕かれてしまう。今日では、その「自由」におびえながら、メキシコへ脱出して行く。そこには、孤独な、住人もいないガラーンとした部屋の電気冷蔵庫のように冷えきった孤立した人間の運命が待ち受けている。これをリュウ・アーチャーの肉眼は見逃さないのです。

人類は〝霊柩車の住人〟か？

――どんな作品が印象的ですか。

田村　フィービ・ウィチャリーという二十一歳の娘が、サンフランシスコの朝霧のたちこめる埠頭から失踪する。ここで、父親から依頼を受けたリュウ・アーチャーの肉眼は、現代の「アメリカの悲劇」、というよりも、核に支配されている現代人の孤立化と集団化との魂を、ある時は多感な若い女性の肉体と感情を媒介に、『ウィチャリー家の女』（一九六一）に結晶させました。

　また、ある時は、メキシコの暗い夜をバックグラウンドにして、太陽に皮膚まではがされるカリフォルニアの真昼の悲劇を、『縞模様の霊柩車』（一九六二）に造型しました。この二作は絶品です。

　そして、できれば『さむけ』（一九六四）もぜひ読んでいただきたい。ここに血肉化されたさむけは、これまでのミステリにはない異質のもので、マクドナルドのクールな（冷徹な）肉眼が、読む者に、逆に熱性の戦慄を与えるでしょう。

　ぼくら人類は、すでに〝縞模様の霊柩車〟の住人なのかもしれません。マクドナルドの六〇年代の傑作三部作を読むと、そんな感じがしてならないのですよ。

追加の一品料理

——以上から洩れたもので、気にかかる作品があれば、挙げていただけませんか？

田村　戦前の作品としては、これまでに挙げたものを名作としてよいでしょう。戦後の作品になると、ぼくも研究家じゃないから全部読んでいるわけじゃない。でも、年代順に少々補足してみましょうか。

　昨年（一九八三）来日したカトリーヌ・アルレーの『わらの女』（一九五六）。マクベインの『警官嫌い』と同じ年に出ていますが、なかなか面白い。シムノンもそうですが、ラテン系の作家でないと出せない心の陰影といったものが、巧みに表現されています。

　その翌年には、007で有名なイアン・フレミングの『ロシアから愛をこめて』（一九五七）。映画も大当たりしたけど、原作も捨て難い味がありますね。主人公ジェイムズ・ボンドの貴族的趣味といい、スーパーマンぶりといい、英国人好みらしい〝おいしい料理〟の伝統が感じられます。

　六〇年代では、ル・カレの『寒い国から帰ってきたスパイ』（一九六三）でしょうか。アンブラーに共通する〝味〟です。このころから、現代を反映して、国際謀略小説やマネー・ゲームを扱った小説が増えてくる。

七〇年代の白眉は、フレデリック・フォーサイスの『ジャッカルの日』（一九七一）でしょう。映画（七三）にもなったからご存じの方も多いでしょうが、サスペンスとテンポは一級品ですね。この種のスパイ小説、冒険小説、国際的事件ものはどんどん増えていますし、かなり上質の作品がひしめいています。ご希望の向きに少々列挙しましょうか。

レン・デイトン『ベルリンの葬送』（一九六四）
ギャビン・ライアル『深夜プラス1』（一九六五）
ディック・フランシス『興奮』（一九六五）
ブライアン・フリーマントル『別れを告げに来た男』（一九七三）
トマス・チャステイン『パンドラの匣』（一九七四）
ジャック・ヒギンズ『鷲は舞い降りた』（一九七五）
ジェフリー・アーチャー『百万ドルをとり返せ！』（一九七六）『大統領に知らせますか？』（七七）
ケン・フォレット『針の眼』（一九七八）
デラコルタ『ディーバ』（一九七九）
W・L・デアンドリア『ピンク・エンジェル』（一九八〇）
ロバート・リテル『チャーリー・ヘラーの復讐』（一九八一）
マーティン・クルーズ・スミス『ゴーリキー・パーク』（一九八一）

II

F・W・クロフツ

『樽』解説

『樽』を四ヵ月がかりで訳了してみて、私はつくづくこの作品に感嘆した。正直なところ、『樽』はおろか、クロフツの作品を、私は生れてはじめて読んだのである。私の喰わず嫌いには、自分ながらほとほとあきれた次第である。

むろん、クロフツの『樽』が探偵小説史上、画期的な名作であることは、百も承知していた。しかし、「クロフツはアリバイ崩しのトリックにはすぐれているが、小説は下手くそである」といったような無責任な風評が、私を、この名作から遠ざけてしまっていたのである。それに、『二十世紀著述家辞典』や原書のカバーにのっている彼の顔が、どうにも私には気にくわなかったのである。いかにも「律義な小官吏」といった印象で、私には、どうも苦手なタイプである。チェスタトンのにがみばしった面魂《つらだましい》や、ニコラス・ブレイクの渋いタッチ、レックス・スタウトのたくましい線、アガサ・クリスティの聡明な微笑に接すると、思わず手がその著書にのびてしまうのだが、このクロフツおじさんのポートレートがいけなかった。コツコツと貯蓄をする才はあっても、小説は下手くそみたいな感じなのである。しかし、「クロフツは小説が下手くそだ」などという風評は、まっ赤ないつわりである。第一、小説が下手くそで、アリバイ崩しのトリックに、かくもあざやかに成功できるものであろうか？　小説が下手くそだったら、この大作を、読者は一気に読みとおすわけにはいかないのだ。すくなくとも、私は一気に読み通した。むろん、ヴァン・ダインやエラリイ・クイーンのような、気のきいたペダントリーも、人目をそばだてる文体も、クロフツの小説にはない。だが、この作中に登場するロンドン警視庁のバーンリー警部を見よ、パリ警視庁のルファルジュ警部を見よ、私立探偵のジョルジュ・ラ・トゥーシュを見よ、彼らの手がたい捜査活動をいきいきと描くクロフツの手法と文体は、『樽』の卓抜な構想とともに、まさに画期的なものである。

『樽』の世界は、一九一二年のロンドンとパリとブリュッセルである。一九一二年を、クロフツが選んだのには、それなりに深いふくみがある、ということを、読者は見逃してはならない（この作品は一九一九年、作者が四十歳のとき、長い病気の恢復《かいふく》期に、ノートに鉛筆で書き出したのである）。第一次世界大戦は一九一四年の夏に勃発する。そして、それ以後の二十世紀は、さらに第二次大戦によって、あらゆる荒廃を経験するにいたる。一九一二年は、いわば、「古きよき時代」の最後の年といっても過言ではない。クロフツが一九一二年をえらび、大戦前のヨーロッパの三つの古都を舞台にえらんだのも、『樽』の主題とともに、たんなる作者の思いつきではないのである。そして、この小説の抑制された手法と文体も。

ロンドン警視庁のバーンリー警部は黒葉巻を愛用する。現代のハードボイルドの探偵諸君はラッキー・ストライクだ。

フリーマン・ウィルス・クロフツは、一八七九年アイルランドのダブリン市に生れた。ベルファストのメソジスト学校に学んだが、十七歳のとき、土木技師見習となり、二十歳にはドウネガル鉄道の拡張工事の技手に任命され、その十年後にはベルファスト本社の主任技手に昇進する。一九一二年（三十三歳）に、同地の銀行支配人の娘メリイ・カニングと結婚、子供には恵まれなかった。一九一九年（四十歳）、クロフツは長い病気をして、その恢復期の退屈まぎれに、鉛筆でノートに小説のようなものを書いて慰みとした。クロフツ自身、そのときのことを回想して、つぎのように書いている――

> 実に愉《たの》しい時間つぶしであった。しかしそんな小説が本になろうなどとは夢にも考えず、病気がよくなると、それらのノートはどこかへしまい忘れてしまったが、あるとき、ふとそれを見つけ出して読んで見ると、なかなかよく出来ている。ひょっとし

たら物になるかも知れないと思ったので、充分書き直した上清書して、ロンドンの出版仲介業者のところへ送って見た。すると幸運にも、仲介業者が出版社にうまく売りこんでくれたので、間もなく出版の運びとなった。それが私の処女作『樽』である。それから二十年後の現在（一九四一年頃）では、『樽』はすでに十万部以上を売りつくし、なお版を重ねつつある。私はそれに気をよくして、第二冊目の長篇『ポンスン事件』を書いたが、これもすぐ出版された。それ以来、私は探偵小説を書き続け、現在二十四冊目の長篇を書き終ろうとしている。私は長い間、技師の職についたまま小説を書いていたが、一九二九年（五十歳）以来は、健康上兼業に耐えられなくなったので、技師の方をやめて小説に専念することとし、妻と共にロンドンに移住した。

『二十世紀著述家辞典』の編纂者であり、著名な探偵小説研究家のヘイクラフトは、つぎのように言っている――

　クロフツの作風は、プロットの面白さを主とするもので、人間的関心は鉄道技師としての興味に限られている。探偵小説好きの経済学者ジョン・ストレイチーは、クロフツを評して、「彼は探偵小説のメカニックスのみにとらわれ、文学的な要素を無視している」と言った。しかし、クロフツの代表作『樽』が、優れた古典の一つとして探偵小説史上に残る作品であることは、誰も否定しないであろう。又、登場人物の性格、心理、恋愛葛藤などの夾雑を好まない純謎解き小説の愛好者にとっては、クロフツの作風は、こよなき珍味に相違ない。

アガサ・クリスティ

『秘密機関』解説――スパイ小説仕立てのミステリ

イギリスの文学的エンターテインメントの特産物は、探偵小説とスパイ小説である。フランスのシムノンのメグレ警視ものは、「殺人小説」であり、ドイツの作物は、ロマン主義的な恐怖小説である。さすがにアメリカは、アングロ・サクソンの伝統をうけついで、新大陸の「探偵小説」を発見したが、ロンドンとニューヨークを対比してみると、その違いがはっきりと分る。

さて、特産物の一つ、スパイ小説だが、イギリスの一九二〇年代はジョージ五世までが愛読したというエドガー・ウォーレス、三〇年代はエリック・アンブラーとグレアム・グリーン、そして第二次世界大戦後の米ソによって二極化された冷戦時代のヒーローは、ケネディ大統領夫妻やエディンバラ公が熱烈なファンだったというイアン・フレミングの「００７」シリーズである。その映画化で、ジェイムズ・ボンド役を見事にこなしたのがスコットランド人のショーン・コネリイときている。

数年まえ、スコットランドの古都エディンバラで、パブの常連の一人から、ぼくは、こんな軽口をたたかれた——

「スコットランドというと、古き良き時代のヒーローは、詩人のロバート・バーンズやウォルター・スコットをだれだって思いうかべるでしょうが、現代のヒーローは、ジェイムズ・ボンド役者のショーン・コネリイですよ。彼はエディンバラの出身でしてね」

わが偉大なるクリスティは、イギリスの文学的エンターテインメントの特産物を、二つ、兼ねそなえている。

ポアロやミス・マープルが登場する本格推理小説と、トミーとタペンスのカップルが大活躍を演じるスパイ小説である。もっとも、クリスティのスパイ小説は、厳密に言うなら、スパイ小説仕立てのミステリと呼んだほうがいいかもしれない。

トミーとタペンス以外のスパイものも、他にはたくさんあって、たとえば、『茶色の服の男』（一九二四）『チムニーズ館の秘密』（二五）『ビッグ4』（二七）『七つの時計』（二九）『バグダッドの秘密』（五一）『死への旅』（五四）などである。いずれも長篇なのだから、クリスティのスパイ小説への愛着の深さがよく分る。

一九二〇年に刊行されたクリスティの処女作『スタイルズ荘の怪事件』では、名探偵エルキュール・ポアロが初登場する。そして、その翌年、一九二一年に、本書『秘密機関』

が刊行されるのだが、この事件の探偵役は、後に「おしどり探偵」と呼ばれるようになるズブの素人の青年と若き女性。

　第一次世界大戦（一九一四—一八）の直後に、職探しに駈けずりまわっている復員軍人のトミーと牧師の娘で、陽気なタペンスが、大戦中、陸軍病院で別れわかれになって以来、ロンドンの地下鉄で、偶然、出会うところから、この物語ははじまる。二人の恋は、スリルとサスペンスにみちた事件とともに進行し、やがて、エピローグで、スポーツという結婚、いや、結婚というスポーツに進むのだが、その前途には、四つのハードルが待ちかまえている。

『おしどり探偵』（短篇集・一九二九）
『ＮかＭか』（一九四一）
『親指のうずき』（一九六八）
『運命の裏木戸』（一九七三）

　しかも、トミーとタペンスが跳び越えなければならない、この最後のハードルは、クリスティ最晩年八十三歳のときに刊行されたことを思うと、いかに作者が三十一歳で本書を刊行して以来、冒険好きなトミーと陽気なタペンスのカップルを熱愛していたかが手にとるように分る。

　クリスティのスパイものの大きな特徴は、エドガー・ウォーレス以来の正統派スパイ小説ではなくて、ユーモアのセンスとウィットの知的活力によって、本格探偵小説の謎ときの魅力、推理とサスペンス、そして国際的な情報活動のスリリングな展開と恐怖のクライマックスをあざやかに調理したスパイ小説仕立てのミステリ、文学的エンターテインメントである、とぼくは強調したい。

それ行け！　トミーとタペンス！

『牧師館の殺人』解説――クリスティ的殺人舞台

本書は一九三〇年、イギリスのコリンズ社から出版された。一九三〇年から五〇年代にかけて、クリスティ黄金期の初期の作品。そして、ミス・ジェーン・マープルは、この作品で長篇初登場ということになる。

クリスティ自身の祖母をモデルにしたという、ピンクに頬を染めた白髪の老婦人。世の中からまったく引き籠った昔ふうの暮しをしているくせに、人間の邪悪さというものを底の底まで知りぬいているミス・マープル。

ぼくたちが、この〝芯までヴィクトリア時代の人〟ミス・マープルにはじめてお目にかかるのは、『火曜クラブ』（一九三二）という十三の短い謎解きである。次々と、ミス・マープルのもとに持ち込まれる十三の謎と彼女のおしゃべりを、ぼくは大いに愉しんだものだ。ミス・マープルのエッセンスは、これらの短篇に凝縮されていると言ってもいいだろう。

さらにまた、この『牧師館の殺人』において、〝ささやかな村に住む、いかにも穿鑿《せんさく》好きな老嬢〟という彼女の特性は、いかんなく発揮されている。

クリスティ女史の成熟にしたがって、この特性はやがて、イングランドのシェリイのように、みごとに熟成して行く。本書を皮切りに、『スリーピング・マーダー』（一九七六）までの十二冊の長篇、そして七つの短篇。

『鏡は横にひび割れて』（一九六二）のなかでマープルが呟くように、第二次大戦後のセント・メアリ・ミードは現代化の波にさらされ、駐車場や新興住宅街、団地、スーパーマーケットなどが目立つようになり、以前の古き良き時代の面影は次第にうすれて行く。そして、マープルも高齢になり、リューマチに悩まされて、好きな庭いじりも思うように出来なくなる。だが、彼女の五官はいっこうに衰えを見せない。むしろ、年とともに成熟し、後期の傑作『カリブ海の秘密』（六四）『バートラム・ホテルにて』（六五）『復讐の女神』（七一）では、初期の彼女の武器である双眼鏡と顕微鏡（もちろん比喩的にです）にとって代って、人間存在への深い洞察力と鋭い観察力が巧みに描かれている。しかも、ミス・マープルが観察してきた〝人間の意識と行動〟の原型は、すべてセント・メアリ・ミードという小さなコミュニティに揃っていることがわかってくる。この過程は実にスリリング。

クリスティのトリッキーな世界とともに賞味していただきたい。

そして、退役将軍、提督、地主、金利生活者、外交官、学者、牧師……そういった類型が類型として社会に生きていた時代――つまり、人間の性格が、誰の眼にもはっきりと見えた時代に、この『牧師館の殺人』も書かれているということもお忘れなく。

まさに、クリスティ的殺人舞台！

『魔術の殺人』解説――陶器のような青い瞳

ぼくが心から感嘆するのは、クリスティの黄金期が、第二次世界大戦とともに訪れたことである。

一九三九年九月一日、ナチス・ドイツがポーランドに侵攻するや、その二日後、英・仏はナチス・ドイツに宣戦布告する。

その年の後半には名作『そして誰もいなくなった』が発表され、四〇年代に入るや、ダンケルクの悲劇やパリ落城、一九四四年六月、連合軍がノルマンディに上陸して大反攻に転じると、ナチス・ドイツは報復兵器Ｖ１号でロンドンを爆撃しはじめる。一九四五年五月七日、ベルリン陥落によってドイツ降伏。

この激動の時代に、クリスティは、『白昼の悪魔』（一九四一）、『書斎の死体』（四二）、

『ゼロ時間へ』（四四）という屈指の傑作を書きつづけるのである。しかも、クリスティの探偵小説を、長期にわたる独空軍のロンドン大空襲に耐えつづけながら愉しんでいた広汎な読者がイギリスにいたことを思うと、ぼくは舌を巻かざるをえないのだ。

　戦時下のクリスティの探偵小説に、硝煙の匂いを嗅ぎつけることさえできないというのは、ぼくのように太平洋戦争の軍事体制下の息ぐるしい社会で青春をおくったものにとって、想像を絶するほかはないのである。

　イギリス人の「ユーモアのセンス」ということがしばしば言われてきたが、その背景には人間の文化と市民社会とが、開かれた個人の生き方が、ものを言っているのである。

　まさしく探偵小説は、「ユーモアのセンス」の所産であって、セント・メアリ・ミード村と八墓村を比較してみたら、興味ある比較文化論ができるのではないかしら。

　一九五〇年代に入ると、『予告殺人』（一九五〇）が生れる。大戦後のイギリスの日々の生活が活写されているが、そのタッチは、大戦中の作品といささかも変らない。クリスティの作品は黄金期から、さらに深まって、円熟期に入ってくる。

　一九五二年には『マギンティ夫人は死んだ』。そして本書『魔術の殺人』もまた同年の傑作である。

　原題はイギリス版では、They Do It with Mirrors アメリカ版ではMurder with Mirrors

である。

この作品は、まさに舞台劇と呼ぶにふさわしいミス・マープルものである。

マープルの旧友の孫娘ジーナの言葉をかりると、この舞台は——

「ものすごく壮観よ。ゴシック式のお化け建築でね」

巨大なヴィクトリア朝風のゴシック建築。まるで大財閥所有の寺院みたいな重厚な印象。

五十年ぶりで再会したマープルのクラスメートの、博愛主義者の夫が、非行少年を教化するために寮を造った。家族の居間や寝室、図書室と大きなホールは建てられた当初のままにして、その両翼に、精神科医、心理学者、作業療法の指導員たちの居室がつくられている。複雑な家族関係やそれをとりまく異様な環境のなかで、事件は不気味に潜行する。

そして霧の夜の殺人事件。

登場人物のひとりがマープルに言った、「つまり舞台装置というものは、実在しているものだというのです。装置の材料は木やボール紙で、にかわでそれをつなぎあわせ、絵具のぬってある観客席の側と同様に、なにも描いてない舞台裏も、ちゃんと実在しているものだというのです。『幻覚《イリュージョン》は』と警部は、こう指摘しましたよ、『舞台にあるのではなくて、観客の眼のなかにあるのだ』と」

ミス・マープルは自分に言いきかせる——

ここはほんもののホールじゃないのよ。

ボール紙と木とキャンバスでできているだけ。

ここは舞台なのよ。

イリュージョン。

観客の眼のなかにある――

魔術師のネタは鏡。

金魚鉢……色のついた長いリボン……消える婦人……魔術の、あのあざやかな錯覚……

ミス・マープルの陶器のような青い瞳には、魔術師のトリックがはっきりと見えてくる。

さて、あなたの黒い瞳には？

『邪悪の家』あとがき

クリスティのファンなら、よくご存じのように、彼女の創造した代表的な名探偵は、エルキュール・ポアロとミス・マープルである。

ポアロはベルギー人で、第一次世界大戦の戦火に追われて、イギリスに亡命してくる。したがって、ポアロはイギリス社会のよそ者であり、いかなるコミュニティにも属せない。彼は、たえずよそ者の眼でイギリス社会を観察し、依頼されたり、偶然遭遇したりする犯罪を追及する。長距離列車、旅客機、豪華客船、ホテル、また見知らぬ町、村というコミュニティが、その舞台である。イギリスという島を、船、あるいは列車、また過去によって造形されたコミュニティと考えるなら、ポアロはつねに「見知らぬ乗客」なのだ。そして、よそ者の緑色にきらめく目だけが、犯罪の死角をあざやかにとらえることができる、と言ってもいいだろう。クリスティの処女作『スタイルズ荘の怪事件』に、ポアロが登場するのは、きわめて象徴的である。

ミス・マープルは、ロンドン近郊の小さなコミュニティの住人である。それゆえに、コミュニティの住人たちの性格、習慣、行動様式を熟知している。彼女の人間観は、コミュニティの一員として、つまり、コミュニティの内側からしか観察できない柔和な目によって養われてきたものだ。その柔和な目の奥の、深い叡知と想像力とが、犯人をつきとめる。

この、まったく対照的なタイプの名探偵を創造し、たえず新鮮でスリリングな舞台装置を読者に提供してきたクリスティに、ぼくは心から脱帽する。

『邪悪の家』は一九三二年の作品。彼女の文学の師というべき『赤毛のレドメイン家』の作者イーデン・フィルポッツに、この作品は捧げられている。詩人・批評家、また『二月三十一日』の著者であるジュリアン・シモンズは、『邪悪の家』を、クリスティの傑作の一つと評価している。

最近、『アガサ・クリスティの贈物』（一九八四）という愉しい本が出た。著者はジェフリー・ファインマン。訳者は諸岡敏行氏。その目次をご紹介する——

1　そしてだれもが事件を知った
2　そしてだれもがクリスティを読んだ
3　そしてだれもがスタイルズの村へ行った
4　そしてだれもが信じられなくなった
5　そしてだれもがしあわせになった
6　そしてだれもが夢中になった
7　そしてだれもがわなにかかった
8　そしてだれもが探偵になった
9　そしてだれもがわからなくなった
10　そしてだれもがアガサになった
11　そしてだれもが脱帽した

どうです？　この目次を眺めただけでも愉しいでしょう。引用作品は、各社の文庫にすべて収録されています。気がむいたら、手にとってみたらどうですか。

『三幕の殺人』解説——冷たい炎

ぼくにとっては、『三幕の殺人』（一九三四）は思い出が深い。海軍から復員してきて、家でブラブラしていたら、早川書房という、演劇と純文学の出版を志ざしていた出版社で、ウィリアム・フォークナーの小説を翻訳した、中学時代の同級生が、家にやってきて、

「きみ、ヒマだったら探偵小説の翻訳をやってみないか」といった。

「ぼくは英語もできないし、翻訳もやったことがない」とぼく。

「中学（当時五年制）の英語の文法さえ、思い出してくれれば、それでいいのさ。英語だったら、キングズ・イングリッシュで充分だ。アメリカ語だと、スラングがたくさんあるから、すこし面倒だ。ま、アガサ・クリスティでも訳してみたら、どうかな」

ぼくも英語を勉強する気になって、彼の意見にしたがった。それが、『三幕の殺人』である。どんなやさしい単語でも、コンサイスをひいた。やさしい単語ほど、文脈にしたがって変化する。むしろ、むつかしい単語、とくに長い単語は楽である。コンサイスをひいたって、意味はただ一つ。

むつかしいセンテンスにぶつかれば、ぼくをかげから応援してくれる若干の英文学者がいてくれた。たとえば、ロンドン狂の小池滋、ダブリン狂の大沢正佳、ほかに、その彼らを育生してくださった青木雄造、加納秀夫の諸学究。

クリスティを手はじめに、ぼくは、「その世界」に没入する。ある作家になじめば、おのずからボキャブラリイが限定される。その「限定」をたよりに、ぼくはクリスティの翻訳に従事した。翻訳することによって、逆に「日本語」の表現をまなぶことになる。

なんといっても、クリスティ女史の作物には、劇作法に近いところがある。その典型は『三幕の殺人』なのだ。これは三幕に分かれていて、幕ごとに多少時間の経過がある。引退した俳優がパーティをひらき、そこにポアロも招かれている。牧師がカクテルを飲んで死んでしまう、それが予行演習。だから誰が死んだってかまわない。それが第一幕の犠牲者で、あとに事件が続く。

最後のポアロの台詞がいい。

「わたしが飲まなくってよかったですね」。

この『三幕の殺人』が、まるで女史のターニング・ポイントになるみたいに、いままでの古典的な探偵小説から脱皮して一九三〇年から四〇年にかけて、諸傑作を現出せしめる。アガサの年表を一目みただけで、彼女の創作のウェーブが分ってくるはずである。

イギリスのミステリには、独特の味がある。

エルキュール・ポアロには、ベルギー人のカボチャの味があり、ミス・マープルには、イングランドの小さな村の味がある。

その味をあじわいながら、世界を旅してみようではないか。「味」だけはジェット旅客機では無理というもの。

ミス・マープルは、カリブ海の小さな島へ旅したが、彼女の味わった「味」は、セント・メアリ・ミードの小さな村のもの。

その「味」をたよりに真犯人をつきつめるミス・マープルのやさしい微笑。その目に燃える冷たい炎。

日本の若き女性たちよ、イギリスの家庭料理の味、小さなコミュニティの味を、ぼくの翻訳で、ひまつぶしによんでみて。

ぼくは大いに助かる。六十六歳近き孤独な老人より。

ぼくが強調しているのは、ウィットとユーモアのセンスである。きみ、あやまるなかれ。

『シタフォードの秘密』解説——動機の独創性

クリスティの長篇のリストを大ざっぱに眺めると、二〇年代、三〇年代、四〇年代といった区分が、じつにあざやかに浮びあがってくる。五〇年代以降は、第二次世界大戦の大量殺戮、米ソの冷戦のなまなましい苛烈な政治的変革と文化的な流動の時代となるが、最晩年の『カーテン』（一九七五）『スリーピング・マーダー』（七六）にいたる諸作をながめると、「探偵小説」という知的エンターテインメント（ご馳走）を、ユーモアのセンスとウィットの知的活力によって、読者にサービスするという、その知的意志と作家的情熱は、目を見はるほど一貫していた。

ほぼ六十年間にわたり多様なスタイルを創出し、その舞台にはポアロやマープルのような名探偵たち、またイギリスの市民の典型ともいうべきバトル警視、若さと行動力で活躍するトミーとタペンスのカップルなどを登場させる。トリックの発明に熱中し成功したハードウェアの時代（二〇年代から三〇年代）、それ以降はトリックの複合と多様な応用にめざましい手腕を発揮するソフトウェアの時代。クリスティは、その人間存在への洞察が深化するにつれて、ついに、不朽の名探偵、ヨーロッパ文明がうみだしたエルキュール・ポアロのために『カーテン』を、イギリス文化を象徴するマープルのために『スリーピング・マーダー』を書いた。まるで、この二篇を書くために、六十年間の作家活動があったかのように、ぼくには思えてならない。むろん、これは、ほんのぼくの逆説にすぎないが、このような作家の一貫した知的意志は、「探偵小説」という一ジャンルを超えて、全世界の一流の精神だけが所有するものだ。

『シタフォードの秘密』は、ミス・マープルが長篇に初登場する『牧師館の殺人』（一九三〇）に次ぐ、一九三一年の作品である。前者が、イギリス上層中産階級の典型的な「村」だとすると、シタフォードは、その「村」からさらに遠く離れた僻村《へきそん》、それも長い冬のあいだ、雪にとざされた陸の孤島である。おなじみの名探偵は登場しないが、犯罪の動機と、降霊術の会という組合せに、いちじるしい独創性があり、西洋探偵小説に造詣の深い江戸川乱歩氏でさえ、この作品を、ご自分が選んだクリスティのベスト・テンのなかにあげているほどである。

この事件での探偵役は、無実のフィアンセを救うために活躍する若き女性エミリーだが、トミーとタペンスのカップルとは一味ちがうシングルの魅力をあざやかに発揮している。

最近、加藤静雄氏から、「日本最初のクリスティ評論」というサブタイトルがつけられた『クリスティー入門』（一九八五）を贈られた。一読して、いままで無意識のうちに賞味していたクリスティの世界の多様性とその統一性に、あらためて教えられる点が多々あった。クリスティ・ファンには、ぜひ、この本の一読をおすすめしたい。

『青列車の秘密』解説――「青列車」に乗って

『青列車の秘密』がこの世に生れたのは、一九二七年、クリスティ三十七歳のときである。その前年には、探偵小説史上、画期的なトリックによって、そのトリックがフェアかアンフェアかという論議まで巻きおこした『アクロイド殺し』が刊行されている。

いわば、クリスティの探偵作家の地位が確立されたときで、彼女は職業的な野心に燃えて、『青列車の秘密』を、カナリア諸島で書きあげたものと考えていいだろう。

『世界の鉄道'75』（一九七四）の山之内秀一郎氏の解説によると、ヨーロッパの古い看板列車はすべて夜行列車だそうで、「ヨーロッパの長距離列車は夜つくられた」と言ってもいいくらいである。夜はロマンスと歴史をつくるのなら、殺人劇だってつくるだろう。

高速度の夜行長距離列車（エキスプレス）の著名なものに「オリエント急行」（一八八三）、「リヴィエラ急行」（一九〇〇）、「南方急行」（一八八七）があるが、旅客機と自動車という強敵におされて、現在まで生きのこっているただ一つの走る「ホテル」が、「青列車（ブルートレイン）」なのである。

一九七四年現在、パリから南仏コート・ダジュールのカンヌ、ニース、モナコ、ベンチミリア〔イタリア〕間を疾走する「青列車」について、山之内氏は、つぎのように書いている——

「12両の寝台車、食堂車1両、サロン車1両の編成で、食堂車、サロン車にはじゅうたんを敷きつめ、椅子は総革張りで、料理も〝青列車メニュー〟という特別の夜食を準備している」

この「青列車」も、一九七七年には廃止されてしまったという噂をきいたことがあるが、日本交通公社のぼくの友人の話では、今年（一九八二）の五月から、ロンドン—パリ—ミラノ—ヴェニスという「青列車」が復活するそうである。

一九七九年の春、ぼくはパリでブランディばかり飲んで歩いていたから、「青列車」のことなど、頭に浮んでこなかった。そんなことなら、「青列車」のことをたしかめておけばよかったのに。

なにはともあれ、一度は「青列車」に乗ってみたい。そして、気立てのいいキャザリン・グレイのように、「殺人劇」を経験したら、どんなにすばらしいだろう。

キャザリン・グレイといえば、巨額の遺産を相続することになった彼女が、長年、住んでいたのは、なんと、セント・メアリ・ミードではないか。

クリスティは、処女作『スタイルズ荘の怪事件』で、エルキュール・ポアロという不滅の名探偵を創造したが、やがて「セント・メアリ・ミード」から、ぼくの大好きなミス・マープルという聡明な老嬢が創造されることを思うと、ぼくは、ミス・キャザリンのミステリアスな運命に、その運命をうみだした「セント・メアリ・ミード」という小さな村に、名状しがたい感動をおぼえるのだ。

とにかく、読者諸君諸嬢よ、ぼくと一緒に、「青列車」に乗ってみませんか。

『アクロイド殺し』解説

クリスティの長篇探偵小説の輝かしい歴史は、一九一六年、第一次世界大戦のさなかに書かれた。彼女が二十六歳のとき。名探偵エルキュール・ポアロが、この世にはじめて誕生する。もっとも、この処女作『スタイルズ荘の怪事件』は、いろいろな出版社をたらいまわしにされたあげく一九二〇年、彼女が三十歳のとき、ボドリー・ヘッド社からやっと出版される。なんと初版二千部というのだから、驚くよりほかにない。そのあと、経済的事情のために、『秘密機関』『ゴルフ場殺人事件』『茶色の服の男』などを書きまくり、一九二六年、三十六歳（ちょうど処女作から十年目）に、画期の本格探偵小説『アクロイド殺し』をコリンズ社から刊行。このトリックについて、フェアかアンフェアかの大論争を巻きおこすことになり、それによって一層、彼女の作家的地位を一段とたかめることになる。

　この作品は、戦前の日本でも有名で、探偵小説ファンに大いに歓迎された。ぼく自身も青年時代にこの作品を読んで、ヴァン・ダインの『グリーン家殺人事件』などとともに陶酔したものである。こんど、訳してみて、この作品の独創性にあらためてぼくは感嘆した。

　この作品を書くことによって、はじめてエルキュール・ポアロは血肉化され、クリスティの前人未踏の黄金期、三〇年代末期から第二次世界大戦にかけて、そして戦後から一九七五年にはじめて刊行された『カーテン』（執筆は四三年）まで、ポアロは不朽の名探偵になるのである。

　クリスティの長篇六十六冊のうちで、もしベスト3をあげよ、と人に問われたら、ぼくはためらわず『アクロイド殺し』をあげるだろう。

　最近出版された『アガサ・クリスティー自伝』（一九七七）を読んでいたら、『アクロイド殺し』の誕生の秘密を、彼女自身が語っている。ぼくの解説などよりもはるかに迫力があると思われるので、ここに引用する——

……その数年前（田村註・一九二二、三年ごろ）、彼（義兄ジェームズ）が探偵小説のことを少々不平そうに評していたことがあった、「このごろの探偵小説はほとんどあらゆる人物が犯人となってるね……探偵さえもね。ぼくがお目にかかりたいのは、×××役（田村註・読者のために、ぼくは××××役としておく）が犯人となることだな」これはすばらしく独創的な考えで、わたしは長いあいだ、このことをあれこれ思いめぐらしていた。

それから、まったく偶然に、海軍大将でインド総督のルイズ・マウントバッテン卿からも、重要なヒントをあたえられたと、彼女は語っている。その重要なヒントも、読者のために、この解説であかすわけにはいかない。

彼女は、『アクロイド殺し』に、ごまかしがあって、アンフェアだと非難してきた読者や批評家に、敢然としてつぎのように書いている。

だが、よく読んでくれれば、それ（非難）が間違いだということがわかってもらえるに違いない。あのちょっとした時間の経過は、ぜひなくてはならないものだが、あいまいな文章の中にうまく隠し込まれているし、これを書いている医師シェパードは真実だけを書くことに非常な喜びを持っている……

シェパード医師の隣家に、カボチャ作りに熱中している外国人の小男が引越してくるが、この小男エルキュール・ポアロの事件解決のあざやかな推理と行動とともに、ぜひ、カボチャの味も賞味してほしい。

さて、この画期の名作は、フェアか、アンフェアか？

ぼくはむろん、フェア組だが、読者の熱烈な論争を期待してやまない。

小さな灰色の脳細胞

今朝（一九七五年十一月十七日）の新聞をなにげなく読んでいたら、海外短信のコラムに、こんな記事が出ていた——

「ベストセラー　〝灰色の脳細胞〟に絶対の自信を持つベルギー人の名探偵、エルキュール・ポアロの最後の事件を扱ったアガサ・クリスティ女史の『カーテン』が米国で売れに売れている。

ポアロが活躍する映画『オリエント急行殺人事件』がヒットし、新しい読者を開拓したこともあり、さらにニューヨーク・タイムズ紙がポアロの〝死亡通知〟を出したこともあって、クリスティ女史の米国での出版代理店ドット・ミード社には、ポアロの死亡と花の送り先などについての問い合わせが殺到している。

同社は第一版で十万部を刷り、なお二十万を印刷中で、注文はまだまだ増えそう。この分ではクリスティ女史の著作のベストセラーとなることは間違いないと、同社のプラット社長の弁。（ニューヨーク・タイムズ）」（朝日新聞「スポット」）

ぼくがエルキュール・ポアロにはじめて会ったのは昭和二十五年ごろである。すでに四半世紀になる。ぼくも若く、ポアロも若かった。

ポケット・ミステリで有名な早川書房も、まだそのころは、小さな木造の二階屋で、神田多町《たちょう》の横町の赤提灯のブラさがっている飲み屋のならびにあって、演劇や純文学関係のシックな本を出版していたが、どういうきっかけからか、世界探偵小説シリーズを出すことになって、その第一巻は、グレアム・グリーンの『第三の男』。グリーンがきわめて重要なカトリック作家であることを知ってか知らずか、キャロル・リード監督のスリラー映画が輸入されるというので、このシリーズの巻頭を飾ったのは、いささか皮肉だった。グリーンの作品が、わが国にはじめて翻訳されたのが、「探偵小説」なのである。そのシリーズには、ディクスン・カー、G・K・チェスタトン、エラリイ・クイーンなどにまじって、アガサ・クリスティが数冊入っていて、その翻訳が、当時、家でブラブラしていたぼくにまわってきた。クリスティの第二十三作目の長篇『三幕の殺人』がこれで、ぼくは壮年のポアロとはじめてお目にかかることになる。ポアロが登場する本では十番目。

その作中で、ポアロは、ポツリポツリと、外国なまりの英語で自己紹介をしている—

「そう、少年時代の私は、とても貧しいものでした。それに私のような少年が多かった。みんな、社会の荒波にもまれたものです。私は警察に勤めました。一生懸命だった。やがて徐々に昇進していって、すこしは世間に名が通るようになり、かなり有名になりました。それから国際的な名声を博すようになって、退職しました。欧州（第一次）大戦がはじまって、私は負傷した。それから哀れな、疲れきった亡命者となり、イギリスに渡ったのです。ある親切な婦人が、なにくれと私の面倒をみてくれました。婦人は死にました。自然死じゃなくて、人手にかかったのです。いいですか、私は知力をつくしました。私の、あの小さな灰色の脳細胞を活躍させ、殺害者を見つけたのです（クリスティの第一作目にして、ポアロが初登場する『スタイルズ荘の怪事件』参照）。私の使命は、まだ終わっていないのだ、そのとき、私はそう思いました。実際、警察にいたときよりも、自分の力は強くなっていたのです。で、第二の人生がはじまった。イギリスの私立探偵。それから、多くの我を忘れるような、また泣きたくなるほど難しい事件を解決しました。あなた、私は蘇生した。人間心理学、まったくすばらしい。私はだんだん豊かになった。『いつの日か』と私はひとりで考えたものだ、『必要なだけの金を握って、私は夢見ていたものを実現することができるだろう』」

ぼくが何かの用で早川書房にフラッと立ちよると、小説家の堀田善衛《よしえ》さんが、机にむかって、クリスティの『白昼の悪魔』の校正をしているではないか。戦時中、新宿の飲み屋で仲よしになった善衛さんが、生活の資を得るために、ぼくとご同様、一枚百円の翻訳をしながら、「広場の孤独」を書きつつあったのだ。その夜は、となりの赤提灯で、彼と痛飲した。

やがて「ハヤカワ・ポケット・ミステリ」が誕生し、ぼくはクリスティを十五冊訳した。うち、ポアロが活躍するもの八冊、処女作『スタイルズ荘の怪事件』『ゴルフ場殺人事件』『ビッグ4』『青列車の秘密』『邪悪の家』『三幕の殺人』『マギンティ夫人は死んだ』『死者のあやまち』。

数日まえ、越前の蟹をたべに福井の三国にむかう車中で、ポアロ最後の事件『カーテン』を読んだ。ポアロと再会するのも十年ぶりであった。

ポアロは四肢の自由を失い、ボロボロの心臓をかかえながらも、小さな灰色の脳細胞だけは健在だった。彼は老い、ぼくも老眼鏡をかけながら、彼の灰色の脳細胞の軌跡を追うのに熱中した。越前は雨だった。雨の日本海をながめながら、解禁になったばかりの越前蟹にかぶりつき、地酒を飲んだ。『カーテン』の舞台は、クリスティの処女作、そしてポアロが初登場する「スタイルズ荘」。その村も昔日の面影をすっかり失い、ポアロは車椅子。彼の忠実な助手ヘイスティングス大尉もまた愛妻を失って、孤老の身。
「これはね、ヘイスティングス、わたしの最後の事件になるだろうな。そしてまた、わたしにとって最も興味ある事件―そして、わたしが相手にする最も興味ある犯罪者なのだ……」（中村能三訳）
ぼくは越前蟹の大きな灰色の脳味噌にしゃぶりつきながら、ポアロ最後の小さな灰色の脳細胞を賞味した。

甘美なる死

今朝（一九七六年一月十三日）、テレビでイギリスの探偵小説家アガサ・クリスティ女史の死を知って、一瞬、深い感動におそわれた。八十五歳。それからゆっくりと、女史の死を悲しむ余裕のようなものが生まれ、やがて、彼女の名作の数々がぼくの脳髄に、仄光《そくこう》を放っては消えていった。

昨年十一月の中旬、世界一おいしい越前ガニが解禁になったというので、福井の越前町と三国《みくに》にむかう途中、クリスティが創造したベルギー人の名探偵、卵型の頭のなかには、灰色の小さな脳細胞がぎっしりとつまっていて、殺人事件に遭遇するや、さながら猫の目のように燐光をはなつ緑色の目、チックでぬりかためた大きな口髯の小男、エルキュール・ポアロの最後の事件『カーテン』を、ぼくは夢中で読みふけった。あの灰色の小さな脳細胞の活動を賞味し、やがて事件解決とともに、その脳細胞が永遠に休止する、感動的なフィナーレ――そしてゆっくりとおりてくるカーテンとともに喝采の音……。

その夜は、日本海の岸辺で、地酒を飲みながら、越前ガニの灰色の脳味噌を心ゆくまで賞味して、ポアロの脳細胞の数々の成果を追体験したものだ。

「ほんとうに、ご馳走さまでした、越前のズワイ蟹の脳味噌よ、セイコ蟹の卵よ、そしてポアロの灰色の小さな脳細胞！」

ポアロがあざやかに解決した事件は、長篇三十二、短篇五十二。そのうちぼく自身が訳したものは十冊以上ある。『オリエント急行の殺人』と同じ年（一九三四）に刊行された『三幕の殺人』をぼくが訳したのは、昭和二十五年で、ハヤカワ・ポケット・ミステリの前身の「世界傑作探偵小説シリーズ」の一冊である。それがきっかけになって、ぼくは神のパンを得るために、クリスティ、エラリイ・クイーン、ガードナー、ロアルド・ダールを殺人的に訳し、その四十冊の労働がたちまち、神のパンに化けて、ぼくの脳髄と胃袋を酔わせることになった。

いま、クリスティ女史の死を知って、ぼくの脳裡に、彼女が創造したもう一人の名探偵のイメージがありありと浮かんでくる。

その名探偵は、探偵小説史上でもきわめて稀な老嬢なのだ。

ミス・ジェーン・マープル。

ぼくの耳には、イングランドの、古き良き時代がつくりあげた小さなコミュニティ、セント・メアリ・ミードという村の、小春日のテラスの椅子にゆったりと腰をおろして、ミス・マープルが毛糸を編んでいる編み棒の規則的な音がきこえている。

ミス・マープルが解決した事件は『牧師館の殺人』（一九三〇）、『ミス・マープルと13の謎』（『火曜クラブ』三二）の初登場から数えて七一年の『復讐の女神』まで、長篇十二、短篇十五。その数こそ、ポアロにはかなわないが、女史の全作品のなかで最高傑作の一つと内外の批評家から評価されている『予告殺人』（五〇）がふくまれている。その『予告殺人』も、ぼくがはじめてミス・マープルものを訳した最初のもので、しかも日本ではこの名探偵の初登場である。

この作品のなかで、クリスティ女史は、このイギリスの典型的な老嬢をつぎのように描いている——。

「実際高齢といってもいいくらいだった。雪のように白い髪と、皺のよった桃色の顔、それに柔和な清浄な瞳、そして、毛糸を幾重にも身体にからませている。その毛糸はまるでレースのケイプをまとっているように、マープルの肩をとりまいていて、彼女は、それを子供用のショールに仕立てるために編んでいるのだ」

ミス・マープルの名探偵としての偉大な能力は、ユーモアの感覚と、人間性にかぎりなきデリカシーをよせながら、人間存在と事物への深い洞察力と鋭い観察力をかねそなえていることである。ミス・マープルが解決したさまざまな事件を回想すると、ポアロの灰色の小さな脳細胞の味とはまったくちがった、甘美なご馳走の香りがする。女史自身『予告殺人』の扉に「『甘美なる死』（デリシャス・デス）をはじめてご馳走してくださったラルフ及びアン・ニューマンに捧ぐ」と献辞をしたためている。「甘美なる死」というご馳走を二人の名探偵の手によって料理してくれたクリスティ女史のご冥福を、ぼくは心から祈る！　専門家たちが推定している「ミス・マープルの最後の事件」〔『スリーピング・マーダー』〕が、今年中に刊行されることを念じつつ。

セント・メアリ・ミード――アガサ・クリスティとの架空対談

1

ぼくはいま、東京の武蔵野のはずれにあるカトリック病院の病室にいる。時は五月初旬。柿、樫、欅《けやき》の若葉青葉が、五月の青空の下で微風にそよぎながら燃えひろがっている。緑の炎。病院の名はセント・ヨハネ。

純白の壁には、金色の十字架。細長い部屋には、トイレとテレビと電話と小型の冷蔵庫がある。飲もうと思えば、オン・ザ・ロックだってできる。それに白いシーツにおおわれた寝台。

病院の裏手には、モダーンな教会と農場があって、その農場の野菜が食事のときにはついてくる。ぼくは牛乳とヨーグルトと三食をきれいに平らげ、眠りに眠った。そのあいだにも、血液、尿、心電図、胸部および胃のレントゲン撮影。朝、昼、夜の検温。ぼくは一箇の物体と化して、主治医や看護婦のサインに従うだけ。夜は、アヴェ・マリアのオルゴールで九時就寝。

夜中にフッと眼ざめる。寝汗。ぼくはあわててベッドからとびおりると、タオルでからだをふき、シャツを着がえる。そんな夜が三日ほどつづいた。

その翌日、たまりかねて、主治医のシスターに訴えた。

「とくに、頸《くび》から頭部にかけて寝汗がひどいんです。髪の毛なんか、グッショリ濡れてしまって」

「きっとアルコールの禁断症状かもしれませんね。それに自律神経失調の線もかんがえられる。とにかく薬を処方しておきますから、寝しなにおのみになってください。血圧は上が一三〇、下が七五ですから、きわめて正常。きっと治ると思いますよ」

その日は、風呂敷につつんで持ってきたイギリスの探偵小説やミステリ・マガジンを読んですごした。ミステリを読むなんて、じつにひさしぶりだ。雑誌をパラパラめくっていたら、面白い詩にぶつかった――

いったい、ここにロマンがないとしたら
どこにロマンがあるというのか
ここには色、死、眠り
そして魔術が満ちみちているというのに

キラキラ光る塩、鈍く光るハカリ、純白の結晶
透明な壜に閉じ込められて
高い棚の上で一点の欠落もなく並ぶ
微かに緑色がかった鉄の白さ
あるいは深く沈んだ茶色
そして名も知れぬ遠方の地から来た
チンキの数々、ワインの数々

約束のように軽く、罰のように苦い
あの羽毛の泡はキニーネ

その横で落ち着き払っている銀色と黒
あれは海で生れたヨードだ
あれはほどなくオレンジ色と茶色になり
豊かな広がりのある色合を帯びる
おそらくはタイアの港が栄えた遠い昔
フェニキア人も知っていたことだろう

ここには技と汗とで作られた
ドロリと甘いシロップ類
あそこには一滴一滴大切に蒸溜された
数々の香味油が並ぶ
ラベンダー、にくずく、白檀《びやくだん》
肉桂《につけい》、丁字《ちようじ》、松
上の方の桜草の淡い黄色は
硫黄の花の輝きだ

そして壁の高い所、錠と鍵の下にあるのは

生者と死者の力
一つ一つが伝説で赤く血塗られた
青と緑の背の低い小壜
あのほっそりとした首の下の深みに
ありあまるほどのロマンがある
いったい、ここにロマンがないとしたら
どこにロマンがあるというのか

ボルジヤの時代から今に至るまで
その力は試され、証明されてきた
アコニットと呼ばれる青いトリカブト
死を呼ぶ青塩
ここには眠りと慰め、苦痛からの解放が——
勇気と新しい活力がある
ここには恐怖と殺人、突然の死がある
この緑と青の薬壜の中に

（アガサ・クリスティ「薬局にて」青木久恵訳）

この詩は、一九二〇年代のはじめに、ロンドンのジェフリー・プレスから自費で出版された詩集『夢の道』のなかの一篇。一九一四年に勃発した第一次世界大戦で、彼女が赤十字病院で看護婦、薬剤師として活動したときの経験が、まるで「純白の結晶」と化したような詩。戦争のとき、彼女はまだ二十四歳だったのだ。

2

その夜、主治医のシスターから渡された「純白の結晶」を飲むと、ぼくはスタンドを消した。……と、いつのまにか、ぼくは汽車に乗っていた。夜なので、車窓からは風景がまったく分らない。日本列島のどこかを走っているのか、それともアメリカの大陸横断列車か？ いや、この暗さは、ただごとではない。そうだ、きっとインド亜大陸かもしれないぞ。窓の外には美しい星がひかりはじめる。ぼくのコンパートメントには、白衣を着たインド政府の役人が英文のポケット本を夢中で読んでいる。表紙を見ると、アガサ・クリスティの探偵小説『牧師館の殺人』。ミス・ジェーン・マープルが初登場する長篇。ヴィクトリア女王のイギリスは、探偵小説の趣味までインド共和国に残していったか。それにしても、よくこんな薄暗い車内で細かい活字が読めるものだな。とっくに五時半をまわっているのに、電気はつかない。六時半。まだ電燈はつかない。日本的に言うとまっ暗である。インド的に言うと、夕闇とでも申しましょうか。政府の役人は、いぜんとしてクリスティの殺人事件に熱中している。頑強にインド的である。神技である。六時四十五分。ポーッと紫色の電燈がともった。三ワット。

それからぼくは、どこへ行ったのか？　カルカッタ、ボンベイ、マドラスという大都会の駅の売店には、うす黒い紙に印刷したクリスティの小説が氾濫していたっけ。ぼくは、夜汽車を乗りついで、何度も乗りついで、夜明けに眼がさめたら、美しいリアス式海岸線と紺碧の海の光！　ここは、いったいどこなんだ？

やがて夏の陽はぼくの頭上に。通過した駅名を見ると、「トーキー」

「トーキー」？　どこかで聞いた駅名だぞ。あ、クリスティが生れた土地じゃないか。本名アガサ・メアリ・クライサ・ミラー。一八九〇年九月十五日、イングランド南部デボンシャーのトーキーで、アメリカ人の実業家フレデリック・Ａ・ミラーの次女として生れる。すると、車窓から見えるこの美しいリアス式海岸は、ポアロが登場する『白昼の悪魔』の舞台、イギリス海峡なのだ。終着駅はペイントン。『ＡＢＣ殺人事件』に重要な役割をはたすＡＢＣ鉄道案内によると、ペイントンは、ロンドンより西南西、約二百マイル。列車の所要時間は三時間四十分。ぼくは終着駅でタクシーをひろうと、緑におおわれた丘陵地帯を走っている。

「ぼくはセント・メアリ・ミードっていう村へ行きたいんだけど、きみ、知ってるでしょうね。世界中になりひびいている有名な村なんだから」

「セント・メアリ・ミード？　そんな村は、この近辺にゃありませんよ、お客さん」

「だってきみ、探偵小説を書く偉いおばあさんが住んでいる村なんだよ。ほら、アガサ・クリスティという、八十五歳の」

「おお、デイム・クリスティですか。あの方なら、毎年、夏は、ご主人とご一緒に、このペイントンでお過ごしになることになっていましてね。なにせ、トーキーやペイントンの夏の美しさときたら世界一だという話ですもの。ほら、大きな門が見えてきたでしょう？　あの白亜の三階建てが、デイム・クリスティの夏のお屋敷ですよ」

〝デイム〟は、王室から男性に贈られる〝ナイト〟に相当する女性の称号。ぼくが会いたいのは、デイム・クリスティではない、セント・メアリ・ミードという小さな村に住むアガサ・クリスティなのだ。ぼくはきびすをかえすと、産卵期に鮭がのぼってくるというダート河が遠望できるなだらかな丘陵地帯をだらだらとくだりながら、ペイントンの駅の方へ。

いつのまにか日がくれて、ロンドン行の夜汽車のなか。そうだ、たしかセント・メアリ・ミードは、ロンドンの近郊だったじゃないか。たぶん、東京・鎌倉間くらいの距離だ。なんだって、三時間四十分も汽車に乗って、ペイントンへ行ったのだろう？　きっと三十年まえに読んだ『白昼の悪魔』の影響だ。一九四〇年代のクリスティの傑作。舞台はデボンシャーの避暑地。そのリアス式海岸線の浜辺に、若い女性の半裸体の絞殺死体。あのトリックは抜群だったな。その原型は、『火曜クラブ』のなかの第四話「舗道の血痕」のなかにあるが、あれ以来、ぼくはミス・ジェーン・マープルという老嬢の魅力の虜となってしまったのだ。そして、『白昼の悪魔』では、bodyという英語の多義性が事件の核心をなしている。コンサイスをひいてみたまえ、bodyには、こんな意味がゾロゾロ出てくる——

①からだ、身体、肉体、死体 ②胴体、軀幹《くかん》 ③主要部、本体、本文、主文 ④（着物の）胴部、胴衣 ⑤隊、群、集団、団体 ⑥【話】人、（犯人などの）身がら ⑦物体、実質、密度、（酒などの）こく ⑧（自動車などの）車体、船体。

とりわけ、肉体と死体との多義的な緊張が、この探偵小説をきわめてドラマチックなものにする。

そんなことを考えながら、ぼくの足は、ロンドンの近郊、セント・メアリ・ミードという小さな村の方へ——

3

いつのまにか、強烈な太陽の光によって、白昼の「悪魔」を照らし出した夏は過ぎて、イギリスの秋になっている。しかも、時は一九三〇年代だ。

映画館もない、静かな小さな村。検屍法廷にもつかわれることがあるたった一軒の旅館「青猪館」。その村のメイン・ロードは、屋敷通りと呼ばれていて、教会、牧師館、そのとなりにはミス・マープルの庭つきの家。それにミス・ハートネル、ミス・ウェザビーといったゴシップ好きの老嬢たちの家。それに、アン王女時代風やジョージ王朝時代の様式を踏襲した屋敷などがならんでいる。それに、村の公会堂、図書館、郵便局。駅前の商店街には、魚屋、肉屋、薬屋、八百屋、文房具店、インチ・タクシー、バーンズ食料品店、トムズ籐製品店、ミス・マープルが毛糸を買うウィズレイの店、ハレットの店、カーテンの切地などを売るロングドンの店などが並んでいる。それから医者、駐在所の巡査、退役陸軍大佐などが住みついている。これらの要素が村をつくる最低の単位だ。誕生し、生殖し、死んで行く人間存在の共同体を維持していくための村。

その村の屋敷通りを歩いて行くと、古風な牧師館が見えてきて、その裏通りの細道に入ると、ミス・マープルの裏庭に出る。

南側のフランス窓を背にして、そのひとは小春日のテラスの椅子にゆったりと腰をおろして、編み棒を規則的にうごかしながら毛糸を編んでいた。

実際、高齢といってもいいくらいだった。雪のように白い髪と、皺のよった桃色の顔、それに柔和な清浄な瞳、そして、毛糸を幾重にも身体にからませている。その毛糸はまるでレースのケイプをまとっているように、肩をとりまいていて、きっと彼女は、それを子供用のショールを仕立てるために編んでいるのだ。

田村　失礼ですが、アガサ・クリスティ先生でいらっしゃいますか。ぼく、日本からやってきたタムラと申します。職業は詩人ということになっていますが、むろん、詩では、神のパンにありつけないので、先生の御作などを訳しているのです。セント・メアリ・ミードと、このコミュニティを産んだクリスティ先生に、一目、お目にかかれればと思ったものですから。

クリスティ　まあ、日本からわざわざ。それにしても、先生とおっしゃらないでください。ただミセスと呼んでくだされば、けっこうですわ。あいにくと主人のマローワンは、考古学の研究で中近東へ出かけておりますが、さ、よろしかったら、どうぞ、その椅子へ。そう、ちょうどお茶の時間ですから、ご一緒いたしましょう。なんでしたら、自家製のシェリーもございますよ。どちらになさいます？

田村　では、遠慮なくお茶をいただきます。

クリスティ　ご近所の退役大佐からいただいたセイロン茶がありますから、それにしましょう。インドの駐在武官を長年おつとめになった方でしてね。（ミセスは、銀のポットにセイロン茶を入れて、サクランボのジャムとクリームと、手焼きのパンをお盆にのせて、

庭のテーブルに運んできた）

ところで、ミスタ・タムラ、わたしの作品で、どんなものをお訳しになって？

田村　第二次大戦後、ぼくは焼土と化した東京に復員してくると、神のパンを得るために、いろいろな英語の本の下訳をしました。これといった職もありませんでしたから、戦争から帰ってきた仲間たちがあつまって、一冊の原書を、五人でバラバラにして等分にわけるのです。ですから、ある男は、but からはじまる文章を、冒頭から訳すことになる場合もあるのです。連合軍の占領下の日本でしたから、英語の翻訳本が第二の鎖国から解放された民衆によって歓迎された時代です。栄養失調でガリガリに痩せた男たちが下訳した本は、アメリカの How to もので、美容と健康の本でした。そして、たいへん皮肉なことに、いかにして痩せられるか、というのが、その本の最重要のテーマだったのです。それから三十年たったいまの日本で、美容と健康の本といったら、「いかにして美しく痩せられるか」といった類のものばかりです。敗戦直後ガリガリに痩せていた青年たちも、いまでは初老になって、糖尿ぎみの自分の体重と戦っているのですから、これもまた、ずいぶん皮肉なものです。

クリスティ　ほんとうに。それに、ニッポンはみるみるうちに経済大国になって、イギリスはイギリス病にかかってしまって……。

田村　いや、そのうちに、ニッポンだってニッポン病にかかるかもしれません。――話がすっかり脱線してしまいました。ぼくがミセスの探偵小説を生れてはじめて訳したのは、たしか、敗戦から五年たった一九五〇年ごろでした。どうにか人間に人間らしい生活ができるようになったころで、そうですね、朝から晩まで、水とパンに追われているようでは、探偵小説を読む気になりませんものね。そうかといって、みんなが大金持になってしまったら、探偵小説というホビイはすたれてしまうでしょう。つまり、中産階級の基盤が、探偵小説を支えていると考えていいかもしれませんね。いまの日本の九〇パーセントの人たちは、自分とその家族を中産階級と自認しています。日本のラジカルな高度成長政策が、全人口の九〇パーセントに中産階級の意識をうえつけ、七三年秋のオイル・ショックで、探偵小説が低成長時代にふさわしいホビイだということを、日本人は発見したようです。ですから、いま、日本は空前のミステリ・ブームでしてね。あなたの『オリエント急行の殺人』が映画化（一九七四）されたのをきっかけに、エルキュール・ポアロは、日本のヒーローになりました。どこの本屋さんをのぞいても、クリスティ・コーナーがあって、お嬢さんたちや青年たちの人気をあつめています。

クリスティ　まあ、おどろきました。そう、ミスタ・タムラの話で思い出しましたよ。戦争が終って、五年ほどたってから、ニッポンの出版社から、わたしのエイジェントに翻訳権の交渉がありました。一九五〇年ごろでした。そのころのイギリスはイギリス病にまだかかっていませんでしたし、ニッポンは、敗戦で喘いでいたころですもの、わたしのエイジェントも「円」などに、まったく期待していなかった。それでも、百年にわたる日英関係を思いかえすと、むげにお断りできなかったので、よろこんで、しかも、ニッポンにとってもっとも好ましい条件で承諾したという話を、エイジェントから聞いたような記憶があります。ところがどうでしょう、いまの「円」の値打ちとポンドの低落、ほんとうに世の中って、一寸さきは闇ですね。

田村　たしか、そのときミセスの翻訳権をとったのは、『白昼の悪魔』（一九四一）と『ゼロ時間へ』（四四）それから第二次大戦後の傑作といわれている『予告殺人』（五〇）でした。そのうち、『ゼロ時間へ』と『予告殺人』は、ぼくが訳したのです。それから、『三幕の殺人』（三五）、『シタフォードの秘密』（三二）も。おかげで、あなたが創造したクラドック警部、ジェーン・マープル、エルキュール・ポアロといった、おのおの個性のある名探偵を、ぼくはこの手で体験することができました。それからというものは、ミセスの創造的で、トリッキーな劇的世界に魅せられて、十数冊、訳させていただきました。むろん、神のパンを得るのも大きな動機でしたけど。

クリスティ　神のパンとおっしゃったので、思い出しました。どうでしょう、うちの自家製のシェリーは？

田村　ありがとうございます。では、よろこんで。

（太陽と葡萄の蒸溜的結晶、そのイギリスの秋の光のような琥珀色の液体が、ぼくの暗い

咽喉をゆっくりと降下して行くと、ぼくの魂をしずかにゆするのだ）

4

田村　ミセスにお会いしていると、まるでジェーン・マープルと対面しているような錯覚におちいるのですが、ミス・マープルのモデルは、ご自身なのですか？

クリスティ　じつは、わたしの祖母の感じにちょっと近いのです。ピンク色の肌の白髪の老婦人で、小さな村に引きこもってヴィクトリア風の生活を送っていましたが、つねづね人類の堕落の深さ、つまり人間の原罪そのものに、するどい感受性をもっていました。「でもね、あなたは、あの連中の言葉を額面どおりに受けとってしまったの？　このわたしは、けっしてそんなことはありませんからね！」と祖母にきびしく諫《いさ》められますと、自分がひどくナイーヴで軽信的な人間に思えてきたものですよ。

田村　十三の事件の短い謎解き（『火曜クラブ』）にはじめてミス・マープルは登場するのですが、非常に魅力的でした。

クリスティ　わたしは、ごく平凡で地味な老婦人に深い愛情をいだいていたものですから、ミス・マープルが成功すればいいと、わたし自身願っていました。おかげで成功して、短い謎を解くには、ミス・マープルが最適だとさえ思っているのです。その点、『マープルと十三の事件』（『火曜クラブ』）には、ミス・マープルのエッセンスがあると思っています。

田村　そのエッセンスが、ミセスの成熟にしたがって、まるでこのシェリーのように熟成して行く、この過程は、ぼくのような一読者にとっても、じつにスリリングなものです。人間は、だてに年をとらないという生きたサンプルですよ。ミス・マープルがはじめて長篇に登場するのは、一九三〇年の『牧師館の殺人』でしたね。ちょうどミセスが四十歳のとき。そのときのミス・マープルは、いかにも小さな村に住んでいる詮索好きの老嬢といった感じで、それでも彼女の特性は、いかんなく発揮されていました。たとえば、村の住人たちの彼女についての下馬評——「わたしはマープルさんが好きなんだがな。少なくともユーモアのセンスがある」「あの女《ひと》は村中で一番意地わるな女だわ。いつも何ごとが起こっても細大もらさず知っていて——そして、それから一番意地わるな推測をするのよ」

そのミス・マープルは、自分の庭から、たえずなにかを見ている。庭づくりというのが煙幕みたいなもので、おまけに、野鳥を双眼鏡で観察する習慣も、そのために利用されることだってある。マープル自身、村の牧師さんに、こんな台詞を吐く——「牧師さん、あなたってほんとに世間離れした方ですわね。わたしくらい長いあいだ人間の本性というものを観察していると、あまり多くのことを期待しなくなるものですわ。そりゃ、くだらないお喋りは、たいへんよくない不親切なことでしょうけど、そんなもののなかにだって、真実がふくまれていることが、ちょくちょくあるんですよ」。また、牧師さんは画家の青年に、こんな忠告をする——「ね、ロレンス、きみは小さな村の生活の持っている探偵本能を低く評価しすぎているんだ。このセント・メアリ・ミードでは、だれもかれもが、他人の私事ならどんなつまらないことだって知っているのだよ。イギリスには、時間をもてあましているオールド・ミスに匹敵する探偵は、一人だっていやしないのだ」。ミス・マープルの甥、文学青年のレイモンド・ウェストが、セント・メアリ・ミードなんか、沈滞しきったよどんだ古池だと彼女に喰ってかかるシーンがありますね。すると、マープルはしずかにたしなめます――「レイモンド、それはあんまりいい比喩じゃありませんよ。よどみきった古池の水の一滴ほど、顕微鏡で見たら生気にあふれているものはありませんよ」

クリスティ　そう、初期のミス・マープルの武器は、たしかに野鳥を観察する望遠鏡と、古池の一滴を分析する顕微鏡（むろん、これは比喩ですけど）でしたね。（デイム・クリスティは、しずかに微笑をうかべる）

田村　それと、自分の姿を見られることなしに他人を見るという術にもたけていましたね。そして、ミス・マープルの趣味は、毛糸の編みもの、野草や風景のスケッチ、村の福利事業などいろいろありますが、なんといっても、人間性の観察にはもってこいの舞台、いや、研究室ですもの。

クリスティ　ほんとにそう。はじめは、人々をまるで鳥か花のように、はっきり分類しますの。なにがしかのグループに分けて、これは属、これは種といったぐあいにね。そして自分がよく知っている人や、偶然出会った人を、それぞれの種別と照合してみるのです。すると、まったく異ったタイプというものが、どんなに少ないか、それをお知りになったら、ミスタ・タムラ、あなただって、さぞびっくりなさることでしょうね。

田村　あんまり、おどかさないでくださいよ。なんだか、このぼくも、あなたの顕微鏡にかけられているような気がしてきましたよ。

クリスティ　祖母がつねづね言っていました、「若い人たちは、とかく年寄りを馬鹿だと思いこんでいるものだけど、年寄りこそ、若い人たちは馬鹿だと思っているよ」ですって！

田村　もうぼくも若くはありませんが、なんだか、とても耳が痛いですね。それはそうと、ミス・マープルが活躍するのは、『牧師館の殺人』を皮切りに、『スリーピング・マーダー』まで長篇が十二冊、それに『火曜クラブ』（短篇集）が一篇、それに七つの短篇。第二次大戦後のセント・メアリ・ミード村も、現代化の波にさらされて、駐車場や新興住宅街、団地、スーパーマーケットなどができて、第一次大戦前の古き良き時代の面影は日毎にうすれて行く。マープルも老齢になり、リューマチになやまされて、好きな庭いじりも思うようにできなくなる。しかし、彼女の五官はいっこうに衰えをみせない。むしろ年とともに成熟し、世の中、シェイクスピア流に言うなら、「世界劇場」をおだやかに観賞している寛容なおばあさんになって、双眼鏡と顕微鏡にとってかわって、人間存在への深い洞察力と鋭い観察力とが、後期の傑作『カリブ海の秘密』（一九六四）、『バートラム・ホテルにて』（六五）、『復讐の女神』（七一）にいきいきと発揮されますね。

クリスティ　『カリブ海の秘密』では、甥のレイモンド夫妻のおかげで、ロンドン近郊の小さな村を出て、遠い南海のリゾート・ホテルで、ミス・マープルも人生のかぐわしいホリデイをすごしたのですけど、人間の意識と行動の原型は、セント・メアリ・ミード村に全部そろっているのですよ。ま、たべもの、とりわけフルーツと花と音楽のリズムが変っているくらいで。人間性というものは、どんなに時と場所を異にしても、変らないものですよ。

5

田村　ミス・マープルのすばらしい推理が人間性への鋭い観察と深い洞察力にささえられているとすると、もう一人の名探偵、ベルギー人のエルキュール・ポアロの特質はなんでしょう？　あの卵型の頭、事件の重要なヒント、手がかりをつかんだ瞬間、猫のように燐光をはなつ緑色の眼、チックでぬりかためた見事な口髭、それと、無類の推理力とラテン的論理を構築する、あの灰色の脳細胞！

クリスティ　「あなたに、探偵小説の傑作など書けるのかしら？」という姉の挑戦を受けて、はじめて書いたのが『スタイルズ荘の怪事件』で、わたしのポアロがこの世にはじめて登場します。ちょうど第一次世界大戦のさなかで、わたしはトーキーの赤十字病院で、看護婦、それから薬剤師として働きました。そのときの知的情緒的経験が、『薬局にて』という詩になったり、「殺人事件」になったり、ちょうどそのころ、ベルギーからの避難民のグループが、トーキーの近くの宿舎に住んでいて、ベルギー人たちと接触しているうちに、ポアロのイメージが形づくられてきたのかもしれませんね。

田村　フランシス・クーパー氏は、『イギリス流の殺人』というエッセイで、エルキュール・ポアロについて、こんなことを書いています――「彼（ポアロ）は何によらず非イギリス的なところを見せるし、イギリス人が外国人に対して最も不愉快に感じるものや、すくなくともきわめて滑稽だと思っているものをすべてある程度見せている点で、イギリス的心情の産物にほかならないのである。ばかばかしい口髭、愛飲する黒すぐり酒（シロ・ドウ・カシス）、新鮮な空気ぎらい、香水――これらはすべてはつらつとして健康なイギリス人たちからみると、相手が外国人の場合は滑稽だし、相手がイギリス人の場合は反感をおぼえるものばかりだ。……また一面、ポアロは大のイギリスびいきらしい――すくなくともベルギーに帰りたいなどとは一度も言っていないし、おそらく食べもの以外ではイギリス的なものすべてを絶讃しているからだ。じっさい彼はイギリスに非常によくなじんだ外国人だし、きわめてイギリス的な外国人である」（小倉多加志訳）。なかなか巧いことを言うではありませんか。つまり、探偵を外国人にすることによって、逆にイギリス的なもの、産業革命によって、ヴィクトリア朝が現出せしめた中産階級的人間と市民社会のさまざまな特性を浮かびあがらせる。とりわけ山荘や避暑地の別荘という、限られた舞台空間だと、その効果は絶大です。マープルの場合は、セント・メアリ・ミードという保守的な「村」そのものが絶好の密室をつくるわけです。ポアロは、都会、ホテル、別荘、飛行機、船、青列車、オリエント急行といった中産階級的密室に登場する。マープルとポアロはなにからなにまで対照的ですね。マープルはほとんど「村」から出たことがなく、厳格に抑制された感受性、他人の自由の尊重、上品な平凡さという、十九世紀風の徳目によって支えられている「心情の論理」という密室のなかで、人間性そのものを洞察する。

クリスティ　ところが、ポアロは、でしょう?

田村　幾何学的精神のかたまりです。頭の形こそ卵型ですが、あらゆるものがシンメトリックでないと気がすまない。ニワトリにまで四角な卵を産ませたいという御仁ですからね。彼は、ヨーロッパ中を駈けめぐり、あらゆる場所で上層中産階級的密室を構成します。マープルはとても可愛い老嬢だが、ポアロはきわめて滑稽な小男。イギリス国教会とローマン・カトリック。村と都会。伝統と文明。草花の匂いと香水。繊細な精神と幾何学的精神。毛糸の編みものとパズル。そして唯一の共通点は、ユーモアの感覚のある独身者。

クリスティ　犯人が芸術家だとすると、探偵は批評家だと言ったのは、わたしが敬愛しているG・K・チェスタトンですが、犯罪を再構成したり批評するのには、独身者のほうが有利ですね。ブラウン神父はむろん独身者ですけど、古今の名探偵は、ほとんど独身者ですよ。シャーロック・ホームズ、ファイロ・ヴァンス……。

田村　そして、『樽』という名作を書いたクロフツのフレンチ警部や、ミセスのクラドック警部、このスコットランド・ヤードの警察官には、ちゃんとした家庭がありますね。

クリスティ　そう、義務を黙々と遂行するためには、あたたかい家庭がどうしても必要です。トミーとタペンスのような陽気で幸福な探偵夫婦もいますけど、兎の匂いを追って、どこまでも走ってしまう猟犬のような夫婦だから、どうしたって、スリラーの世界になってしまいますね。

田村　ミセスの代表的な作品には、二つの世界大戦の影が濃厚にありますね。処女作の『スタイルズ荘の怪事件』では、第一次世界大戦の影が、『予告殺人』では第二次世界大戦の影が。この二つの影が、イギリス的な殺人、ヴィクトリア朝的な色彩がかろうじて残存している上層中産階級的な密室を逆照射する力を発揮していると思うのです。そして、二つの大戦のあいだ、つまり、一九二〇年代から一九四〇年代の中期までの二十五年間は、まさにクリスティ的殺人舞台の黄金時代ではなかったか、とぼくは思うんです。退役将軍、提督、地主、金利生活者、俳優、インドの退役大佐、外交官、学者、牧師……そういう類型が類型として社会に生きていた時代。つまり、人間の性格が、だれの眼にもはっきりと見えた時代という意味です。

クリスティ　そうですね、良くも悪くも人間の輪郭がくっきりしてましたから、パズルのはめ絵には、もってこいでした。一九五〇年代以降になると、世界のヒーローたちは退場してしまって、あらゆる分野で技術革新とコンピューター、通信衛星、それに原水爆というお化けが、チャーチルやスターリンやヒットラーやド・ゴールにとってかわって世界のヒーローになりました。これでは、パズルのはめ絵にはなりませんよ。とりわけちかごろでは、たったの二百ドルで原爆ができるという話ではありませんか。男性も女性も中性化してしまって、ミスもミセスもいなくなって、みんなミズになってしまったし、暴力団がジェントルマン風で、知的階級が西洋乞食……まあ、わたしの口から西洋乞食なんて言葉が出るようでは、滑稽をとおりこして、悲惨ですわね。

6

田村　それにしても、第二次世界大戦のさなか、大英帝国がナチス・ドイツの脅威にさらされていた一九四三年に、ポアロの最後の事件『カーテン』とマープルの最後の事件『スリーピング・マーダー』をお書きになったのは、じつに象徴的ですね。ポアロとマープルの老いた肉体と精密な眼をとおして、ミセスは、古き良き時代の最後のイングランドの人間的交流を描こうとしたのではないでしょうか。ところが、大英帝国は滅びなかった。そのかわり、イギリス病という厄介な病気を背負うことになりますが、その徴候を、あなたは、晩年の円熟した作品でみごとに結晶させましたね。マープルが活躍する『鏡は横にひび割れて』（一九六二）、『カリブ海の秘密』（六四）、『バートラム・ホテルにて』（六五）、初老をむかえたトミーとタペンスの『親指のうずき』（六六）、ポアロの『象は忘れない』（七二）など。ところで、ミセスご自身が、八十篇余の長篇のうちとくに愛着をお持ちの作品を教えていただけないでしょうか？

クリスティ　そうですね、思いつくままに申しますと、『そして誰もいなくなった』『アクロイド殺し』『予告殺人』『オリエント急行の殺人』『火曜クラブ』『終りなき夜に生れつく』『ねじれた家』『無実はさいなむ』『動く指』といったところでしょうか。むろん、順位はまったく無関係ですけど。

田村　日本には、クリスティ・ファン・クラブという愉しいクラブがありましてね。

クリスティ　あ、ミスタ・ヤスオ・ストー〔数藤康雄〕のクラブですね。極東の小さな島に、こんなスマートなクラブがあるなんて、わたし耳にしたとき、この世もまんざら捨てたものじゃない、とつくづく思いました。南イングランドのわたしの避暑地まで、ミスタ・ストーは、わざわざ訪ねてくださって――

田村　ご参考のために、そのクラブのベスト・テンを申し上げましょう。①『そして誰もいなくなった』②『アクロイド殺し』③『予告殺人』④『ABC殺人事件』⑤『オリエント急行の殺人』⑥『火曜クラブ』⑦『ナイルに死す』⑧『葬儀を終えて』⑨『ゼロ時間へ』⑩『スタイルズ荘の怪事件』。ミセスのリストと比較してみると、いろいろ面白い問題が出てくると思いますが、ぼく自身はやはり一九三〇年代の中期から、一九五〇年代までの黄金期、そして六〇年代、七〇年代の円熟期のものが大好きです。四〇年代は、スタイルと技法のうえで、ミセスの画期の時代だと思うのです。一九三五年の『三幕の殺人』は、四〇年代の先駆的な作品で、三九年には『そして誰もいなくなった』そして『愛国殺人』（四〇）、『白昼の悪魔』（四一）、『書斎の死体』（四二）、『ゼロ時間へ』（四四）、一九五〇年代は『予告殺人』で幕は切られます。そして五七年には『パディントン発4時50分』、それから美しい円熟期がきて……

7

十人の黒ん坊の子供が食事に出かけた
一人がのどをつまらせて、九人になった
九人の黒ん坊の子供がおそくまで起きていた
一人が寝すごして、八人になった
八人の黒ん坊の子供がデヴォンへ行った
一人がそこに残って、七人になった
七人の黒ん坊の子供が薪を割っていた

一人が自分を真二つにして、六人になった
六人の黒ん坊の子供が蜂の巣をいたずらしてた
一人が蜂に刺されて、五人になった
五人の黒ん坊の子供が法律家になろうとした
一人が厄介なことになって、四人になった
四人の黒ん坊の子供が船出した
一人が燻製のにしんにのまれ、三人になった
三人の黒ん坊の子供が動物園へ行った
一人が大熊に抱きしめられて、二人になった
二人の黒ん坊の子供が日向に坐ってた
一人が陽にやかれて、一人になった
一人の黒ん坊の子供があとにとり残された
その子が首をくくって、誰もいなくなった

（隈田たけ子訳）

ぼくの耳には、『そして誰もいなくなった』のテーマソングの不気味で陽気なメロディが流れ、それが暁の光にかわったかと思うと、讃美歌のオルゴールに変った――

ぼくはカトリック病院のベッドの中だ。昨夜飲んだ純白の睡眠薬が、ぼくに多彩で流動的な夢をあたえてくれたのだ。ちょうど、アガサ・クリスティの「甘美なる死」という手製のケーキのごときご馳走の夢を――

「おはよう、お元気？」

若いシスターの看護婦が、キビキビした足どりで、体温を計りに病室に入ってくる。

ブラウンズ・ホテルにて

十年前にスコットランドに行ったときもそうだったけれど、今度のスコットランド行きも仕事のためだった。飲んべいのぼくのことだから、仕事というのはスコッチ・ウイスキーの生産地を訪ねること。スコットランドにスペー川という北海に注ぐ川があって、いくつもの支流がある。ウイスキーは大麦を醱酵させたビール液を蒸溜して作るのだけれど、いいウイスキーを作るにはビール液に使う水が決め手となる。スペー川の水はそれに最適の水なのだそうだ。そういうわけでこのスペー川流域に多くのウイスキーの蒸溜所が集まっている。

混んでいるお盆は避けようということで、八月十八日に成田を発った。ヒースロウ空港に着いて、そのままローカル線に乗り継いでエディンバラへ。そこで前にも泊ったカレドニアンという四百年前からあるホテルに泊った。次に泊ったのはスペー川のほとりのクライゲルヒという大きなホテル。すぐそばをスペー川が流れていて、釣人とスキー客が常宿としているということだ。

その近くにエルギンという町があり、ぼくたちはそこから車で対向車のほとんどない道路を北へ北へと六百キロ走ったのだった。昼飯をインバネスでとった。インバとは河口のこと、ネスとはネス湖のことで、ネス川の河口の町の意味だ。戦前に二重《にじゅう》まわしだとか海軍士官のハーフコートをインバネスといったのは、ここインバネス製のマントに由来する。たいへん魅力ある立派な町だった。そこから大西洋に面した漁港のアルプールに出て、北北東に進路をとり、いよいよお目当ての、ほとんど最北端の地へと向かった。

農業用の柵を開け、農道を走っていくと、八百メートル級の山がいくつか見えてきた。初めは赤い山だと思ったけれど、それは山が赤いのではなく、赤い花をつけたヒースが群れをなして山を這い上がっていたためだった。山の北の斜面はギザギザの鋸の歯みたいになっている。反対側の南斜面は美しいスロープを描いている。いかに海からの風が強いものかと納得した。麓は湿地帯になっていて、そこにはヒースの子供たちが生え、大人になったらあの山をめざしてやろうと狙っている風情。だいたいヒースは南半球が原産地なのだが、こんな北の果てまで這い上がってくるのだから、よほど生命力が強いのだろう。

エディンバラに戻ってまた四百年前のホテルに泊り、行きは飛行機で景色を楽しめなかったからと、翌日は列車でロンドンに向かった。ロンドンでのホテルを同行の人に聞くと、けっこう高い宿泊料のブラウンズというホテルの名を告げられた。列車を降り、タクシーでくねくねとした道を行き、ブラウンズ・ホテルに到着。

ぼくはほかの人よりはやく旅装をといて、階下のラウンジで酒を飲んでいた。するとマネージャー風の人が話しかけてきた。ずいぶん古そうなホテルだねというと、十九世紀初頭に建てられたとのこと。「ウィンストン・チャーチル様が常宿にされていました」それからこのホテルを利用した有名人の名が挙がって、「アガサ・クリスティを御存じですか？」もちろんと答えると「アガサ・クリスティ様は十八歳の時に当ホテルにお泊りになりました。その後、ロンドンにいらっしゃると、お泊りにはなりませんでしたけれど、ラウンジをご利用されて色々観察されていたご様子でした」「こちらを舞台にした小説があるんですか？」と尋ねると、ちょっとお待ち下さいとフロントに戻って、紙切れになにか書いて戻ってきた。そこには「アット・バートラムズ・ホテル」と書いてあった。「この作品はクリスティ女史の晩年の傑作で、ぼくは大好きだ」というと、マネージャー氏の顔が急に綻《ほころ》んだ。

ウェスト・エンドの中心部には、ほとんど誰にも知られていないポケットのような閑静なところがたくさんあるのだが、ただタクシーの運転手たちだけがその専門知識にたよってそこを通りぬけ……（中略）ハイド・パークから出ている、これといって目だたない通りをはなれて、左へ右へ一、二度まがると静かな街路へ出る。その右側にバートラム・ホテルがある。（乾信一郎訳）

御存じ『バートラム・ホテルにて』の冒頭だ。この小説のみそは、一九五五年のホテルの内部のなにもかもがエドワード朝一色になっているところにある。

第一次世界大戦後、イギリスの社会は激変する。それに先立つエドワード朝（一九〇一〜一〇）は、大英帝国が五つの海を支配し、世界の富を集めていた古き良き時代の最後の王朝ということになる。昔はよかったとみんなが懐かしむ時代。若き日のクリスティがだれかに連れられてこのホテルに泊ったのもエドワード朝のことだ。同行した家内がひどく感激していた立派このうえない化粧室などまさにエドワード朝そのものだろう。イブニング・ドレスを着て、召使を伴ったレディーたちが何人も並べる化粧台がずらりとある広々とした部屋だったそうだ。しかし、クリスティはミス・マープルがあまりに完璧な懐かしさにふと疑問を抱くようにさせるのだ。

ブラウンズ・ホテルはボンド・ストリートがピカデリーにぶつかる一郭のハイド・パーク側にあって、二つの小路、ドーヴァー・ストリートとアルプマール・ストリートに面して二つの入口がある。回転ドアがあるのはドーヴァー側の玄関だから、ミス・マープルはそちらから入ったのかもしれない。ちゃんとしたディナーのための食堂もあるのだが、〝ネクタイ着用のこと〟にぼくはご遠慮して、タンポポという日本料理屋で蕎麦を食べ、お銚子を二本飲んだ。ブラウンズ・ホテルを後にしたぼくたちは、それからドーヴァー海峡をフェリーで越え、ぼくの訳した『青列車の秘密』に敬意を表してブルー・トレインでフランスからマドリッドへ向かった。シャワー、トイレ、寝室完備の〝動く劇場〟のうたい文句にひかれてのことだったが、二段ベッドに小さな洗面所と尿瓶のついたコンパートメントだったので大いに落胆した。陽が昇るとすでに車窓にはスペインの荒野が広がっていた。同じ荒野でもスコットランドの荒野は生命におおわれていたのに、こちらは褐色の地肌がむき出しで、ほとんど生き物のすがたは見えなかった。

牧師館という名のパブはないか？

昨年（一九九四）の初夏、アガサ・クリスティが創造した名探偵ミス・マープルが住んでいる「セント・メアリ・ミード」という架空の村を探しに行きたくなって、ぼくはロンドンのパディントン駅から南下、エクセターまでビールを飲みながら、ほぼ二時間。エクセターは中都市で、ちなみにクリスティはエクセター大学の名誉博士の称号を与えられている。

そこよりプリマス生れの美女の運転でトーキーまで疾走する。トーキーは、クリスティ生誕の地で、近くのダートムアは少女時代の遊び場で、有名な失踪事件の現場でもある。トーキーでは、「帝国ホテル」に一泊。ロンドンの「ブラウンズ」とほぼ同じ値段。かなり高額であるが、「ブラウンズ」はナポレオン三世、ルーズヴェルト親子、クリスティの少女時代の常宿。彼女の晩年は、たまにラウンジにやってきて、『バートラム・ホテルにて』のモデルになっている。家具調度は逸品ばかり。高額といっても、ツイン・ルームで四万円程度。そしてトーキーの「帝国ホテル」の部屋から、はじめてぼくは、イギリス海峡の深い海の色を見る。

　その日の午後、美女の運転で、トーキーよりものの三十分ばかり北上、美しい小さな村、人口五百人、車が着いたかと思ったら、陽気な牧師さんがやってきて、パブで、神さまの聖なる血液、つまり赤ワインをお恵みくださる。その名も「チャーチ・ハウス・イン」。イギリス南部のコテージが、小さな花々を咲かせながら建っていて、やっと「セント・メアリ・ミード」の糸口が見つかった、とぼくは瞬時にさとった。

　イギリス文化を語る場合、教会、牧師館、パブ（他人の宿もかねる）は欠かせない、とよく言われる。どんな小さな村にも、この三つの柱がなければならない。そして雑貨屋をかねた郵便局と小さな銀行。それに村人、美少女から老人にいたるまで、頬を薔薇色にかがやかせているのだ。ところが、どの小さな村へ行っても「セント・メアリ・ミード」に見えてしまって、パブがあれば、ランチ・タイムには、老夫妻、中・壮年までエールを陽気に飲んでいる。イングランドでは、居酒屋から文学も哲学も生れるというのに。教育の原点は、酒神である。もっとも日本人という勤勉な体質には、アルコールをまったく受けつけないのが五〇パーセントもいるそうである。

ぼくが、イギリス海峡沿いに旅したコンオール半島は、エールでできているようなもので、ケルト系の人たちが愛飲している。黒ビールに近い飲み物で、ラガービールよりちょっと強い。ウエールズ、アイルランド、そしてコンオール半島（土地の人はコンウェルと発音する）のビールである。

日本という若い列島は、弥生時代から古代中国、朝鮮文化の恩恵にあずかり続けて二千年、そして文明開化という名の脱亜入欧の時代をむかえるや、あらゆるものがカルチャーショックになり、カルチャーといえばショックということになる。いっそのこと、文化にショックとルビをふればいい。そして思想からヘアスタイルまでファッションと化す。

戦後は脱亜入米、つい最近まで入ソもあったっけ。

国道はもとより農道にいたるまで美しく舗装されていて、ときおり出会うのは、狐だけ。それに初夏の野草の花々。青年たちはプリマスやエクセターなどで働いているのだろうが、七十歳以上の老人たちは、ランチ・タイムからエールを陽気に飲んでいる。社会資本の厚味を感知せざるをえない。

ある初老の男が、ディラン・トマスの『ミルクウッドの木の下』、ベケットの『ゴドーを待ちながら』を演ったことがあると云うので、美女に「彼は役者なのか」とたずねたら、「この近くの村のパブのご主人よ」だって。

ジョルジュ・シムノン

『ストリップ・ティーズ』解説

身長五フィート十一インチ。肩幅ががっしりと広く、おもおもしい。いつも両手は、ビロード襟の外套のポケットにつっこんでいる。山の部分がまるいフェルト帽。これが、シムノンが創造したメグレ警視のシルエットだ。このシルエットは、一九三〇年代の日本で、すでに活字と映像となって活躍している。

シムノンの名前がメグレ警視と不可分にむすびついて、日本のモダーンな読者を魅了してから、もう半世紀ちかくなる。それでいて、戦前の本格探偵小説好みからは、〈メグレもの〉は、いささか軽んじられてきたきらいがある。コナン・ドイルのシャーロック・ホームズ、ヴァン・ダインのファイロ・ヴァンス、エラリイ・クイーンのドルリイ・レーンのような理づめの謎ときの名手とちがって、鈍重なメグレは、直観と経験だけにたよるからだ。そして犯罪の現場、それもパリの下町のカフェで、ブランデイやペルノー酒を飲みながら、その場の「空気」、犯罪の関係者たちのもつれた糸を手でたぐり、人間の運命と、その生の雰囲気に同化することによって、真実を発見する。

映画でも、ジャン・ルノワールが監督した『深夜の十字路』（一九三二）やジュリアン・デュヴィヴィエ監督の『モンパルナスの夜』（『男の首』を映画化したもの。一九三三）を、ぼくは学生時代に観たが、パリの下町の夜の光りが、いまだに鮮明にのこっている。そして、光りにさえぎられた暗い部分に追いつめられて行く人間存在の悲惨と哀歓とが。そこで、シムノンの〈メグレもの〉は、探偵小説ではなくて、むしろ〈犯罪小説〉であるという意見が生れるようになる。ところが皮肉なことに〈犯罪小説〉というレッテルをはられたおかげで、〈メグレもの〉は何度も生きかえる。

病的な探偵小説ファンをのぞけば、どんな傑作でも〈探偵小説〉であるかぎり、そのエピローグとともに、あとかたもなく消滅するのが、名作の原則である。ところが〈メグレもの〉は、どんな大団円をむかえても、いっこうに消滅しない。消滅しないどころか〈犯罪〉という血肉化された枠組によって、人間の運命と、その運命を産みだした下町の雰囲気とが、第二次世界大戦の前夜の、絶望的な明るさと、かぐわしい不安の香りとをただよわせながら増殖されて行く。その増殖作用をまともに受けたのは、だれでもない、十一歳から小説家を志したというベルギー生れのシムノン自身である。

彼は、その増殖作用によって規則的に〈メグレもの〉を生産する。アメリカの探偵作家

E・S・ガードナーの多産ぶりを連想させるが、ガードナーの場合は、まるでフォードの自動車工場のオートメーションのような感じがする。

ところが、シムノンの作品は、フランス料理、それも下町の手づくりの料理の味がする。一九三〇年代、第二次世界大戦の予兆がヨーロッパに暗い影をひろげはじめたとき、シムノンは成熟期に入る。そして、『ロンドンの男』（一九三四）を皮切りに、彼は〈犯罪小説〉から、〈犯罪〉と〈小説〉を分離して、まるで錬金術師のように、犯罪そのものが小説に血肉化される方法、つまりフランス近代小説の富を縦横に駆使しながら、運命によって破滅する人間の心理、運命という悲劇的構造を人間存在そのものに変質させるエロチックな方法を発見するのである。

『ストリップ・ティーズ』（一九五八）は、シムノンの〈ロマン〉の頂点を示す作品といっても過言ではないだろう。

舞台は南フランスのカンヌ。ここでは、パリの下町の暗い夜とイルミネーションにとってかわって、きらめく太陽と青い海。

「空がずっと曇って寒かった数日のあいだは、どこということもない小さな田舎町にいるように感じてもおかしくはなかった。が、すこしでも日がさしはじめると、いかにもここはコート・ダジュールだと感じずにはいられない。観光客たちはあらゆる国語をしゃべりながら街々に押出す。」

そして海浜では観光客たちが半裸体のまま、太陽の光りをエンジョイしている。それから日に焼けた半裸体の散歩者たち。ビキニだけの美しい女性は、その肢体を異性たちの視線にさらしては、性的快感にひたっている。この海浜の「舞台」では、裸体そのものは、どのような運命も暗示してくれなければ、金銭の対象にもならない。ストリップ・ティーズそのものが、いかなる意味でも成立しないのだ。

人間が、観客の心をじらしながら、裸体とその運命を徐々にあらわしてゆくためには、も一つの暗くて小さな舞台がいる。

モンマルトルで、その半生をもみくちゃにされながら、やっとカンヌで小さなキャバレーをひらくことができたボスのレオンと四十に手がとどきそうな女房のフロランス。そしてストリップ・ティーズを踊る四人の女の子――攻撃的な野卑な性欲の塊ケティ、女中あがりのマリ＝ルー、堅い本を読んだりして、教養らしいものを感じさせるナターシャ、そして、ハリウッドの有名歌手の私生児で、パリの本場で踊ったこともあるれっきとしたダンサーのセリータ。彼女はスパニッシュ・ダンスを踊るが、けっしてヌードにはならない。それに年も三十二歳だ。ボスのレオンは家畜商が家畜を値ぶみするような眼つきで、女の子たちを眺め、肉体をもてあそぶが、いくら性的な関係をむすんでも、彼女たちの、ほんとうの肉体を経験することはできない。なぜなら、彼女たちの肉体のなかに隠されているもう一つの肉体こそ、運命と相似形をなしているのだから、家畜商のような眼では、無理というものだ。

批評家のジルベール・ジゴオは、シムノンの〈ロマン〉について、つぎのように言う――

「シムノンの最良の作品の中では、それぞれの瞬間が極度の密度を持ち、張りさけんばかりの緊張を生じる。彼の描く人物は、ある危機の主人公で、多くの場合おもいがけず、また無意識に押しまくられて、生の意味を変え、そこから運命をつくりだす重要な真実に結びつく。人間の宿命の大構造、その原形、私達を構成している心性《モラル》のかたち、八十年前から心理学者が絶えず解明して来たものが、シムノンの大ロマンの中に縮図として見られる。だが、シムノンは在来の心理学的説明をしりぞけ、犠牲者、辱しめ裏切られた者達、かれらの生活の中に閉じこめられて苦しみながら死んでゆくものらの、弁護になるものに替えた。その点で、リツァンの表現を借りれば〈人間の弁護者〉作者自身の言葉によれば〈運命の修理人〉として彼の作品が尊重されているのである。」（日影丈吉訳）

まるで、このオマージュは、『ストリップ・ティーズ』のために書かれたような気がしてならない。

心理的説明を排除しながら、運命によって造型され、肉体そのものを外気にさらすことによって人間の心理劇を「悲劇」という大団円にむすびつけて行く彼の「眼」と「手法」

は、ぼくらを「読者」というカテゴリイから誘い出し、〈ロマン〉という劇的形式にみちびいて、カンヌのほこりくさい安キャバレーのなかに捲きこむのだ。人間と人間の諸関係、性とパンと情熱と憎悪とが、さながらストリップ・ティーズのように、一枚一枚、薄ものをはがされて行く諸瞬間、ぼくらの心は苛立ちながら、肉体が肉体からはぎとられて、運命の全構造が裁かれるのを、ただ待つ。

　裁くのは、だれか？　むろん、家畜商のような「眼」でもなければ、娯楽作家の「手」でもない。それは、〈ロマン〉という形成によって「最も小説家らしい小説家」（アンドレ・ジイドのシムノン評）にならざるを得なかった「運命の修理人」の手である。

『ストリップ・ティーズ』という悲劇のプロローグは、「人生に不安で男の支えを必要としているかわいそうな女の子」を演じているモーという、ダンサー志望の十九歳の少女の登場によってである。

　ほかの四人の女たち、人生という大河におしながされながらワラでもつかみたい溺死寸前の女たちの、ボスのレオンを軸として回転していた運命劇は、「かわいそうな女の子」を演じているモーによって、その諸関係が一気に逆転し、（読者もまた、その諸関係に、知らず知らずのうちに巻きこまれてしまうのだが）〈ロマン〉は目に見えないエピローグにむかって、テンポを早めて行くのだ。一枚、一枚と薄ものをはぎとり、肉体という呼吸している衣裳までもはぎとられながら。

女たちは、裸体になることによって、彼女たちの運命の詩と劇をぼくらに呈示してくれる。

だが、男の場合は？

キャバレーの帳場をにぎっている古女房のフロランスが子宮癌という象徴的な病気でこの世の運命からかろうじて脱出して行ったとき、その亭主は――

「レオンが戸口を出た。黒い服に真白な堅いカラーをし、黒いネクタイのおかげでボーイ長のように見え、またどういうわけかこのネクタイのおかげで彼の鼻が少々曲っていること、そして片方の目がもう一つの目よりも上についていることがわかった。」

そしてエピローグに、〈女〉の全裸の死体が海岸からひきあげられる。

エラリイ・クイーン

『Yの悲劇』解説

探偵小説の歴史は、一八四一年に出版されたエドガー・アラン・ポオの『モルグ街の殺人』からはじまるというのが、今日では定説になっている。そして、この百二十年間におけるもっともかがやかしい黄金期は、イギリスでは第一次大戦後の一九一八年から三〇年代におよぶ二十年間とされている。クロフツ『樽』、クリスティ『アクロイド殺し』、フィルポッツ『赤毛のレドメイン』、セイヤーズ『ナイン・テイラーズ』、ノックス『陸橋殺人事件』、アリンガム『幽霊の死』、マーシュ『死の序曲』、ブレイク『野獣死すべし』などの傑作がこれである。

アメリカでは、イギリスよりもほぼ十年おくれた一九二六年に、遅まきながら突如として急転回がおこった。S・S・ヴァン・ダインの『ベンスン殺人事件』がこれである。「一夜にしてアメリカ探偵小説は成年に達した」と、探偵小説の著名な研究家ハワード・

ヘイクラフトは評している。つづいて二七年には『カナリヤ殺人事件』が発表され、アメリカ探偵小説の黄金期を迎えるにいたった。このヴァン・ダインの諸作に対抗して、新しく登場したのがエラリイ・クイーンである。一九二九年の『ローマ帽子の秘密』を皮切りに『フランス白粉の秘密』(三〇)、『オランダ靴の秘密』(三一)、『ギリシャ棺の秘密』(三二)、『エジプト十字架の秘密』(三二)、『アメリカ銃の秘密』(三三)、『シャム双生児の秘密』(三三)、『チャイナオレンジの秘密』(三四)、『スペイン岬の秘密』(三五)の諸作がこれであって、いずれも新鮮な本格探偵小説の醍醐味を持ってはいるものの、ヴァン・ダインの名作『グリーン家殺人事件』や『僧正殺人事件』に匹敵するような傑作にまでいたらなかった。ところが、一九三二年に、バーナビー・ロスという無名の新人が『Xの悲劇』を発表するにおよんで探偵小説界に一大センセーションをまきおこすにいたる。ヴァン・ダインの名作を凌駕するものと喧伝され、つづいてロスは本書『Yの悲劇』(同)を発表し、前作にまさるともおとらないものと熱狂的な大好評を博し、やがて『Zの悲劇』(三三)『ドルリー・レーン最後の悲劇』(同)の四部作となるわけである。そしてもっとも興味のあることは、バーナビー・ロスが当時の新進作家エラリイ・クイーンの変名であることを、だれひとり夢想だにしなかったことである。のちに、はじめてエラリイ・クイーンの名で四部作が刊行されるにいたって、探偵小説界はただただ驚倒するばかりであった。

　ここで、ヘイクラフトの有名な評論『娯楽としての殺人』から、エラリイ・クイーンの

アウトラインをぬき書きしておく。（訳文は林峻一郎氏のものによる）

「エラリイ・クイーン」は、二人の従兄弟同志のアメリカ人フレデリック・ダネイとマンフレッド・B・リーの共同の筆名である。

彼らはふたりとも一九〇五年ブルックリンでうまれた。リーはニューヨーク大学にゆき、在学中自分でオーケストラをつくった。ダネイは大学にはゆかなかったが二十四歳のときにはニューヨークの広告会社の美術部長になっていた。またリーは、映画会社の宣伝広告をかいていた。そのころ彼らはある探偵小説懸賞募集の広告をよみ、気軽に応募してみた。おどろいたことには、彼らは当選したのだ。だが募集した雑誌は出版をやめてしまった。ある出版社がこの小説に注目し、『ローマ帽子の秘密』は出版されるようになった。こうして現代のもっとも人気ある共同著作の幕がきってとされたのである。

数年間というもの「クイーン」は、身元をかくすために慎重な注意をはらった。署名会とか文学茶会などには黒マスクをして出席した。このことは「バーナビー・ロス」についても同様であって、ダネイ、リー両氏は、この別名で二番目の、見逃すことのできない探偵「ドルリー・レーン」というもとシェイクスピア俳優をつくったのである。従兄弟たちはあるとき同時に「クイーン」と「ロス」として共同論争の講演旅行をしたが、主催者さえ彼らが二重に同一人であることをしらなかった！　この共同作業に従事する従兄弟たちは、他のどんな作家よりもっと大きな楽しみをこの仕事にもっているのだろうが、彼らの著作を本質的には商売と心えている。めいめい自宅で一定のスケジュールにしたがって働いている。そしてときどき五番街のあるガランとした事務室にあつまる。彼らは、そこを郵便のアドレスぐらいに考え、そこにあるもののなかで彼らの商売を暗示するものは唯ひとつ小さな防弾窓ぐらいのものである（しかもそれは先住者の宝石商がおいていったものだ）。

彼らはときどき日課をやぶってハリウッドに旅行にゆく。リーは結婚しふたりの娘をもち、ニューヨーク市にすみ、切手収集道楽をしている。ダネイもやはり結婚し、ふたりの小さな息子をもち、郊外のグレイト・ネックにすみ、現存最上の立派な短篇探偵小説のコレクションをもっている。

この百二十年間にあらわれたおびただしい探偵小説の名作のなかから、ベスト3を探偵小説の各層の愛好家に問えば、かならず、本書『Yの悲劇』があげられると言ってもけっして過言ではない。事実、あらゆる名作のリストにえらばれ、新聞、雑誌などによせられる諸家のアンケートがこれを証している（その過半数がベスト1に本書をあげている）。それではエラリイ・クイーンの最大の魅力はなにか、ヘイクラフトはつぎのように解明している——

「なにがクイーン小説に大きな評判と成功をもたらした要素かとたずねられたとき、作者は慎ましげに、推理の『完全に論理的な』正攻法《フェア・プレイ》だとこたえた。まさにこれこそは、最初の作品以来標榜してきたものである。だがこれだけではない。『クイーン』諸氏は率直に、もちろん自分たちの作品は生活の手段だとみとめているが、探偵小説に敬意と誠実さとをもっていた。これは——そのゆるがぬ熱意とともに——つねにたかい水準にあるとみとめられる大きな理由である。クイーンの小説は、大体この方面での知的な面と劇的な面とのたくみな混合で、また近代探偵小説にみられるこまかな筋の組みたて、活気ある叙述、気やすいユーモア、愉快な人物などをふくんでいる。それらは、推理の小説の現代における技巧の最高峰である」

『Ｙの悲劇』は、その完全に論理的な正攻法《フェア・プレイ》と近代探偵小説としての最高度の技法とが見事に結合された一典型といえるだろう。終章の最後のセンテンスぐらい、私の心にはげしいショックと戦慄と、名づけがたい魅惑をあたえてくれたものは、私の記憶するかぎり、他の探偵小説には見出せない性質のものであったことを、ここに特記しておきたい。

『Xの悲劇』解説

本書『Xの悲劇』は、一九三二年、バーナビー・ロスという筆名でアメリカで刊行されたが、一九四一年に、ポケット・ブックに編入されるさい、ほぼ十年近く極秘にされていたバーナビー・ロスの正体が、はじめてあきらかにされたのである。本書冒頭の『読者への公開状』がそれである。これを読めば、『Xの悲劇』『Yの悲劇』『Zの悲劇』『最後の悲劇』の四部作の成り立ちと、そのいきさつが、エラリイ・クイーンの大きな抱負と自信とともに、詳細に書かれている。エラリイ・クイーンの作家的略歴は、『Yの悲劇』の解説に書いたので、今回ははぶくことにする。『Xの悲劇』を読まれるひとなら、かならずや、『Yの悲劇』を読まれるであろうし、また、『Yの悲劇』の読者ならば、本書を読まずにはいられないであろうから。私には、自信をもって、そう断言できる。クイーンの、この有名な四部作は、探偵小説史上の画期的な傑作であるのみならず、本格探偵小説の円熟と豊かさをみごとにしめすものである。なかでも、『Y』と『X』は、その優劣をつけがたく、読者のこのみによって判断する以外にないであろう。

私が愛読しているものに、ＥＱＭＭ誌日本語版に連載中の『探偵小説風物誌』がある。

筆者は英文学者の中内正利氏で、その該博な知識と豊富な体験とが、読者を充分にたのしませてくれる。昭和三十七年の同誌十月号に、中内氏は、『Xの悲劇』をテキストにして、ニューヨーク近郊の通勤列車について書かれているが、本書の読者には特に参考となると思うので、少し長くなるが、ここに引用させていただく。なお、本書の登場人物の一人デウィットは、中内氏はドウィットとされている。また、ウェスト・ショーア鉄道とあるのは、本書では西岸線となっている。

アメリカの鉄道は私企業である。わが国の郊外電鉄のようなもので、幾つもの会社があり、お互いに、鎬を削って競争している。鉄道相互間の競争とは別に、近年は、バスと飛行機とに、だいぶ喰われているようである。しかし、鉄道には、また、鉄道のよさがあるので、無下に斜陽企業とも言えない。飛行機よりも時間はかかるが、普通列車ならば、料金は飛行機より安い。バスに比べると高いけれども、その代り、バスよりも早いという中庸を得た特徴があるので、利用者は、必ずしも激減はしないようである。大きな都会に職場を持つ勤めの人は、大抵、郊外に住んでいて、いわゆる通勤列車で毎日往復しているのである。

例えばニューヨークである。

市内には大停車場が二つあるので、近郊に住む勤め人たちは、その住いの場所によって、その何れかの停車場を利用することになる。

一つは、四十二丁目とパーク街とが交叉するところに、四十二丁目に面して表玄関を持つグランド・セントラル停車場（Grand Central Terminal）であり、他の一つは、七番街に面して三十二丁目にあるペンシルベイニア停車場（Pennsylvania station）であるが、この方はペン停車場と日常は略称されている。

ウォール街界隈からダウンタウン一帯のオフィスその他に勤めている人たちは、近郊の自宅に最寄りの駅から、通勤列車で、グランド・セントラルなり、または、ペンまで来て、そこで、地下鉄かバスに乗り換えるのである。

ニューヨークの郊外も、東の方のロングアイランド、および南西に当るニュージャージー州の南部方面から通って来る連中は、ペン停車場へ入って来るが、北東方面のコネクティカット州や、ニューヨークの北方に住んでいる連中は、グランド・セントラル停車場へ到着するというのが定石である。

両停車場とも、列車の発着は地階のプラットフォームになっているから、停車場の中へ入って行っても、列車の姿は、全然、眼につかない。

建物の中央はコンコースになっており、その周囲には乗車券売り場、待合室、手荷物預り所などが並んでおり、その中心辺りに、案内所のブースがあり、何人かの係員が、年中忙しく旅客の応接をしている。

特に、グランド・セントラル停車場の案内所は、市民に、待合せの場所として一般によく利用されることで有名になっている。東京に例をとれば、国電渋谷駅前の忠犬ハチ公の銅像というところで、この周辺には、いつも何人かの人が、人待ち顔で、ウロウロしている。何しろ交通の中心をなしているので、どこからでも便利にやって来ることができる上に、四十二丁目のパーク街という場所柄、五番街の繁華地帯へは歩いて五分、盛り場のタイムズ・スクエアへは十分で行けるという地の利を占めていることも、その原因の一つとなっていることであろう。

　会社勤めをしている人たちの、出社や退社に都合のよい時刻には、いわゆる通勤列車が何本も運転される。

　エラリイ・クイーンの傑作と目されている『Xの悲劇』の中には、この通勤列車のことが少し出ているので、それを基にして、簡単に解説することにしよう。

　同書の第三幕第三場の中程に、次のような叙述がある。

「だとすると、二十枚が、晩にウエスト・エングルウッドへ帰る時の切符ということになる。その二十枚のうち十三枚に、君たち二人がパンチを入れているのだ。これは十三回ということになるね。すると、彼は、六時過ぎに出る通勤列車よりも、この列車の方に、よけいに乗っているわけだね」

　ここにウェスト・エングルウッドとあるのは、ハドソン河沿いの、ニュージャージー州にある町で、五キロほど南東へ進めば、ジョージ・ワシントン橋に達する。橋を渡れば、ニューヨーク市で、直ぐそこは、ウエスト・サイド高速道路が、ハドソン河の左岸に沿って、マンハッタンの南端まで通じているので、自動車で来てもわけないのであるが、市内へ乗り入れるのと、駐車の問題とがあるので、彼は、列車で通勤しているのである。

　列車の場合は、ウェスト・ショーア鉄道（West Shore Railroad）によることになるが、その終点は、四十二丁目からハドソン河を隔てた対岸のウィーホーケン停車場（Weehawken Terminal）ということになる。そこで連絡船《フェリー》に乗り換えて、対岸の四十二丁目へ渡る。そこからは、この当時には、都内電車がタイムズ・スクエアの方へ走っていた。

　通勤列車というのは原文ではCommuting trainとなっているのであるが、こういう列車で毎日通勤しているような人のことをCommuterと呼んでいる。これはアメリカ英語である。第二場の初めから見て行こう。

「夜半の十二時少し前、ドウィットの一行は、ウェスト・ショーア鉄道のウィーホーケン停車場へ入って行った。裸の鉄骨が従横に交錯した天井で、納屋を思わすような待合室である。」

　ここでは停車場がterminusとなっているが、同じ本書で、他の部分ではterminal

となっていて不統一である。恐らく、本書では、両者を差別しないで用いているらしいが、大体アメリカでは、終着駅の意では terminal の方が普通のようである。

「一行の残りの四人は、ブラブラと出札口の方へ行った。ドウィットは雑誌売店の上にかかっている大時計を眺めた。針は十二時四分を指している。」

待合室に、雑誌の売店 (magazine stand) などのあるのは、わが国の風景と変らない。

「出札口の係員に、ドウィットは『ウェスト・エングルウッド片道六枚』と言った。」

片道乗車券のことは single-trip ticket である。これに対して、往復乗車券のことは、round-trip ticket という。英国では、これを return ticket と呼んでいる。英米によって、同じ英語でも、呼び名が変わる。鉄道そのものも、アメリカでは railroad であるが英国では railway である。

彼等の一行は、総勢七人であるのに、ドウィットは、片道乗車券を六枚しか買わなかったので、他の一人が、彼に注意をすると、

「いいんだよ。ぼくは五十枚綴りのパスを持っているんだから」

この五十枚綴りのパス (regular fifty-trip ticket-book) というのは、通勤者用の、一種の定期乗車券であり、五十枚の乗車券が一冊のパスに綴り込んである。乗車の都度、一枚ずつにパンチを入れるので、五十回、すなわち二十五回の往復乗車ができるので、一ヶ月分ということになる。これには通用期限があるが、これは、直ぐその後で、ド

ウィットが、

「前のパスは、期限が切れてしまったのだよ、ぼくが留守を……」

と言っているところからでもわかる。

「十二時十三分の普通列車は入っていた。一行は鉄柵の改札口を通り抜け、コンクリートの長いプラットフォームを歩いて行った。列車の最後の一輛は真暗であった。それを通り越して、二輛目の車に乗り込んだ。」

普通列車というのは、急行（express train）に対するもので、英語では local train であるが、これは、各駅に停車する列車の意味である。

鉄柵の改札口は、原文では irongrilled gateway となっているのであるが、これは、待合室のプラットフォームに通じる一方に、二、三メートルもある高い鉄柵があり、それに、各プラットフォームに応じた門が設けてある。列車の発車時刻が近づくと、その門扉が開かれ、改札係員が傍に立つ。乗車券を持っている者だけが中へ入って行ける。発車の直前に扉は閉められるので、発車したばかりの列車を、遅れた乗客が追っかけながら飛び乗るというようなことはあり得ない。遅刻した乗客は、鉄柵にすがりながら、出て行く列車を恨めしく見送るより他はない。尤も、グランド・セントラルやペン停車場のような場合には、プラットフォームは地階になっているので、鉄柵の間からでは、列車の姿さえも見えないことになる。

引用文の最後の部分の原文は、

"The last car was dark, and they walked ahead, boarding the second car from the end."

となっている。

列車そのものはtrainなのであるが、それを構成している車輛の一つ一つは、これをcarと言うのである。このcarが何輛か連結して編成されておれば、その動力が電気であろうと、ディーゼルであろうと、一律にtrainと呼ぶ。

わが国は、どうやら、動力に基準をおいて、電車、列車、ディーゼルカーなどと区別しているかのようにも見えるが、それにしても、二輛以上連結している場合に、ディーゼルカーというのは、英語の建前からすると、おかしい。カーというのは、単車の意味だからである。

最後に著名な探偵小説研究家ハワード・ヘイクラフトの、エラリイ・クイーンへのきわめて率直な賛辞があるので、ここにしるしておく。

「クイーンの小説は、知的な面と劇的な面とのたくみな混合で、また近代探偵小説にみられるこまかな筋の組みたて、活気ある叙述、気やすいユーモア、愉快な人物などをふくんでいる。それらは、推理小説の現代における技巧の最高峰である」（林峻一郎訳『娯楽とし

ての殺人』より）

なお、ヘイクラフトは、同書においてエラリイ・クイーンの最高傑作として、『Xの悲劇』をあげていることを、書きそえておく。

『Zの悲劇』解説

本書『Zの悲劇』は一九三三年刊行の傑作。その前年の一九三二年に、シェイクスピア役者ドルリー・レーンが名探偵として活躍するエラリイ・クイーンの野心作、いわゆる「悲劇もの」四部作のうち、『Xの悲劇』『Yの悲劇』の二作が世に出たわけである。そして、探偵小説の批評家、研究家はもとより、広汎な探偵小説ファンの熱狂的な大好評にむかえられた。事実、『X』『Y』の両二作とも、今日でもなお世界探偵小説中の傑作として、ベストテンの上位にあるほど、高く評価されているのである。『Z』は、エラリイ・クイーンが、その野心をさらに刺戟されることによって書きあげた作品だけあって、前作『X』『Y』にもまして、さまざまな創意工夫がなされている。それだけに、オリジナリティの豊富な作といえよう。

四部作の主要登場人物は、一貫してかわらない。むろん、名探偵は老優ドルリー・レーン、その傍役《わきやく》は、ニューヨーク警察本部の鬼警部サム、それに地方検事ブルーノ。だが、小説の上では、第一作『Xの悲劇』から、レーンがしずかに退場する第四作『最後の悲劇』にいたるまでには、十年以上の歳月がながれている。『X』『Y』は、ごく短い期間中の事件をあつかったものであるが、『Z』の事件は、『Y』の事件解決後から十年たっているのである。『X』『Y』では、六十歳だったレーンも、本書『Z』では、七十回目の誕生日を迎えようとしているのだ。そして鬼警部サムも警察を退職し、いまでは、『サム探偵事務所』を開業している身である。またブルーノも、地方検事からニューヨーク州知事になっている。さらにまた、ここに新しく登場する若い女性。サム警部の娘、ペイシェンス・サムがそれである。彼女は少女のころからヨーロッパに遊学に行っていて、『X』『Y』には顔が出せなかったという仕組になっている。そして、本篇『Zの悲劇』では、ナレーター（語り手）の大役を引き受ける破目になる。父、鬼警部の血をひくだけあって、若くて美しいペイシェンスは、たくましい推理力を発揮する。シェイクスピア文献の世界的蒐集家である七十歳の名探偵ドルリー・レーンに配するに、D・H・ロレンスを愛読する二十歳のヨーロッパ帰りの「あたらしい女性」。このコンビネーションの妙も、『Z』をより一層興味深いものにするクイーンの趣向の一つである。

　それに、他の三作がいずれも客観的記述を用いているのに、『Z』だけは、ペイシェンス・サムの手記という一人称形式をとっていることも、本篇の特徴である。若い近代的な女性の眼をとおして、『Zの悲劇』を描くことによって、アメリカの地方小都市の政治的な暗黒面と、刑務所、死刑囚、死刑執行という劇的な道具立てが、なまなましい迫真力を生むにいたる。

また、きわめて重要な工夫の一つに、本筋とは無関係に、あるエピソードが、本篇に挿入されていることである。13章「ある男の死」。これは、スカルチというギャングが、電気椅子による死刑を執行されるエピソードである。たまたま、ドルリー・レーンが、立会人を志願して、その死刑執行のはじめからおわりまで、細部にわたって観察してくる話だが、吐き気をもよおすようなリアリスティックな描写は、これを訳している私にとっても、身の毛のよだつ「おそろしい経験」であった。いま、このエピソードについて、「本筋とは無関係に」と私は書いたが、じつは一見そう見えるだけのことであって、この孤立しているエピソードが、事件解決の重大な鍵になっているところに、作者エラリイ・クイーンの卓絶した構想があるのだ。

本格探偵小説の醍醐味に加えて、社会派的な視点から、三十年代のアメリカのリアリティをいきいきと描いたところに、本篇『Zの悲劇』に賭けたクイーンの新しい野心がうかがわれる。ますます円熟を加えてきた名探偵ドルリー・レーンとともに、本篇から初登場する、きわめてチャーミングな近代女性、ペイシェンス・サムにも、どうか読者のご声援をいただきたい。彼女は、四部作の最終篇『最後の悲劇』にもひきつづき登場し、その若々しい知性と行動力とで、老優ドルリー・レーンにとって最大の難事件に肉迫します。なにとぞ、ご贔屓のほどを。

『最後の悲劇』解説

　レーンは、彼の至芸である『老水夫』ばりの、きびしい底光りのするまなこで、医師を喰入るように見つめた、

「博士、耳のきこえないものにとっては、壁にも耳があるのですよ……じつは、いまだかって人間が経験したこともないような、とんでもない事件に、私はまきこまれてしまったのです……」（本書『最後の悲劇』より）

　さて諸君、探偵小説を愛し、なかんずくエラリイ・クイーンの創造した名探偵ドルリー・レーンを愛してきたあなたがたも、いよいよ、本書『最後の悲劇』で、不朽のシェイクスピア役者、『X』『Y』『Z』の三大事件を見事に解決した白髪の名探偵ドルリー・レーンと、永遠に別れなければならない。まさに『最後の悲劇』である。

　いやしくも諸君が探偵小説の愛好家ならば、『Xの悲劇』『Yの悲劇』そして『Zの悲劇』を読んでいるはずである。エドガー・アラン・ポオの『モルグ街の殺人』から始まっ

た近代探偵小説の傑作は、百を数えてなおあまりあるであろう。だが、その中でも、真の意味で現代探偵小説の金字塔を樹立し、コナン・ドイルの創造した『シャーロック・ホームズ』に、あらゆる意味で対抗できるものは、『X』『Y』『Z』そして本書『最後の悲劇』の立役者ドルリー・レーンをおいて、私には考えられないのである。世界の探偵小説史家や研究家が、名作中の名作として、『Xの悲劇』と『Yの悲劇』をかならずあげることを、私はいささかもあやしまないものである。そのトリックの独創性において、その完璧な論理と謎ときにおけるフェア・プレイの原則を確立したことにおいて。だが、探偵小説の傑作をはかる目盛りに、もうすこし工夫がないものであろうか。トリックの独創性や近代探偵小説の論理的構造という視点から、もっとはみだしたところに、真の傑作が存在するのではなかろうか。そういう意味で、本書『最後の悲劇』は、非凡なトリックや論理的構造を内包しながら、それを超えたところに、その真骨頂がある。いわば、作品の存在自体がきわめて独創的なのである。読者よ、まず一読されんことを。では、作品の存在自体が独創的であるということは、どういうことか？　その具体的解答は、本書のなかにしかない。そして、エラリイ・クイーンがいだいた、『X』『Y』『Z』『最後』の四部作の大構想のなかにしか得られない性質のものである。

　むろん、『X』『Y』『Z』『最後』の四大悲劇は、いずれも独立した事件をあつかい、老優レーンに独自の解決をあたえさせている。読者が、『Z』から読もうが、『Y』から読もうが、それはあくまでもあなたがたの自由である。しかし、できうることなら、『X』『Y』『Z』そして本書『最後の悲劇』というように読んでいただければ、クイーンが、この四部作に賭けた偉大なる独創性を、より一層、味読できるのではないかと思う。私は探偵小説を愛好する一詩人にすぎないが、もし傑作探偵小説を人から問われたら、ちゅうちょなく答えるだろう——それは、『X』でもなければ『Y』でもない、クイーンの四大悲劇をあつかった四部作であると。そして、なかんずく『最後の悲劇』をあげるだろう。

本書のために、エラリイ・クイーン自身の書いた『作者のノート』がある。読者のために大いに参考になると思うので、つぎに全文引用しておく——

> ここに私が記録するのは——毎度のこと、ぞっとするような料理を、あきあきしながら少しずつ食べてきた美食家が、思いがけなく、めったにないすてきなごちそうにぶつかって、食欲を新たにしたというような——演劇界の大長老、ドルリー・レーン氏が特別の努力を傾注した最後の事件である。
>
> レーン氏がなしとげた数々の功績の隠れた記録係を勤めることは、私にとって一つの特権であった。そして、彼自身の人となりに変化があっても、私が「Xの悲劇」「Yの悲劇」「Zの悲劇」と題した事件の調査において、彼が示した思考のおどろくべ

き自在性には、たしかに、だれしも異議をさしはさまないであろう。しかし、その理由は読み進むうちに明らかになるだろうが、「一五九九年の悲劇」と副題した、このすぐれた人物の最後の調査を書きとめておくことは、特権というよりも「義務」と言ったほうがよい。なぜ「義務」と言ったかといえば、それはこうである。すでに記録した三つの犯罪解決において、レーン氏はその思考過程の崇高さで、同時代人と公衆を驚かしたとすれば、この事件の調査によって、彼は、積極的に彼らを動揺せしめ、法の守護者と自任したその経歴を閉じたのである。それで、ドルリー・レーンの運命のあとから、しんぼうづよく、はげましをもって、ときには熱狂的につきしたがってきた人たちに、この驚くべき冒険をいつまでも隠しておくことは、嘆かわしいほど残酷なこととなろう。

あえて私の偏見を申し述べれば、本書に収録された事件は、そのまったき不可思議さと珍奇さにおいて、犯罪学史上に前例のないものである。（鮎川信夫訳）

Ⅲ

金銭出納簿——江戸川乱歩

ぼくの手もとに、たった一冊、ハヤカワ・ポケット・ミステリがある。ボロボロの本で、裏にはペタッと貸本屋のスタンプが押してある。「あおぎり書房」。この貸本屋は、東長崎の銭湯のとなりにあって、色っぽい後家さんが経営していた。十年ばかりまえに、西落合の木《き》賃《ちん》アパートに住んでいたころ、ぼくは午後三時になると、万年床からモソモソとはい出して、タオルと石鹸、それにカミソリをビニールのふくろに入れて、ひろい改正道路を渡り、ゴミゴミした東長崎の町へ入っていったものだ。映画館とラーメン屋と焼鳥屋と銭湯がいやに多い町で、ぼくはその日の気分によって、いろいろな銭湯に行ったものである。戦前のスタイルを頑強に固持しているクラッシックな銭湯から、いやにモダーンな明るい銭湯にいたるまで、各種各様、それぞれに持ち味があって面白かった。東長崎から哲学堂にかけて、一キロ四方に十数軒銭湯があって、なかには千人風呂という馬鹿でかい風呂屋があったから、銭湯研究家には、ぜひ、この「地方」をおすすめしたい。昼間の銭湯の味を知ると、堅気の勤め人には、どうしてもなれない。たいてい男湯には、客は二、三人しかいなくて、昼のあかるい光りが、湯気のたちこめている大きな空間をやさしく満たしている。湯は清潔で、ふんだんにある。さしずめ西洋人なら、人影のない教会にいると、こんな気分になるのかもしれない。事実、ニューヨークの、ガラーンとしたウィーク・デイの大教会の中で、職のないアメリカ人が、銭湯の湯ぶねにつかってうっとりとしているときのような顔をして、ベンチに坐っているのを、ぼくは何回か目撃したことがある。だから銭湯は、ぼくにとっては〈教会〉なのである。「あおぎり書房」という貸本屋も、ぼくがいちばんよく行った銭湯のとなりにあって、ぼくは風呂から出ると、「あおぎり書房」に入り、ごていねいにもパラフィンでカバーがかけてある週刊誌を何冊か借りるのである。週刊誌まで貸本に出すのだから、東長崎はいい町である。三日借りて十円だった（いま住んでいる鎌倉には、こういう文化的な貸本屋がないのでつまらない）。北島三郎の「函館の女《ひと》」が全盛の時分で、銭湯の番台のラジオがその歌をいせいよく流していたかと思うと、「あおぎり書房」のラジオも、その歌をわめいている。だから、「函館の女」を聞くと、東長崎のゴミゴミした町が目にうかんでくるのだ。話が脱線してしまった。

　ぼくは一年その町に住んでから、神奈川県の大山《おおやま》のふもとに引越した。そのときの記念に、「あおぎり書房」の色っぽい後家さんから、ハヤカワ・ミステリを一冊頒けてもらったのである。貸本でさんざん稼いだらしく表紙をヒモでかがってある。それは、アガサ・クリスティの『三幕の殺人』で、ぼくが訳したもの。表紙のデザインは、焼酎の好きな浜田稔さんで、解説は江戸川乱歩。ブック・ナンバーは一五九。このシリーズはNo一〇一のミッキー・スピレインの『大いなる殺人』からはじまったもので、ぼくが企画し、江戸川乱歩先生と植草甚一氏の協力のもとに発足したポケット版「世界探偵小説全集」で、現在、千三百点を超えているのではないかと思う。色っぽい後家さんから頒けてもらった『三幕の殺人』の奥付を見ると、昭和二十九年十二月十五日になっている。すると、このシリーズの第一冊が出たのは昭和二十八年の九月あたり。もう二十年になるのである。

　そのころぼくは大塚に住んでいた。池袋の江戸川先生のお宅へ、週に一度くらいお邪魔しては、ハヤカワ・ミステリの企画について強力なご教示を仰いだ。古風なお屋敷で、立教大学の馬場と隣接していた。先生の書斎は、奥の方にあって、ぼくは棟方志功の版画がかかっている八畳間で、先生がお出ましになるまで、塀越しの馬場の方に目をやって、女子学生が馬を乗りまわしているところを空想したりしていた。やがて、奥の方で大きな咳ばらいがし、途中の廊下にある厠《かわや》に先生が入る音がきこえ、それからセカセカと海坊主のような先生が八畳間にご入来《じゅらい》になる。たいてい、手には分厚い金銭出納《すいとう》簿があって、この出納簿こそ、先生が戦後読まれた英米探偵小説の傑作の宝庫なのである。たとえば、この出納簿には、つぎのように記入されている――

「ウィリアム・アイリッシュ『幻の女』――昭和二十一年二月二十日読了、新らしき探偵小説現われたり。世界十傑に値す。直ちに訳すべし。不可解性、サスペンス、スリル、意外性、申分なし。」

そして、先生の金銭出納簿から、ジョセフィン・テイ『時の娘』、ニコラス・ブレイク『野獣死すべし』、カーター・ディクスン『ユダの窓』、ジュリアン・シモンズ『二月三十一日』、レイモンド・チャンドラー『長いお別れ』、エドワード・アタイヤ『細い線』、アガサ・クリスティ『予告殺人』などの第二次世界大戦後の傑作がとびだして、ハヤカワ・ポケット・ミステリの輝かしき支柱となったのである。

昼間の乱歩先生は、探偵小説へのあくことのない情熱の権化《ごんげ》、精力的な学究（その強靱な知力と鋭利な分析力）、そして先生の行動力は、戦後の本格的なミステリ・ブームの展開と持続、新しい時代の才能を鞭撻《べんたつ》し、その開花を促進するのである。

夜は、銀座と下谷で、先生はよくお遊びになった。じつにおおらかで、愉しかった。まさに文明人の「時間」だった。「夜の蝶」という言葉が流行しだした時代で、銀座はまだ大企業の社用族に独占されていなかった。下谷の料亭から大塚の安待合まで、ぼくは先生のお供をしてあるいた。深夜になるにつれて、若造の「お供」は調子に乗り出し、「殿様」は悲鳴をあげてタクシーで遁走する。そして、朝、先生は、分厚い金銭出納簿を持って、大きな咳払いをしながら、ぼくが待っている八畳間に、ご入来となる。

風呂の中のミツマメ——植草甚一

1

「お生まれはどこなんです？」

甚一先生におたずねしたら、

「コアミチョウです。」

そのときの、歌うような、リズミックな口調を、ぼくは思い出す。

『江戸文学地名辞典』（浜田義一郎監修）によると——

「小網町　こあみちょう　思案橋を中にして西北に小網町一丁目、南に二丁目、三丁目とつづく。何れも西側は河岸《かし》であって、二丁目の南はずれに鎧《よろい》の渡しがあり、北河岸が俚俗《りぞく》貝杓子《かいしゃくし》店《だな》である。三丁目の南側は箱崎川に面し、下総《しもうさ》の行徳行の舟が出るため、行徳河岸の称がある。舟行の便ある土地であるため、回船問屋が多く、その他、〆粕《しめかす》・魚油・鰹節・貝杓子・醤油酢・塩・鍋釜・足袋股引・水油など諸国から入る種々雑多な問屋が軒を並べていた「中央区日本橋小網町一・二・三丁目」」

甚一先生のイメージというと、「諸国から入る種々雑多な問屋が軒を並べて」いる都市の陰影に富む商家の共和国である。この共和国から一歩出れば、江戸のダウン・タウンや遊び場がひろがっていて、水天宮のある人形町、両国、池の端、浅草ということになって、先生は、「最初は商人の息子という題にしよう」という自伝的エッセイのなかで、人形町をブラブラ歩きながら、子供のときからの思い出につながる「わかふじ」というオセンベイ屋や「ことぶき堂」という和菓子屋の店のまえに出る。たちまち五十年の歳月は消滅して、菓子のディテールが、味覚と視覚と嗅覚とが不思議なコラージュをつくって、ぼくらを町の音のなかに誘いこむのだ――

たとえば、「わかふじ」のアラレ。

「そのアラレは親指ぐらいの長さでやや細めの格好をしていて、すこしベトベトする甘辛のオシタジが塗ってあって、グラニュー糖を大粒にしたように光る白砂糖がバラバラにまぶしてあった。こう書くと当りまえのオセンベイのようだが、嚙むとカルメ焼きのようにやわらかい。そうしてその焼きぐあいは、どんなオセンベイ屋でもマネができなかった。」

先生の大正時代的散歩は、なにも人形町という空間だけではない。先生が渋谷の府立一商時代に、大正十二年の関東大震災があって（その年の三月にぼくは生まれた）、東京の下町は壊滅し、江戸文化は消滅する。そして第一次世界大戦後の不況をもろにかぶって、小網町の商家群は没落し、昭和初頭の経済的パニックが、その行手にまちかまえていたのである。

先生の一商時代の英語の教師吉沢徹先生は、ぼくが卒業した深川の三商の校長であり、担任の村上貢先生は、ドンちゃんというニックネームで、ぼくらに英語を教えている。一商時代の先生は英語で一等賞にあたり、早大の建築科にすすむ（都会がつくり出した子供には、頭さえよければ最適な勉強かもしれない。それにしても商業学校から建築科へ進むというのは異例といっていい。先生の退学理由は、月謝未納ということになっているが、ぼくが耳にした噂によると、卒業制作に、みごとな建築の設計をしたというのに、トイレットを入れるのを忘れてしまった、というのである）。

先生は道草をくいながら、昭和初期のモダニズムの洗礼を受ける。映画、音楽、エルンスト風のコラージュ、新劇、マルクス主義、シュルレアリスム、そして文学の世界——昭和十年には、イーヴリン・ウォー、グレアム・グリーンの本を、銀座の洋書専門の古本屋で見つける。先生の「足」が見つけたといっていい。その足は、江戸文化によって養われてきた明治のモダニズム、そして大正デモクラシイ、昭和のモガ・モボ的モダニズムの赤煉瓦のペーブメントを歩いてきた足だ。

その足は、焼栗の匂いがただよっているマンハッタン島の敷石の上にも、よく似合う。二十五年まえ、ロアルド・ダールという大男の飛行機乗りが書いた、『あなたに似た人』

という異色の短篇集の翻訳を、ぼくにすすめたのも、小網町の大旦那だった。そのとき、ぼくはハヤカワ・ポケット・ミステリの編集をしていて、大旦那はペイパーバックの山の中に埋もれたまんま、色鉛筆を何本もつかいながら、ミステリの優劣のマークをつけ、前夜の残飯でチャーハンをつくり、アドルフ・マンジュー的目もととコールマン的ヒゲを生かすためにヒゲを剃って、きちんと正座して西脇順三郎が大正時代にロンドンで出版した英語の詩集やディラン・トマスの詩について語り、西陽がカンカン照りつける小さな部屋には、どこかで仕入れた自動車のナンバー・プレートや大小さまざまなハサミなどが、雑然と（よくよく検分すると、甚一的秩序を構成しているのだ）ころがっていて、シェイクスピア流にいえばこの世は「世界劇場」なのだが、先生のワークショップは、まさに「世界劇場」の楽屋であって、楽屋には風呂がつきものだから、「きのうは暑さがブリ返したので、帰るとお風呂にはいり、つかったまんまでミツマメをたべた」という大旦那の文章を、いま、突然、ぼくは思い出したので、ぼくも、お風呂に入りながら、湯舟でミツマメが喰べたくなった。

2

植草甚一さんにもハヤカワ・ポケット・ミステリの編集にあたって、ぼくは大きな恩恵にあずかっている。ほぼ十五年まえに刊行された氏の『ぼくは散歩と雑学が好き』（一九七〇）という本の感想文をつぎのように書いている——

〈この本は35章から成っていて、それぞれ魅惑的な長いタイトルがついている。たとえば、11　ワイセツ語だらけのノーマン・メイラーの新作『なぜぼくらはベトナムへ行くのか』の話といっしょにアメリカの青年と先輩とがやった『対話』をサカナにして。18　ジェイムズ・ボールドウィン君この夏の黒人暴動が心配なんですがなにか打つ手はありませんか。25　クーデターがやりたければ誰にだってできるというので読んでみた。ま、こういった調子で、一九六〇年代後半のアメリカ——それも主としてニューヨークを舞台にして起こるもっとも現代的な諸現象に、読者は著者の個性的な声にみちびかれて、思わず道草をくうことになる。

『2　調髪師のチャーリーとハリーとTVでホサれたシスター・ジョージ』という一章の書き出しはこんなぐあいだ——

『なにか面白くて刺激になるものはないかしらん。そう思ってニューヨーカーとサンデー・タイムズの記事をさがしていたところ、芝居の批評が目についた』。そこで読者は、ブロードウェイで上演中のブラック・コメディ『シスター・ジョージ殺し』と、ロンドンで初演されたホモセクシュアルの喜劇『階段』に立ち合う羽目になる。そして芝居から出てくると、『3』はニューヨーク・パリ・ロンドンの公衆便所の話で、著者にとって『面白くて刺激になるもの』のあとについて行くと、ポーノグラフィー—LSD—ピル・パーティー―黒人暴動―アングラ芝居―ヒッピー―ハプニング―大学スト―前衛映画―性的アイデンティティを失った『ニュー・ピープル』と呼ばれるアメリカの若い男女の一群、といったものに、読者はまきこまれて行くのである。

だが、読了してなによりも驚嘆することは、いかにも気まま、気まぐれな、この「地獄巡り」が、流行や風俗のスマートなボートにとどまるどころか、アカデミックな分析や測定によっては到底捕捉できぬ巨大で危険にみちた文明のなまなましい流動と呼吸音とを、ぼくらに開示してくれる点である。じつにスリリングな散歩である。

ニューヨークで起こったことは、東京でも同時に起こる。東京日本橋生まれの著者は、ニューヨークの地獄巡りを愉しみながら、東京をブラブラ歩いていたのかもしれない。そういえば、ニューヨークと江戸のおいたちは、どこか似ている〉（一九七〇年十二月）

一九七〇年といえば、ヴェトナム戦争の末期で、七五年にはサイゴン政府が無条件降伏している。ぼくも七一年の三月、ちょうど一ヵ月ニューヨークをブラブラしていたから、植草さん独特の文体が肉感的に迫ってくるのだ。

一読すれば、氏の自由な視点が、だれにだって感得できるはずである。この「自由な視点」を獲得するためには、その背景に「都市」がなければならない。

はじめて氏にお目にかかったのは、ぼくが二十七、八歳のころだったと思う。これも週に一度、氏のお宅に参上することになる。

渋谷から井の頭線に乗って、「池ノ上」で下車。そこからダラダラッと下北沢の方向に歩いて行くと、右側に学生下宿の二階屋があって、その一角に「わが植草甚一」は奥さんと二人で陣取っているのだ。

四畳半二間つづきで、西側にあった。さぞかし夏は西陽の洗礼をお受けになったことだろう。玄関に入ると、学生たちのズック靴や下駄が散乱している。

氏の部屋は二階にあって、狭い階段の下から、「タムラですが、あがってよろしいでしょうか」「どうぞ」という奥さんの声で、ミシミシ鳴る階段をのぼり、手前の四畳半に入る。その部屋は、氏の書斎兼仕事場で、奥の四畳半は寝室兼炊事場になっている。ぼくは覗いたことがないから、これはあくまでぼくの想像。

ぼくが参上するのは午前十時半ごろで、氏がお出ましになるまで、氏の書斎を観察することになる。氏は稀代の雑本の蒐集家で、英米仏のポケットブックが数百冊、ミカン箱やリンゴ箱にきちんと並べられている。むろん、ハードカバーの本もあるが、グレアム・グリーン、フィリップ・トインビー（アーノルドの息子で小説家）、ディラン・トマスの詩集、おどろいたことに、大正時代、ロンドンで刊行された西脇順三郎の英文詩集まである。

氏の生活の糧は、主として映画評論や紹介で、週に一度か二度、洋画の試写会にお出ましになる。

やがて奥の四畳半から奥さん手製のチャーハンの匂いが流れてくる。しばらくして髭を剃る音。当時四十歳前後ではなかったか。

昔のハリウッドの名優アドルフ・マンジューに眉と目もとがよく似ていて、鼻下に美髯《びぜん》をたくわえている。さすがは日本橋小網町生れの商家の旦那といった感じ。残念なことに小柄だが、いたって礼儀正しい。きちんと正座すると、英米の新しいミステリをご教示してくださるのだ。乱歩先生が本格探偵小説派だとすると、植草さんは変格派がお好きだった。

ロアルド・ダールの『あなたに似た人』の翻訳をぼくにすすめてくださったのも氏である。エドマンド・クリスピンの『消えた玩具屋』（大久保康雄訳）も氏のおすすめ品で、ぼくは一読し驚喜したものだ。

それから数年して、氏は学生下宿屋から脱出、世田谷の赤堤の新築の借家に移った。

そのときは、モダンジャズに熱中していて、レコードのコレクションが壁面をかざっていた。あれからハヤカワ・ポケット・ミステリは千三百点を超えた。お風呂の中で、冷い白蜜の蜜豆をたべることを教えてくださったのも植草さんである。

諸君、ユーモア精神に心せよ——対談・生島治郎

探偵小説が生まれる状況

生島　早川書房に入ったのは、いつごろになるわけですか。

田村　そうね、あれは確か昭和二十七、八年ごろじゃないかな。そのころちょうどうちでぶらぶらしてたらね、旧早川書房がね、戦後二十四、五年ごろ、世界傑作探偵小説シリーズというのを出したわけ。それがわりあい、いまみたいにブームにはならないけれども、結局十冊ぐらいいったのかな。ほかの出版物は売れなくて、探偵小説だけはいつの間にか在庫がなくなっているんだね。それでぼくはうちでぶらぶらしてたから、アルバイトにアガサ・クリスティを訳したんです。三冊ぐらいやったかな。それで、やってるうちに、早川書房というのは、元来そこのご主人が新劇きちがいなんですよ。それであとで聞いたけど、『悲劇喜劇』だって、ほとんど岸田（國士《くにお》）さんに無断でやったらしいね。『悲劇喜劇』というのは、戦前岸田さんたちが始めた雑誌（一九二八）で、戦後遠藤慎吾と早川さ

んが岸田さんのところに行ったらしいんだ。そしたら岸田さんが横向いて、何も返事しないうちにやっちゃったらしいんだな（四七年―）。だけど、そのころは、わりあい小ぎれいな本出していたんだ。『悲劇喜劇』だとか、堀辰雄だとかね、とにかくそういう一派だよ。あと演劇の入門書出したりしていたんだけれども、仕事がじみだし、個人会社ですからね、戦後の第一回の大不況のあおりを食って、早川書房は経営が苦しくなったわけです。傑作探偵シリーズは調子がいいから、第二期もやろうなんていってたんですが、資金ぐりが苦しくなっちゃっておしまいになっちゃったんです。そしたらぼくのともだちでアメリカ文学者の加島祥造という人が、その兄さんが早川さんのおともだちなんで、兄さんの友だちが出版社やっているっていうんで、早川でフォークナーの翻訳なんか初めて出版してもらったりしていたんですよ。そのうちに何だか知らないけれども、今度は株式会社にするっていうんだよ。

生島　それまでは個人会社だったの？

田村　個人会社。早川清さんのね。それで加島がオレのところにやってきてね、実は早川さんがまた株式会社にしてやりたいという。そして、きみはうちでぶらぶらしているんだろうというんだ。ああぶらぶらしているといったらね……。

生島　田村さんは、どこでだってぶらぶらしているからね。

田村　それで金はあるのかってぼくが聞いたら、全然ないっていうんだよ。全然ないったって、なきゃできないだろうっていうと、いや早川さんは銀行筋に顔が強いし、問屋仲間がいるし、何とかなるんじゃないかというわけだよ。やはり男の子というのはうちでぶらぶらしてたらろくなことないんだよね。

生島　大森にいたころでしょう。

田村　いや大塚。かみさんが料理屋やっていたんだよ。うちにいてもただ坐ってるわけにはいかないからね、それじゃ午後から六時間ぐらいでいいかって聞いたら、いいっていうんだ。午前中は寝てるからね。確か月給一万円だったな。午前中から来れば、一万四、五千円だけれども午後からだから一万円。あんまりもらってもさ、責任感じるだろう。だから一万円がいい線なんだな。昭和二十五、六年ですね。

生島　いや一万円ぐらいだったらいいですよ。

田村　そうかな。だってぼくは編集長だもの。とにかく編集長だから、一万円で行ったんだよ。しかし行ってみたらだれもいねえんだよ。

生島　幾つぐらいのときですか。

田村　三十二ぐらいじゃないか、いや二十八、九かな、忘れちゃった。それで行ってみたら、だれもいないんだよ。出版のメドがついてないから。でもその身内だけは残っていてね、やってるわけよ。早川さんも、実は全然金はない、だけど何かやらなきゃならないから、田村君何か考えてくれというわけだよ。金がなくてできるものといったら、ミステリしかないんだな。ミステリはね、返本になってきても倉庫に置いときゃいつの間にか出ちゃうわけだよ、当時はね。ほかの良心的な本は、一回返本してきたらもうそれきりなんだよ。当時、早川さんはある意味では商売のうまい人だからね。東販と仲がよかったんだよ。だけど東販でも早川書房の良心的な出版物にはまいっちゃったらしいんだな。結局金がなくてできるのはミステリだ。しかも書きおろしとか日本のものじゃとれないんだな。金がなくてできるものは、まず五流か六流の翻訳者をだましてつれてきて、版権のないものをやる。それから世界傑作探偵小説の十冊を、その中に入れちゃえばいいんじゃないかと、そのうちに何か目ぼしいものの版権をとって、目玉にする、そうするしかないんだな。しかも判型も、ぼくは新書判でいこうといったんですよ。新書判というのはね、当時、そのちょっと前に新書ブームがあったわけですよ。それが全部失敗したの。当時ぼくは、ときどき洋書屋なんかのぞくからね、アメリカのシグネットブックスとか見てるわけよ。あのシグネットブックスとかペンギンブックスね、あれがちょうど日本の新書判に当たるわけ。だからね、これは、全然デザインを変えて、アメリカのシグネット判みたいな形式でやれば、何とかいくんじゃないかっていったわけだよ。最初に試作品つくって、わざとまわりを黄色く塗ってさ、できるだけ安っぽい黄色を出せというわけだよ（笑）。むずかしいんだから。

生島　ペーパーバックのスタイルですね。

田村　そうそう。そっくりまねしたやつだよ。デザイナーも何もいやしないんだから、独創的にするより、まねしたほうが無難だというわけでね。シグネットのマークまで、早川のマークは同じだよ。それで、初めの二、三冊できたんで東販に持っていったわけだよ。そしたら、東販では、もう新書判ではさんざん手こずってるから、渋い顔した。だけど、まあ時代そのものがうまくかみ合ってくるときがあるんですね。アイデアだけじゃだめで、それと社会の動きとタイミングがうまくいくと、思いのほかいくんだな。まあ案外うまくいった。あなた方がつくるベストセラーとは規模は違うけどね。だけどいままで出した、良心的な書物よりは、返本も少ないし、返ってきてもすぐなくなるんだ。で、その当時のミステリファンというのは、やはり病的なのが多いのよ。今と違ってね。ある意味じゃ、ちょっと隠微なの。戦後ずいぶん変わってきたけどね。だけどそれまでは隠微なんですよ。それはなぜかというと、戦前の社会と、江戸川先生なんかがやっていた、探偵小説というのは、文化的にいうと、やはり隠微な社会の隠微な部分で売っていたわけ。要するに半分エログロですよね。エログロと、普通の社会から疎外された連中がひそかに妄想をたくらむのが、探偵小説であり、探偵小説の場であったわけです。戦前の社会じゃ、いわゆる探偵小説が生まれる余地はないわけです。だって明治憲法の下でがっちりいってた社会でしょう。しかも軍という強固なものがあってね、いわゆるアメリカ、イギリス式のああいう探偵が活躍する余地がないわけですよ。それから家の構造だって、いまの若い人は、それぞれキーなんか持っているけれども、当時はキーなんてあるのは帝国ホテルぐらいしかないんだから。そうだろう。だから密室殺人だっていったって、襖か障子で全部聞こえるんだから、密室の使いようがねえんだよ。全部オープンなんだから。そういうことで、朝鮮戦争を契機として、日本は高度成長に入ってくるんだけど、まあ、そういう状況だったんだな。それで日本の体質がちょっと変わってきたところへ、早川ミステリというちょっとアメリカナイズされたポケットブックが出てきたわけだよ。

言葉と実態の結合

生島　植草甚一さんはいつごろから。

田村　そのときね、早川さんは東和映画かなんかの連中と友だちだったんですよ。中に一人映画評論やってる人で、アメリカやイギリスの探偵小説きちがいがいるというわけさ。それで早川さんが引っ張ってきたわけだよ。ぼくだって、そんなに詳しいこと知らないから、江戸川先生をとにかく連れてきて、あと新しいものは、植草さんと、それでまあつくったわけ。

生島　だから最初は江戸川乱歩監修になっていましたよね。

田村　そうそう。それで初めは江戸川さんの名前で売ったわけだよ。そのうちに社会が新しくなるにつれて、新しい読者層というのは、当然出てきますからね。結局出版というのは、まあ芝居でもそうだけれども、いいお客さんというか、いいお客さんをつくらなかったら本なんか売れっこないんだからね。だから本と読者との関係というのは、非常にうまくできているんですね。いくらいい本つくったって客がいなかったら、それこそ文学の同人雑誌みたいになっちゃいますからね。だから読者に読ませると同時に、むしろ読者を積極的につくっていく、単なる購買力としての読者をつくるということでなしに、新しい趣味を浸透させていく力が要るんでしょうね。

生島　それとタイミングがよかったんでしょうね。

田村　そうそう。それから日本の高度成長に乗ったっていうことね。その前の早川書房の傑作シリーズは、まだ戦争直後ですから、読者自身が、米や何かに追われているときだよ。米に追われているときに、探偵小説は人殺しを素材にしたエンターテインメントですから無理ですね。余裕があって、退屈だから読もうかという、そういう連中相手にしなかったら、探偵小説は発達しないですよ。

生島　だいたい一応普通の小説を通過してから読むものだからね。

田村　そうそう、だから一種のぜいたくなものなんだよ。ある程度自分の生活が安定してなきゃね。あしたどうやって食おうかってやつに、探偵小説売ろうと思ったってだめだよ。そういうときは、早稲田流の昔の私小説でも与えなかったらだめなんだよ。戦前早稲田派の私小説がはやったっていうのは、あしたどうやって食おうかというときだからね。だから、文学と社会の構造というのは、そういう関係になっているんだよ。

生島　ところがね、ぼくが入ったときは、昭和三十一年ですから、二十七年にお入りになったとすると、もうずいぶんたっていますよね。

田村　君が入る前に二、三年いたのかな。

生島　もっといましたよ。四年ぐらいいたことになりますよ。

田村　四年もいたのかね。たいへんだな、これは。

生島　しかも妙なことに、大体さっきの午後から出てくればいいという約束はどうなっていたんですか。ぼくが入ったときには、えらく厳しくてさ、たしか九時半出社でね。とにかく遅刻しないのは、あなたと社長だけなんだ。

田村　じゃ、そのときは、何かうちにいられない事情があったんだよ。

生島　しかも、その前の晩には、ひどい飲み方するわけですよ、田村さんは。とにかく午前三時四時まで飲んでいるんだから。それで翌朝行ってみると、ちゃんと出てきているんだな。ありゃ一般社員にとってよくないね、ほんとに。それでいかにも働き者みたいな顔しているんだもの。

田村　そんな顔はしていないよ。それからちょうど米軍が日本を占領したときの、後遺症が残っていましてね。版権やなんか、フォルスターってのが一手に持っていたわけですよ。それから翻訳やなんかの自由化が行なわれて、そこで伸びたわけだよ。ちょうどそのころぼくはやめたわけだからね。だから実際に早川書房が、ミステリ専門店となって、大きく伸びるのは、ぼくがやめたあとですから、やはり生島君らがやってからですよ。それまでは実績はあったけどね。まあ伸びたのは翻訳やなんかが自由化になったこと、それからいいライターが出てきたこと、そして新しい読者が出てきたからですね。

生島　翻訳もある程度正確になってきたしね。

田村　そうそう。だってそれまでは印税が払えないんだからね。何だか、わけのわからないやつ引っ張ってくるしかないんだよ。だからおもしろいのがあったね、ぼくも勉強になったよ。あそこでずいぶん、ぼくも翻訳の勉強したからね。たとえば、すごいんだから。いまの若い人は、スコットランド・ヤードなんていえば、すぐわかるでしょう。あのころはテレビのない時代ですよ。スコットランド・ヤードというのは、スコットランドの庭に、おまわりの乗ってる車が静かに入ってきたと訳したんだよ。原稿を見てるとさ、これは、おかしいよ。どうしてロンドンの殺人事件なのに、スコットランドの庭に自動車が入ってくるんだということになっちゃうんだよ。それで原文見りゃ、スコットランド・ヤードって、ちゃんと書いてあるんだよね。いまの若い人だったら、テレビなんかで知っているから、それがロンドン警視庁だってわかるけど、当時としちゃ、テレビがないんだから。それからね、マーダーケースというのを、殺人箱と訳したやつがいるんだから。ほんとなんだから、あれはびっくりしたな。そういう意味じゃ、たいへん勉強になりましたよ。それから、幾らアメリカの原書やってたってね、日本の社会に、たとえばホテルなんてものがなかったら、読者も翻訳家も、想像するよりしかたがないんだな。だから日本の社会が欧米化してきて、若い人たちの感覚もそういうふうになって、一発でわかるようになってきましたね。ハイウェイたって、あのころハイウェイなんかないんだから。ハイウェイたって、せいぜい県道か国道ぐらいだろうって思うわけだよ。オレたちの国道っていったって、まだ荷馬車が走っているんだからね。

生島　砂利道でね。

田村　だから、ことばと実態が結びついてきたんで、しだいに本格的なライターも出てきたんでしょうね。

新入社員の名刺の出し方

生島　ぼくが入ったころには、大体そういう方向は定まっていましたね。

田村　まだ給料は安かったけど、一応日本の資本主義が、どうにか軌道に乗ってきたころよ。

生島　もう固まったところですよ。

田村　それで昭和三十五年から、ガーッといくんだ。

生島　だけど、ぼくが入社したころは、ひどい年だったんだ。

田村　だから、君は両方の時代を知っていることになる。非常にラッキーなんだよ。

生島　ラッキーかな。ぼくはアンラッキーだと思うな。

田村　君たちが大学を卒業したころは、〝大学は出たけれど〟の時代だろう。君は、大学は卒業しているんだろう。

生島　ええ、どうにかね。

田村　卒業して、まだうろうろしているんだものなあ。

生島　三十一年なんですよ。あのとき早川書房に三十何人だか、四十何人だか応募に来たんですよ。それで二名採ったんですね。あのころ早川は、本自体はポケット・ミステリなんかで、非常にシャレた印象があったんで、それから想像していって、社屋を見たら、これがイメージと全然違うんだよ。なんかしもた屋の二階みたいなところでね。

田村　そんなことといってたら、戦前の岩波書店だって、あんなものだよ。

生島　だけど、そうはいうけどね。もっと違うものだと思っていたからね。

田村　それは、やはり君はしろうとだったからね。大体出版屋なんてのは、机と電話がありゃいいんだから。出版屋でできるものなんて何にもないんだよ。出版屋っていうと、しろうとは、何かそこでものを製造して、本が出てくるんだろうと思っちゃうけどさ。出版屋の原型というのは、机と電話ですよ。それから強いていえば、倉庫ね。あとは全部人ですよ。原稿から印刷から、紙から製本から、宣伝から、あんな、とにかく人のふんどしで商売するものはないね。

生島　だから要するに、資本投資というのは人材しかないわけですよ。

田村　人材です。あとは組織ですから、チームワークですね。

生島　ぼくが入ったときは、大会社じゃないから、上の圧力がないわけね。

田村　ヒエラルキーなんかないよ。

生島　要するに、直接話ができて、企画が通りやすかったっていう美点はありましたよね。

田村　とにかく全部一人で何でもやらなきゃならないんだから。

生島　だから、何でもやらされたな、ぼくは。

田村　いまみたいに、双葉社みたいな、大どころになっちゃうと、全部パートになっちゃうからね。

生島　ぼくの場合、入社して、最初から印刷所に行けっていうんだから。

田村　もう、すぐ校正やらせる。それに定価つけて売るんだから。でもよくやったよな。生島君というのは、すごくまじめなの。ちゃんと印刷所まで行った。印刷所っていったって、一流出版社が使っているような印刷所じゃない。要するに町工場だからね。そこの職長やなんかと会って、実際にやるわけだよ。

生島　だからわかんないわけだな。印刷技術そのものもわからないし、機械も知らないんだから。

田村　凸版の何たるかもわからないんだからね。

生島　だから印刷所に行って、職長と仲よくなって、教えてもらうわけね。オフセット、凸版、それから写真製版だな。何にも知らないのにね。

田村　よくやったよな。

生島　よくやったって、それで創刊号出せっていうんだから、むちゃな話だよね。ところが普通なら、会社としては六ヵ月なら六ヵ月の訓練期間みたいなものがあるんですよ。

田村　それは、君、双葉社なんかだったら、おそらく新人が入ってくると、まず名刺の出し方とか電話のかけ方を教えると思うんだよ。オレ某出版社のやつに聞いたらね、新人教育というのがあるんだってさ。何か早稲田出て、その会社に入ったら、一ヵ月名刺の出し方を教えるんだって。名刺ってのは、まっすぐ出すんじゃないんだってさ。出しながら、かすかにゆするっていうんだな。むこうが名刺をはっきり見るようにね。そういうのを講師が来て、ちゃんと教えるっていうんだからな。

生島　名刺ができてくるかこない前に、こっちはもう仕事にかかっているんだから。

田村　名刺なんてあったかな。そういう意味じゃ、のんきな時代だよ。

生島　のんきだっていうのは、田村さんだけであってさ、こっちはちっとものんきじゃありゃしないんだから（笑）。

田村　いや、それでも、ぼくは上と下の板ばさみで、たいへんだったよ。君は確かその前、あの、美術関係のところにいたんでしょう。

生島　近代造形〔デザイン事務所〕ね。

田村　君は、確かにそれが役に立っていたよ。

生島　だけど、何でぼくを採用したんでしょうね。ぼくは、あの社屋を見て、もうこれはどうでもいいやと思っていたんだけど、どうでもいいやって思っていたから入れたのかな。

田村　君のときは二人候補に上がったんだよ。だけど一人はちょっと線が細いんだな。早稲田の露文科出た人だね。その人きっと、大きな会社で偉くなっているんじゃない。早川落ちたおかげで。

生島　ぼくのときは、二人入って、一人校正にまわって、ぼくが編集に来たんですよ。

田村　二人入ったのかい。あとだれとったかな。

生島　倉橋君。

田村　ああ倉橋君ね。だから、編集のほうでね、君と、もう一人露文出た人がいたんだよ。その人は線が弱かったから、これはもたないなと思ったよ。

生島　こっちのほうがこき使えると思った、大体そんなところですか。

田村　しかも露文のほうは、下宿で自立しているのよ。とても頭のよさそうな、いい感じのやつだったけど、下宿にいるっていうからね。君は親のところにいるっていうしさ。

生島　大体お前さんは、月給もらわなくても食えるんだろうなって聞かれたものね。月給だけで食えないんじゃ、だめだっていうんだから。

田村　食えないのはだめ、名門なんだから。

生島　それで、もらった月給が八千円ですよ。

田村　オレがもらったのが一万円だから、二千円しか違わないわけだよ。

生島　あの当時、いいところで一万円から一万二千円でね。早川書房は八千円でね。しかも、交通費自弁なんだよ。

田村　そういうハンデがあるの。だからなかなかきついですよ。従って、人間ができてくる。

生島　それで、残業手当がないんですよ。

田村　それから社員のための施設というのは全然ないでしょう。だって零細企業だものしようがないよ。そんなことオレにいったってしようがないんだよ。双葉社かなんか受けて、入ればよかったんだ。

武器はユーモアのセンス

生島　金はなかったけど、ただよかったのは社長以外は、編集長もくそもないって感じだったことだね。

田村　社長だってないよ。あるはずないんだよ。もう前に会社つぶしているんだから。

生島　でも、あのころは、もうだいぶ楽になっていたでしょう。

田村　そう、それはぼくがやめるころね。ぼくがやめるころには、早川ミステリが二百五十冊そろったわけですよ。『エラリイ・クイーンズ・ミステリ・マガジン』が、ちょうど一年、ぼくもちゃんと計算してね、ちょうど上げ潮だし、上げ潮のとき逃げるのは、ぼくはうまいからね。ぼくも古いところがあって、もし少しでもがたがたしているときにやめるんだったら、逃げるみたいだからね。で、君だって、もうベテランになったし、もう安心して〝歓呼の声に送られて〟やめたわけですよ。

生島　でも、何だか急にやめるっていい出したね。

田村　疲れたんだね。あと、もうこれでいいくなと思ったからね。わりあいいいところがあるんだよ。オレは。

生島　しかしこっちはね、あのころ田村さんと話をしたりするのがおもしろくて、それでいたわけだよね。

田村　だけどね、職場がおもしろ過ぎるというのは不健康なんだよ。それはそうだよ。

生島　いやいや、おもしろくないところに、ただ一つおもしろいのがいたというだけの話でさ。

田村　ああいうのは少ないだろうね。おもしろかったよ。

生島　こっちは若いし、もうストレートに企画は通る。しかしおもしろいから企画出すと、全部てめえのしょいこみになっちゃうんだよな。

田村　でも、ぼくがやめてから、君らががんばったからね。それで、ほんとの意味でいまの早川つくったんだから。ライターも出てきたしね。ライターも、批評家も、読者も出てきたというのは、ぼくがやめてからだよ。小松左京とか、そういう力のあまっているのがでてきたんだから。そういうルートをつくった一つの突破口にはなったろうね。都筑道夫にしても、田中潤司にしても、まあ自分の仕事も、だんだんできるようになってきたから、その点ではいいんじゃないかな。

生島　あそこは要するに訓練所みたいなものだね。新兵訓練所だね。

田村　そうよ。だから、あそこで耐えりゃ、どこに行ったってだいじょうぶだよ。

生島　この間、吉行さんとの対談でね、ハードボイルドは、新兵訓練所から出てるという語源を説明したんだけど、じゃ私がハードボイルドを書くようになったのは、早川書房にいたからかね。

田村　そうそう。だってセンスを磨かざるを得ないしね、ああいうところでは、ユーモアのセンスだけが武器だからね。

生島　うん、ユーモアしかないね。

田村　だから、ユーモアしかないというところが、日本の、いわゆる生島君がいってるエンターテインメントの変わってきたところなんですよ。実際文学というのは、ユーモアのセンスなんですよ。文学というと、何か、しかめっ面しちゃってるけど、そんなものと文学は関係ないんだからね。どういうユーモアのセンスで言語表現していくかというのが、文学の鉄則ですからね。

生島　しかし田村さんは、その前から詩を書いたりしていたでしょう。

田村　だから、あれだって、ユーモアのセンスで書いてるわけですよ。

生島　それはいつごろですか。

田村　それは、十四、五だよ。

生島　十四、五歳から書いているわけですか。

田村　だから、ぼくの詩を読んだ学生さんなんかが、うちに来るだろう。そうするとぼくは詩のイメージと全然違うわけよ。ものすごくシリアスに詩を書いてると思っているんだよ。そういうことと言語表現とは関係ないんだから。

生島　だいたい風貌とも違うんですよね。風貌からいうと、この人はものすごい働きものだと思ったんだ。働きものでシャープでね。ものすごく編集能力があるなと思っていたら、全然働かないときているんだ。

田村　でも、君、ぼくは勘はいいよ。

生島　勘だけいいの、すごく。

田村　勘は、君、財産ですよ。だから、ぼくのいうとおりにやれば、もうかるんだよ。

生島　だけど、田村さんはもうけられないね。

田村　ぼくはだめだけどさ。ぼくのいうとおりにやれば、もうかるんだよ。

生島　勘は確かにいいね。しかしそのあとの基礎工事から、設計図から、全部やる人がいないと、全く仕事としては、完成しないね。

田村　だけど、文明というのはそういうものなんだよ。みんなのパートがうまく有機的にいけば、それは大きな力になるんだよ。みんなで働いていたらだめですよ。大きなデザインと、ディテールと、ベイシックなものとさ。

生島　劇画だね。

田村　連合艦隊だよ。

生島　連合艦隊司令長官か。しかもすごいなまけものの司令長官でね。しかし、あのころが一番飲んだんじゃないですかね。

田村　若かったせいもあるけどね。

生島　あのころは、江戸川乱歩さんがまだ生きてたね。江戸川さんも非常に遊び好きでね。それから世話好きで、要するに、みんな引き連れて、飲みにいくのが好きだったですよね。

田村　江戸川さん自身は、非常に文明人で、古風なんで、ぼくは大好きだけど、一種の侍気質が残っている人だったね。

生島　それと、自分は本格ものが好きでいながら、いろいろなジャンルのものを紹介したという意味で、功績は非常に大きいですね。

田村　あの人は、すごい勉強家だもの。

生島　田村さんと一緒に飲みに行くでしょう。すると、あの遊び好きの江戸川さんが悲鳴あげていたからね。

田村　ちょうど江戸川先生のお宅が池袋で、ぼくが大塚でしょう。どこかで飲むと帰りが一緒になっちゃうんだよ。すると江戸川先生がオレを送ってくるんだな。ぼくは大塚の花柳界の中に住んでいたでしょう。だから、きっと江戸川さんも、半分はそっちにひかれるんだな。で、結局銀座やなんかで飲んでくると、ぼくのところに来ちゃうんだな。で、二人で今度は安待合に行って、飲んだんだよ。

生島　いや、その安待合はいいけどね。ぼくはそれでひどい目にあったことがあるんですよ。これは小説にも書いたけどね、あの江戸川さんが〝タクシー、タクシー〟といって悲鳴をあげて、タクシーをとめて、飛び乗って田村さんから逃げていきましたからね。

田村　そんなことあったのかね。

生島　ありましたよ。ぼくは、もう終電がなくて、横浜に帰れないわけだ。だからもう田村さんのうちにとまるより、しかたがないわけでしょう。それなのに、まだどこかに飲みに行こうというんだから。

田村　あのころは強かったね。

生島　それで、ゼニはないわけでしょう。

田村　ないよ。だって月給が一万円だもの。

生島　だって、あのころ、田村さんがしみじみいっていたでしょう。五万円のゼニなんて全くほしくない。いま五百円ほしいっていってましたものね。

田村　あの当時は、五百円ありゃ飲めたんだもの。

生島　それで、もうほうぼうに借金だらけでさ。

田村　そうそう。どうしたんでしょうな。あれは。

生島　ひどかったね。どうしたんですか。まあ、太宰治とか坂口安吾とかが出た時代の名残りがまだありましたよね、あの当時の新宿あたりには。

田村　それは残っていたよ。だって大学出た連中がうろうろしているんだから。いまみたいにドロップアウトじゃないんだもの。体制側に入ろうと思ったって入れねえんだからさ。体制にあこがれたって、だめなんだから。

生島　そうそう。あのころ、女の子だったら給料が高いんですよ。

田村　それで女の子のほうが就職しやすかった。へたに大学出たらだめよ。

生島　スチュアーデスなんか、ものすごいあこがれの的だったね。

田村　あこがれるも何も、もう高貴の人だよ。

生島　あのころは、貴族でしたね。

私の八月十五日

田村　ちょうど生島君が大学を出たころが一番最低じゃないかね、日本は。だから、みんなが仕事をしたからいいんだろう。野坂（昭如）だってそうだろう。大学出てないけどもさ。

生島　野坂は出ないクセに何とかかんとか、変な商売して、変なもうけ方して……。あいつは実家がいいからね。新潟の名門だから、食えたんですよね。

田村　ほかの連中だってだめだろう、大学出たってさ。五木（寛之）だってあいつは出てないんだろう。

生島　あれも出られないんです。

田村　君は偉いねェ。あの仲間じゃ君だけだろう。

生島　だからいまでもね、五木、野坂に会うとね、卒業証書見たかったら見せてやるって。

田村　君はやはり律義なところがある。村会議員ぐらいになれるぞ。

生島　律義だって、この間も丸谷（才一）さんにいわれたんだけども、そうかなァ。

田村　ちょっと律義すぎるところがあるな、ぼくにいわせると。しかし、いままでそれでやってきたんだから、将来、死ぬまでやるしかないね。

生島　やるって、何をやるんですか。

田村　だから、律義にいくんだよ。ハラハラするぐらいに律儀なところがあるよ。おいコーヒー飲むか、ガブガブ飲むといってたから、律義に飲んでくれ。

生島　いただきましょう。とにかく一年ぐらいでしかなかったけども、ずいぶん長い間、田村さんとつき合ったような気がするねェ。

田村　君はよく笑わせてくれたからね。それにツーといえばカーという感じがあったな。

生島　一日じゅう一緒につき合っているような感じがあったな。帰りは田村さんのところに泊って……。酒も飲めないクセに。

田村　わりあいに気は合ったな。センスが合ったんだろうな。

生島　大体、初めびっくりしたのは、ロアルド・ダールというものすごくいい作家がいる、そうですかというわけだ。「南から来た男」ですよね、あれをぜひ読めと。読みますから、貸してくれるのかといったら、この場で声を出して読めという。オレはやんなっちゃったな。

田村　ああ、飲み屋でな。

生島　そう、飲み屋で声を出して読まされたことがあった。あの「南から来た男」をこの間、柴錬（柴田錬三郎）さんが読んで、小説書くのがやんなっちゃったといってましたけれども。

田村　そうか。あれ〔ダール『あなたに似た人』の翻訳〕、稿料一枚百円で二人でやったんだもんな。それで五十円ずつ分けたな。

生島　あれは買取りでしたよね。

田村　八百枚やって八万円か。

生島　だからぼくもずいぶん下訳をやりましたな。

田村　クリスティもやったな。とにかく君は英文科出ているんだから、こき使わなくちゃ。だけどそれで君も英語を覚えたじゃないか。

生島　まあ、そういうことはありますけども。

田村　すべて勉強よ。

生島　お師匠さんが、よかったのかねェ。ところで、大塚の実家〔割烹「鈴む良」〕というのは田村さんがつぶしたんでしょう。

田村　いや、そうじゃないよ。あれはガタガタだったんだよ。税金やなんかで。名門だから、税務署ににらまれた。そのときの課税というのはたいへんだったからね。税金ですよ、税金。

生島　それで働いちゃ損だと思うようになったんですか。

田村　そう、そう。

生島　それを早く教えてくれればいいんですよ。こっちはいまそれで……。

田村　君たちはそういう点はアプレゲールなんだよ。

生島　そのころ、すでにいまの終末を見通していたわけですかね。

田村　いや、すれていたんだな。戦争もあったしさ。

生島　とにかく八月十五日の終戦の日に海軍少尉か中尉だったでしょう。

田村　戦争に敗けたら中尉に昇進した。

生島　その日の京都の料亭に行った海軍士官というのは……。

田村　いや、京都じゃないよ。宮津〔京都府北部〕という若狭湾のあるところ。その山の上にぼくはいたわけだよ。予科練といったってね、そのときに入ってきた予科練だから、十四、五の紅顔の美少年と一緒にいたわけ。それで敗戦になったでしょう。ぼくたちだけでブドウ酒飲んでいい気持ちになっちゃった。そのときぼくは中隊長代理で自転車一台持っていたの。それで山を下って、宮津に行ったわけ。そのころそこは全部海軍さんで食ってる赤線なんですよ。で、行ったらね、女の子が蚊帳つってるわけ。ぼくは初めて行ったんだ。それまでぼくはそういうところは山に行ってから全然足も踏み込まない男だから、八月十五日の夜になるとむなしくなって、予科練は寝かしちゃって、子供だからね、行っちゃったわけよ。そうしたらそこの女郎がおこってね、戦争に敗けたというのに、何事ですかというんだよ。考えてみると十七、八の女の子だよ。海軍さんのいろんな連中が遊びにきていたんだろうね。

生島　古い遊廓ですよね、宮津は……。縞の財布をなんとかという唄〔宮津節〕があるくらいだから。

田村　ぼくは曲がりなりにもオフィサーでしょう。オフィサーはそういうところに入っちゃいけないんだ。きびしいんですよ。でも八月十五日の正午でそういう放送を聞いちゃったろう。とたんに宮津の女郎屋に行ってみようと思ってたんだよ。そうしたら女郎に説教されちゃって。その晩はもちろん海軍は外出どめなんだよ。ぼくは自転車持っていたからさ、山を下ってぱっと行ったわけ。そこの店のおやじやばばあなんかは無責任だからお客さん来たよ、なんていっているんだけども、その女の子は、こんな日に海軍さんが遊びに来て、といって、まじめにおこりやがった。あれは身にしみたねェ。とってもいい子でね、それでも、やらしてくれたよ。いまでも覚えているよ。それで、じゃあ、さいなら、といって、ショートタイムだからね、今度は自転車で山登っていくわけ。自分の隊に帰るまで一時間半か、二時間ぐらいあったな。自転車引きながら、ずっと上がっていって、それがぼくの敗戦のとき。でもその女の人、覚えているよ、感じがよかった。

生島　田中小実昌氏に聞いた話によると、陸軍の中で新兵が入隊してくると、中隊長が訓辞を与える、すべて上官には必ず敬礼しなければいけないと。そこへ田中小実昌氏が通ると、ただし、あの兵隊だけは敬礼しなくてもよろしいといったそうだけど、それに匹敵するなァ。

田村　ぼくは律義なんだよ。筋が通ってたんだよ。八月十五日まではそういうところに行かないんだもの。

生島　でも、もうすでに、海兵団で訓練受けたときに、北村さんと二人でどこかのドックでしみじみ、つらいところに入ったなあと嘆き合ったんでしょう。

田村　それはそうだけどもさ、鯨の肉というのがこんなにうまいとは思わなかったんだよ。鯨の肉ばっかり食べてた。

言語表現の基本条件

生島　それで十四、五のときに詩を書いて、そのときはまだ中学生でしょう。

田村　うちが三流花柳界にありまして、でもおもしろくないんだよ。わりあいぼくは純粋なところがありまして、花柳界に来る客というのも、そういう雰囲気も、ちょっとかなわないんだよ。そのうちにぼくは中学に行っていたら北村太郎さんなんかと友達になって神戸から詩の雑誌が出ているといって、それに入れてもらったんだよ。それが中桐雅夫さんがやっている雑誌だった。その人たちは大学生だから、こういう世界もあるのかといって、それから新宿がたまり場だから、大塚から新宿へ山手線に乗って、十五分ぐらいでいった。そのころの新宿というのは何もなくて、映画館が四、五軒ぐらいじゃないですか。歌舞伎町なんか野っぱらだから。あの一角だけですよ、伊勢丹があって、伊勢丹を越えればもう女郎屋だからね。それが昭和十五年ごろですね。そこで大学生どもとお酒飲んだ。ぼくは、うちの父も祖父も酒飲みですから、酒は平気なんだけど、ぼくが兄事《けいじ》した連中は落第大学生どもなんだよ。いまの大学生は笑うだろうけど、そのときは太平洋戦争にはなっていないけれども、何といっても支那事変の末期でしょう。大学クビになりゃもう兵隊なんだよ。いまのアメリカの若い連中と同じシチュエーションですよね。これはやはりちょっとしたもので、大学をドロップアウトするというのは相当なものなんですよ。ドロップアウトするということは、つまり軍隊行きですから。あの当時、バカでない限り、当然、アメリカとイギリスとかに巻き込まれて大きな戦争になるということはわかりますよ。当然、日本はすでに三国同盟に加入して枢軸国側になっているんだから、その時のドロップアウトというのは青年特有の心情もあったんでしょうけども、なかなかいい度胸だったよ。その連中がやけになって酒飲んでいるんだから、こっちは勉強なんかする気になりゃしないよ。いまみたいに深夜スナックなんかないから、十一時になるとどこのバーでも看板になっちゃうわけ。そうすると二丁目の遊廓しかないんだよ。それでみんなで女郎屋に行ってビールや酒飲むわけですよ。

生島　それで大学に入ってからは……。

田村　それでぼくのときになって初めて学徒動員が始まっちゃって、オレみたいな一番兵隊に合わないのが兵隊に持っていかれたんだから大変なものだよ。だけど逆に考えれば、ぼくみたいな者だって日本の軍隊にいてちゃんとやって帰ってきたんだから、野間宏の

『真空地帯』（一九五二）なんか読むとなにオーバーなこと書いているんだと思うんだ。

生島　でも予備学生でしょ。

田村　予備学生だって同じだよ。阿川弘之氏だって予備学生の走りだぞ。

生島　阿川さんは、いまだに郷愁さめやらぬものがあるもの。一般的庶民としてはあの時はひどかったですよ。

田村　そうねえ、だけどね……。

生島　戦争については、オフィサーだったとかいうのはいいんだけどさ。

田村　この間、大岡昇平さんと対談したけども、あの人は三十五か六で陸軍二等兵に引っぱられたんだ。しかもミンダナオ島に持っていかれて、捕虜になるだろう。その老兵だってすごく快活な精神を持っていたんですよ。だからどういう視点で自分の経験を見るかなんだよ。それは悲惨といったら予備学生の実態を知らないだろうからいうけど大変なものです。これは消耗品なんだから。だけどぼくは結局、それは生島君と話が合うところはどういう環境におかれようとも、ユーモアのセンスを持つということよ。それが文明なんだから。ほかにないだろう、早川書房にいたってあれは養分になっている。ユーモアのセンスというのはだいじなんだよ。

生島　しかし、それを触発してくれた媒体は田村さんだと思うけどね。だけど、詩と現物とはかなりかけ離れた感じがしましたよ。こういう詩を書く人が、なぜこんなぐうたらしているんだろうと思って。

田村　いや、あれでも自分じゃ、まじめにやっていたつもりだよ。それはみんなのいろいろな力が働いて雰囲気ができるんで、たとえば、極端なことというと、生島さんとぼくだけで二階に二人きりでいたらだめだったよ。それはおもしろいかもしれないけれども。下に早川さんがいたり、都筑道夫さんがいたり、田中潤司さんがいたり、福島正実さんがいたり、いろいろなエレメントがあって一つの雰囲気をつくったんだ。そういう場が必要なんだ。それに社長の早川さんがいなかったらつまんないもの。早川さんにはぜひ長生きしてもらいたいんだよ。

生島　ぼくは早川書房にいた頃のことを小説にして書いたけれども、やっぱり、やめてすぐは書けなかったと思うんですよ。ああいうものは全部なまなましさがなくなってこないと、かなり遠近法がはっきりしてこないと書けないですね。

田村　遠近法ということだろうなあ。いまだからこんな話するんで、ぼくだってぼく自身の遠近法があるから、話ができるんじゃないかな。

生島　遠近法のとらえ方は非常に巧みだという感じがしたんだ。

田村　それはぼく流にいわせれば、ユーモアのセンスですよ。

生島　それは詩的センスとどういうふうに……。

田村　それは同じです。ユーモアだってバカ笑いではないだろう。詩だってそういうユーモアのセンスが働かないといけない。ものを表現するということが働いていないとね。だからぼくは、どんな深刻な探偵小説でも、ユーモア文学だっていうんですよ。それで江戸川さんとぼくはいつか酔っぱらって論争したわけですよ。でもそうだろう、紙の上で人殺したり、とっつかまえたり、ピストル撃ったりするんだから、これはユーモアのセンスが前提になかったら、成り立たない文学形態なんですよ。読むほうだって殺人やろうと思って読むわけじゃないんだからさ。そういうものが成り立たないと、文学なりエンターテインメントは生まれないわけだよ。いままでの私小説だと、変に感情移入しちゃって、でもそういうのは文学じゃないんであって。そういう意味じゃ日本の文学というのはすごくいびつです。むしろ日本の文学が近代性を持ってきたのは、我田引水かもしれぬが、戦後の探偵小説の普及にありますね。それから、そういう読者をつくったということ。

文化とごちそう

生島　この前、丸谷さんと話し合ったときに丸谷さんがアメリカの文学というものが成立したのはチャンドラーとかハメットとか、ああいうミステリの刺激があって生まれたんだから、がんばれとお説教されたんだけど……。

田村　ハメットなんかアンドレ・ジイドが激励しちゃっているんだから、そういう意味じゃ文学表現というのはそういうものであって、ぼくたちも戦後早川ミステリをやって、文化というものと、ミステリとの関係というのがわかってくるわけですよ。なぜこれがおもしろくて、なぜいいかということがね。ライター自体が全部違うのよ。むこうのライターというのは、そういう意味じゃ第一流ですからね。

生島　層が厚いですよね。

田村　そう、それにお客さんの層も厚いのね。だからちょうど、日本にあてはまるかどうかわかりませんけれども、日本でいうと、たとえば歌舞伎とか短歌とか俳句のお客さんというのは層は厚いんです。これは伝統の差ですね。ぼくみたいな現代詩書いたり、新劇やったりするという人は、客がいないんですよ。

生島　自分で作らなきゃならない。

田村　だから、そういう違いね。アングロ・サクソンにとって、探偵小説は、教会や劇場とおなじように、欠かせない社会的なご馳走ですよ。

生島　ぼくはエンターテインメントであるかぎりそういうものが必要だと思う。そういうものをつくらなきゃいけないんで、でもそれをなぞってばっかりいたんじゃどうしようもないと思うんですよ。一応知りつくしたうえで、もう一つ自分のものを出すということでしょう。

田村　ちょっとこれは生島君みたいに専門でやってきた人の前でおこがましいけれども、これからが楽しみだと思うよ。ちょうど日本の戦後社会も熟してきたからね。お客さんが育ったもの。戦後生まれた子がもう三十になるんだから。これは客筋なんだよ。客がよくなかったら、どんないいプレイヤーがいたってそれは不可能だし、客がいなかったら、いいプレイヤーが生まれっこないよ。その相関関係が文化ですからね。やはりお客が三十年たつということは違ってくるんですよ。ぼくたちが早川書房でやっていた頃は、戦前のお客さんだもの。『キング』とかに連載していて、江戸川乱歩調の怪奇小説の愛読者がそのまま持ち越してきたんだから、それだけ違ってきましたね。

生島　戦後、横溝正史さんが盛んに一種のブームを起しましたけれどもね。

田村　いいライターが出てきたということね、これはちょっとよかったね。やはり『エラリイ・クイーンズ・ミステリ・マガジン』も刺激になったね。

生島　都筑道夫氏が編集方針として本格にかたよらないと、つまりエンターテインメントとしての形を確立しようということでやっていたわけでしょう。

田村　あの人はセンスあるからね。

生島　そういった意味で、それは正しい方向だと思うんだけど。

田村　結城昌治さんだとか、いろんな人が出てきただろう。

生島　それからそういうものを読んで育ってきた人たちがミステリを書くようになったということね。ふつうなら、ミステリやらないで何かほかのものを書いていたような人がどんどんミステリを書くようになった。

田村　小松左京さんが出てきたんだってそういう必然性があるわけよ。丸谷さんなんかはそういう話をするとすぐわかるだろう。英米の小説というのはだいたい娯楽なんですから。ただ娯楽の質というものは問題になるわけ。ディケンズだってなんだって娯楽を提供するために書いたんであって、だからそういう本当の文学、言葉の表現を通してエンジョイできる社会ができれば、一番いいんですよ。やっとそういうふうになってきたわけよ。

生島　まだ、田村さんがやめて、ぼくらが編集してたころは一種のマイナーな世界でしたね。

田村　社会自体がまだまだだったからね。

生島　田村さんは非常に落語にも精通していたでしょう。文楽のまねがうまいしさ、それがダールとかスタンリイ・エリンの味に通じるものだと思う。しかし日本人が落語のようなユーモアのセンスをもっていながら、今つくり得ないということはないわけなんで……。

田村　だから、もう一息だよ。今度の石油ショックだっておもしろいけども、石油でガタガタになるような社会なんだからアイロニーを働かせるところはいろいろありますね。客が、戦後生まれが三十歳になるということは、大きな宝ですよ。戦前と違うお客さんが出てきたということね。これは大きいですよ。

生島　詩の世界ではどうなんですか。「荒地」をやり始めたのは……。

田村　「荒地」というのは戦前戦後またがったものだけど、結局問題が、いい詩が生まれるかどうかということになると、個人の力じゃないからね。やはり大きな文化の波があります。これはしようがないよ。神様にまかせるより他にしようがないけれどもさ。できるだけ住みよい開かれた世界をつくるためには両方で機能しないと。いい探偵小説が生まれたり、いい読者が生まれたり、いい詩が生まれたりする、これはいい社会ですよ。今までの人類の歴史の中ではまず間違いないね。そうすれば美人も生まれてくるし、酒もいいのができる、全部そういう関連がある。だからエンターテインメントというのはごちそうと訳すべきでね。ごちそうというのはコックがいるんだしさ、つまんない客にいくらごちそうをつくったってしようがないんだし、日本の戦前の感覚でいうと板前とかそういうことになるでしょう。全部がからみあっているんだから、やっと探偵小説がごちそうになってきたんだから、できるだけいいごちそうをつくって下さいよ。ごちそうというものは多様な目的をもっていますよね。今日は辛いものを食いたいという客がいれば、甘いものを食いたいやつもいるし、そういう味付けというか、多様性にこたえられる社会がどうにか出てきたというわけですよ。

生島　やっぱり多様性がないとつまらないですね。

田村　それはつまらないよ。むしろ英米で探偵小説が発達したということは多様性の価値というものが社会の基本になっているから発達したんであって、ドイツ、ロシア、あれだめですね。そういう多様性の価値を認めない社会もあるんですよ。それは今のロシアという社会システムだけでなくて、ツァーの時代から多様性の価値を認めないところがあるんですね。おそらく回教圏だってそうだと思います。多様性の価値があるところ、アングロ・サクソンというのは、あんがいおもしろい民族なんですね。

生島　非常に残酷性があるかわりにユーモアのセンスもあるんですね。実に多様性があるんだ。

田村　吉本隆明ファンばっかりいるような世界では探偵小説は生まれないわけだ。しかし吉本隆明そのものは探偵小説の材料にはなるよ。

生島　キャラクターとしてはおもしろいですよね。

田村　しかし、読者が吉本隆明ファンばかりでは、探偵小説は不可能なんですよ。それからラテンはだめね。フランスだってせいぜいシムノンでしょう。シムノンは天才的な人だけれども。

生島　フランスは受け入れ側としてはハメットを最初に評価しているね。

田村　それは料理として読んでるわけよ。アングロ・サクソンの料理は食えたものじゃないけど探偵小説だけは食える、とフランス人はいっているわけだよ。

ユーモアと人生

田村　そういう意味じゃ〔早川時代は〕本当におもしろかった。時代も時代だから人を得たよ。ふきだまりでもいろんなやつがくるわけよ、ふきだまりなりに。

生島　あの頃は皆ライターになるやつも食えないから、あれしかないから……

田村　しかも、ライターになろうと思ってきたわけじゃない。結果的にライターにさせられちゃったんだから。あれ笑っちゃうよな。誰もプライズをとろうとか、世に出ようとか毛頭思ってないんだからね。

生島　いま、若い世代で、ライターが出てこないというのは、ある意味じゃやっぱり、そういう苦労しないで食えるからじゃないかしら。

田村　それもありますね。それに受験競争みたいになっちゃったろう。だからつまんないのね。予備軍ができちゃったりさ。だからぼくはやっぱり、〝いま〟、今日、ただいまというのをいい意味でエンジョイすべきだと思うんですよ。今日というのはあらゆる材料が結集しているんですよ。それが現代はみんな受験勉強しているから、いつも過渡的になっちゃうわけよ。たとえば幼年期から少年期、少年期から青年期になって、というふうな世の中というか、自分の人生もそういうふうに過渡的に思っちゃうわけね。だからつまんなくなっちゃうんだよ。でも幼年期は絶対的に幼年期なんだから。少年期が踏み込むすきもないような幼年期があるんですよ。振り返ってみればわかるんですよ。それをすぐ、中学だ、高校だとやるから、人生をそういうふうに見ちゃう。幼年期というのは、少年になろうが、老年になろうが自分の幼年期には足も踏み込めない、〝サンクチュアリ〟——〝聖域〟があるんですよ。それが大切だと思うな。だんだん訓話になっちゃったな。修身の雑誌になっちゃった。

生島　つまり、幼年期や少年期、それをどういうふうに見るかということには、遠近法が必要なんです。ですから、余裕が必要なんで、余裕というのはユーモアですよね。

田村　そう、ユーモアというのは表現を変えてみるということなんだ。日本の場合だと表現は一つしかないと思うんだ。そうじゃないのよ。たとえば、自分が非常にこっけいな目にあったとき、表現を変えてみれば、深刻にもなるし、悲惨にもなるし、ある一つの状態をどういうふうにだって変えていけるわけですよ。自分が絶望的な状態におちいったときに、別の目から見ればずいぶんこっけいじゃないかということになるでしょう。その両方をやれば何とか生き延びられるのよ。

生島　それで何とか生き延びてきたわけですか。しかし、生き延びてきたのは不思議な気がするなァ。

田村　心がけがいいからだよ。

生島　そういえば昔から注意深く生きていましたね。

田村　横断歩道渡るときはたいへんだよ。

生島　やっぱりこっちはサイクルが短いせいか、田村さんと横断歩道を渡るときはイライラするものね。

田村　家内もそういうよ。まだ、ああいうブリキのおもちゃで死にたくないんだな。

生島　死ぬのはどういうふうにして死にたいですか。

田村　そうねェ、金に困って首つったとか、病気になって死んだというのは、これは人間的だと思うんだな。ブリキのおもちゃで死ぬのは不愉快なんだな。人間的に死にたいわけよ。

生島　意識的にですか。

田村　意識的にじゃないけどさ。だけど、あれ変だね。すごく臆病ね、ぼくは。

生島　大体、その年ごろはそうなんじゃないかな。吉行さんがそうだし。

田村　阿川さんもそうかね？

生島　あの人も臆病ですね。

田村　そうだよ。戦争やってくると臆病になるわけだよ。戦争体験だよ。つまんない死に方したくないだろう、きっと。

生島　三島由紀夫も非常に臆病な死に方だからね、あれも。

田村　あれは戦争に行ってないからね。自分が死ぬんだったら、自分一人でこっそり死ぬんだな。死にたかったらだまって死ねばいいんだよ。

生島　そうねェ、他人を道連れにすることはないという気もしますね。

田村　失礼だね。しかもちょっと恥かしいんじゃない。

生島　だから、そうだな、日本の娯楽小説にとってみれば、要するに事大主義にならんということと……。

田村　それから、娯楽ということばがいけないんだな。だから、すぐ低いというものに結びつく。本当は、ごちそうなんだよ。ごちそうにはコックだって腕がいいだけじゃすまないからね。材料、お客、全部そろえるんだから、コック見てりゃいいですよ。コック見てりゃわかるんです。そういう余裕が出てきたね。それだけのものが見えてきた。

生島　それとまあ、いろんな国へも行けるようになったし……。

田村　それから笑いどころがわかってきた。最近やっと笑えるようになった。だから、探偵小説を読ませるためには、まず笑い方の勉強をしなければだめだ。

生島　月給八千円じゃ笑えなかったなァ。それでもなおかつ笑ってたかな。↓④注

EQMMの初期の頃——対談・都筑道夫

——きょうはお忙しいところを、ありがとうございます。〔一九七六年〕八月号が「エラリイ・クイーンズ・ミステリ・マガジン」日本語版から通算して、この雑誌の創刊二十周年にあたるものですから、二人の大先輩にいろいろお話をうかがいたいわけなんです。田村さんは当時、早川書房の編集長、都筑さんは創刊号からの編集責任者で……。

都筑　ぼくが入社したのは、もう発刊がきまっていて、創刊号〔一九五六年七月号〕は校了間際というときでしたからね。「エラリイ・クイーンズ・ミステリ・マガジン」の日本語版を出そうというきっかけなんかは、知らないわけです。どうだったんですか、田村さん？

田村　早川書房が基礎をつくっていこうと思っていたとき、ぼくのセンスでは探偵小説しかなかったんだよ。その頃はもう大資本が動いてきていて、小さな出版社が基礎をつくって行くには、探偵小説しかない、と思ったわけ。探偵小説だけは返本があっても、いつかまた出て行く。

都筑　最初は翻訳ミステリのシリーズをやったわけですね。Ｂ六判の厚表紙で。

田村　次にシグネット版のハヤカワ・ポケット・ミステリを出して、なんとか足もとが固まっていくんだが、そのとき応募してきたのが田中潤司君なんだよ。話を聞いてみるとこれが探偵小説に詳しいんだな。それで、根っから好きなんだよ。ぼくとしてはそういうアシスタントっていうか、ヘルパーは大変必要だった。そうでしょう。他のやつ、誰も知らないんだもの。へえ、そうかねえということになっちゃってさ。それで段取りつけてくうちに、彼が自分で持っているアメリカの「エラリイ・クイーンズ・ミステリ・マガジン」を持ってきたわけだ。それを見ているうちにちょっとぼくひらめいちゃってね。その頃はまだいまみたいにタトルとか、いろいろな版権業者が自由競争していない時代なんです。占領軍の影響下にありますからね。ジョージ・トーマス・フォルスターという占領軍の軍人が事務所を持っていて、ＮＢＣを代行し、かつ日本と外国の出版権を代行するという占領軍の威光が残っているときで、それを握っていたわけですよ。それでたまたま、そこのアルバイトに来ていた男の子が、これは日系のイギリス人でＡＰ通信の記者なんだよ、星野君といって。

都筑　星野洋治さん。

田村　アルバイトでフォルスターの事務所にはいってきて、エージェントの番頭の番頭をやっていたわけだ。わりあい面白い子で……。だから、ぼくしゃべっているうちに「エラリイ・クイーンズ・ミステリ・マガジン」とれないかとちょっときいてみたんだ。そうしたら大手からも問い合せが来ているというんだ。ところが今みたいに自由競争じゃないから、そのフォルスター事務所はそういう事務を独占的に持っていたわけだ。で、早川書房にくれよ、ということで「エラリイ・クイーンズ・ミステリ・マガジン」が始まったというふうに、ぼくは記憶していますが。

都筑　ぼくが入ったのは、三十一年の五月も半ばで、創刊号の再校が出ていたな。編集を担当するはずのひとが急にやめて、ぼくはピンチヒッターだったわけでしょう。最初はやりにくかったですね。

田村　もう見切り発車していたわけだからね。

都筑　電車は動きはじめているのに、まだ空いていたところがあるんだ。

田村　まずそれを埋めてくれ。

都筑　いま創刊号を見ても、ぼくがどこを埋めたのか、思い出せないんですよ。目次を見て思い出すことは、T・ストリブリングの「ジャラッキ伯爵釣りに行く」を訳している高石三郎というのは、青田勝さんの別名ですね。クイーンを本名で訳しているんで、こっちを別名にしたんだ。

田村　そういうことは、ほかの人の場合にもあったね。この（三号目、三十一年九月号の目次を見ながら）北沢一雄というのは、村上啓夫さんじゃないか。ディケンズの「追いつめられて」を訳している。フランシス・アイルズの「暗い旅路」を、村上啓夫で訳しているからね。あの人、北沢一丁目に住んでいて……。

都筑　だから、北沢一雄。おなじ号にフレドリック・ブラウンの「後ろを見るな」を訳している曽我四郎というのは、名前はわすれたけど、苗字は工藤という人ですよ。勤め先の関係かなんかで、本名はつかいたくないというんで、ぼくがまかされてつけた名です。

田村　本名が工藤だから、曽我にしたわけだ。

都筑　十郎でも五郎でもまずいから、四郎にしたら、そのころの講談社の児童部長が曽我四郎というひとで、びっくりしたな。この創刊号では、海外ニュースがぼくの文章のようですね。初めてやったにしては、かなり詳しく書いてある。

田村　それは、ちゃんとやっているよ。やはり、いい意味の青年の情熱があったんだよ。

都筑　ニューヨーク・タイムズ・ブックレヴューかなんか見て、一所懸命に書いたんですね。

田村　都筑君が本当のオリジナル・パワーを発揮したのは、四号目くらいかな？

都筑　田村さんがいま見ている号からでしょう。三号目の九月号。

田村　もう小泉喜美子さんが、訳しているね。むろん、まだ杉山季美子さんだけど、エリック・アンブラーの「エメラルド色の空」。

都筑　第二号の原稿が出来ていて、三号目もかなり依頼してある、という状態だったんです、ぼくが入社したときは。ひとが立てた企画をひきつぐというのは、やりにくいものでね。第二号から、解説の翻訳はぼくがやっているようですよ、訳文の調子を見ると。EQMMが出はじめた六月に、早川書房はポケット・ミステリ百六十冊を刊行して、推理小説の発展につくしたというんで、第二回の江戸川乱歩賞をもらっていますね。

田村　そう、すでにポケット・ミステリは成功していて、それに自信を得て「エラリイ・クイーンズ・ミステリ・マガジン」の版権を取ってやろうじゃないかということになったのよ。その時代史がなかったら初めっからこういう危険な雑誌は出来っこない。というのは、読者層を一応摑めたことです。また、新しい読者が出来つつあることが分るわけです。だから、雑誌と読者の関係は、新しい雑誌も必要ですけれども、同時に雑誌によって読者を開拓していくということですね。

都筑　乱歩賞で思い出したけど、ぼくが早川へ入ってすぐ、日本推理作家協会――まだそのころは、日本探偵作家クラブだったけど、毎月、土曜会という集まりをやっていて、その席上、乱歩さんが挨拶をしてくれたんです。今度、会員の都筑君が早川へ入って、「エラリイ・クイーンズ・ミステリ・マガジン」日本語版の編集をすることになった。この雑誌はマニアむきのアメリカでも高級な雑誌で、日本では一年もつかどうかというような雑誌だから、みんな応援してやってくれって――これは大変なものを引きうけちゃったな、と思いましたね。

田村　しかも、編集部の長であるぼくは、なにも知らないんだから、あなた、大変だったね。ぼくは注文をつけるだけ。それまでの探偵小説雑誌ってのは、通が通のためにつくっていた。それじゃ、これからは駄目だ。新しい読者層、特に知的な連中、若い連中をつかんでくれ、という注文を出した。

都筑　そういう注文があったところへ、乱歩さんの言葉でしょう。怖くなったけど、もう雑誌はスタートしている。

田村　そうですよ。だから、都筑君の責任、重大だったんです。ぼくは全部、きみになすりつけた。親分がぼくになすりつけて――

都筑　社長のことですね。

田村　そう、親分がぼくになすりつけて、あとぼく、なすりつけるのはきみしかいないんだから。ぼくは好きで、探偵小説の翻訳はやってたが、それについての知識を深めようとか、研究しようなんて気は、ぜんぜんなかったからね。

都筑　ちょっと話があと戻りするけど、田村さんに電報で呼ばれて、ＥＱＭＭをやってくれないかといわれたとき、ぼくは乱歩さんにたのまれて、新潮社のために作品のセレクトをしかけていたんです。

田村　創元社につづいて、新潮社でも翻訳ミステリを出していたね、あの当時。

都筑　たしか探偵文庫といいましたよ。最初、古典を出していて、新しいところも入れたいからって、乱歩さんと宇野利泰さんに話があった。乱歩さんはもう忙しくて、自分じゃ読んでいられないから、宇野さんにごっそり新刊の原書を渡して、ぼくに読ましたんです。クリスティアナ・ブランドとか、シャーロット・ジェイとか、どういうわけか女流作家の作品が多かった。

田村　では、敵方の間者にものを頼んでいたわけだ、ぼくは。

都筑　そういうことになるわけで、ぼくは乱歩さんと宇野さんに相談したんです。

田村　翻訳のほうでは、きみは宇野さんのお弟子だったんだな、あのころ。

都筑　相談したら、乱歩さんも、そりゃあＥＱＭＭのほうがやりがいがある、新潮社のほうはだれか別に読み手を探すから、といってくれたし、宇野さんも同意見だったんです。それで、こっちを引受けたわけで、けっきょく新潮社のほうの新しい作品まで、手をのばすには至らなかったんです。それに、田村さんが見せてくれた創刊号の表紙のゲラ刷が、新鮮だったでしょう。

田村　ぼくが多少貢献するのは今までの探偵小説の雑誌と装幀、デザイン、それらを全部変えようとしたこと。それだけはほんの多少だけれども変えれば新しい読者層が出て来るんだよ。同時にちょうど日本が戦後の復興期に入って来るわけだ。そうすると、新しい読者が出て来るんだ。今までの戦前の探偵小説はどうしても陰惨なんですよ。なぜかっていうと、戦前の社会ってのは閉じられているから。密室殺人だって不可能なんだ。ホテルといったって東京に二軒位、京都に一軒、他に地方都市に二、三軒の時だからキイを使ったってドアの密室構成から言って不可能なんだ。戦前は村ってものが密室になっちゃう、そうすると今度密室だと家族の相関関係乃至《ないし》は隣人の一種の骨肉の殺人になっちゃって、村全体がクローズ・サエティになっちゃう。いま角川文庫の横溝正史がブームになっているが、あれは戦前の村のロジックです。

　戦後三十一年が創刊ですね、そうすると、朝鮮戦争で日本がやっと立上がってくるわけで、三十五年に高度成長。そうすると道も建物も——だって今はヤング、カギ全部で五種類位持っているんじゃないの。そうすると、初めて密室殺人ができるんです。それから車の殺人。そういうことだと思う。だから、これは挿絵を一切入れない。そういう意味では早川さんとぼくは意見が一致したんですよ。とにかく品のいい中綴じ。その時、見本としてどういう雑誌があったかというと、戦前の「新青年」もあったし、他のロークラスの雑誌もたくさんあった桃色雑誌——。ところが、ぼくが社長に相談した見本は「美術手帖」、これが中綴じだった。

都筑　勝呂忠《すぐろただし》さんの表紙も、あかぬけていましたね。

田村　「ELLERY QUEEN'S MYSTERY MAGAZINE」という横文字を、はじっこに縦に入れたのは、ぼくのアイディアなんだ。アブストラクトの表紙は、ポケットミステリで実験ずみで、自信があったしね。むこうの作家が、あれはだれだったろう。感激したくらいですよ。

都筑　ドロシイ・ソールズベリ・ディヴィスでしょう。『優しき殺人者』という作品、ぼくが入るより、ずっと前のことだけど、新聞に出ていたのを、おぼえてますよ。ペイパーバックといえば俗悪な表紙で、いやな思いをするものだけれど、日本ではこんなすばらしい表紙で出してくれて、とてもうれしい、という手紙が来たんじゃありませんか。

田村　そうそう。でも、完全なアブストラクトじゃなかったがね、あの表紙は。勝呂君がやりだすちょっと前だったから。

都筑　創刊号のカットは、北園克衛さんですね。

田村　アブストラクトも、あのころの探偵小説出版では、大冒険だったんだ。二十年ってのは、大きいね。訳文にしても、あのころはハイウェイというのが、日本人にはわからなかったんだから。

都筑　ハイウェイのトールゲイトなんてのも、困りましたね。料金徴集所と訳しても、わかるかしらというんで——有料道路ってのが、日本人には理解できなかった時代だから。

田村　スコットランド・ヤード——笑うけど、ロンドンで起きた事件で、どうしてスコットランドの野原に車が入っていくかということになっちゃうんだよ。スコットランドの庭。あの当時としてはシリアスな問題よ。マーダー・ケースっていうのを殺人箱と訳していた。イン・ザット・ケースというと、あの箱の中に——。

都筑　訳者と相談して、わざと誤訳してもらったこともありましたよ。さっきいったトールゲイトがわからない、というようなことでね。

アントニイ・アボットという作家、日本には馴染みがないけど、サッチャー・コルトという名探偵が出てくる。これが、ニューヨークの警視総監なんです。映画になったこともあって、アドルフ・マンジューがやっている。

田村　「モロッコ」なんかに出ている紳士役者。

都筑　そのサッチャー・コルトものの短篇があって、クイーンズ・マガジンにのせたんですが、ニューヨーク警察のいちばん偉いひとが、ひょこひょこ捜査に出あるいて、読者がめんくらうんじゃないか、というわけですよ。

田村　そりゃあ、そうだな。

都筑　訳者はたしか、死んだ森郁夫でしたね。もっとずっとあとになって、「刑事マディガン」（一九六八）という映画だったかしら、ヘンリイ・フォンダの警視総監が、事件現場へ気軽に出かけていくのを見て、実はほんとに納得したんですけどね。

田村　それでどうしたの、そのときは？

都筑　ニューヨーク・シティのポリス・コミッショナーなんです、原語は——当時の訳語の方針としては、ニューヨーク市の警視総監です。しかし、読者がめんくらうだろうというんで、意識的に誤訳することにしたんです。捜査課長にね。

田村　そういう点では、この二十年間に、読者も進歩しているね。むこうのことが、いろいろわかるようになったから。

都筑　田村さんがロアルド・ダールを最初に訳したのが、二号目の八月号ですね。ぼくは三号目の九月号に、ミニヨン・G・エバハートを訳したのが最初なんですが、これはしょうがなくて、訳したんです。エバハートとかラインハートといった古い女流は、推理小説にくわしい訳者には、軽蔑されてましたからね。だれかに頼んで、ことわられたんで、間にあわないぞというんで、ぼくが訳した。

田村　田中小実昌さんが出てきたのは、五号目からだね。

都筑　ジェイムズ・M・ケインの「冷蔵庫の中の赤ん坊」ですね。コミさんが出てきたあたりから、ぼくも落着いてきたようにおぼえていますね。田村さんから知的な読者、若い読者を狙えといわれたって、使えるものは本国版の作品しかないんだから、組みあわせの問題しかないわけでしょう。

田村　そりゃあ、そうだね。

都筑　だから、「ミステリ・ガイド」とか「ぺいぱあ・ないふ」とか、つまり鑑賞講座や新作紹介のページをつくって、それを外部のひとに頼めるほど、編集費の余裕がなかったから、ぼくがひとりで、ぜんぶ書いたわけですよ。やむをえず、ワンマン雑誌になっていった部分がありますね。

勝手にやったといえば、アメリカの本社から怒られたことがありましたよ。

田村　三十一年の十二月号だね。クリスティの短篇を四本、村上啓夫さん、妹尾韶夫《あきお》さん、中田耕治君、福島正実君が訳している。中田耕治のほかは、みな故人だね。福島君とは亡くなるちょうど一ヵ月前に偶然ホテルのレストランで会ったんだ。久しぶりで会ったら福島ニコニコして、奥さんと食事をして、ものすごく優しい顔するんだね。きみ、順天堂病院に入っているんだろうといったら、あと二、三日で退院できると。早川書房にいた時に結婚して、ぼくその時パーティに行ったんだから、全然結婚した時からあんた変っていないよと。じゃあ元気でね、といったら一ヵ月経ったら亡くなったというのでびっくりした。

都筑　ぼくとおない年ですからね、早川では先輩だったけど。とにかく、この四本、ＥＱＭＭが海外版の権利も、いちおうクリスティから貰っている作品ではあったんですよ。でも、それをいちどに使われちゃあ、困るんですね、向うとしちゃあ。こっちはそんなこと知らないから、特集をやっちゃった。そしたら、大目玉。

田村　向うは敏感だからね。それまでは日本の円なんて、ぜんぜん信用しなかったんだ。日本という戦争に負けた小さな国が、なにかいってきたって、初めは相手にしなかった。ところが、円が強くなってくると、紅毛碧眼《こうもうへきがん》の人たちは、敏感だからね。いろいろ、いってくるようになったんだ。だから、「エラリイ・クイーンズ・ミステリ・マガジン」の成長は、日本経済のカーヴとまったく同じです。経済学を勉強するひとが、これを見たら、いい素材になる（笑）。本当だよ。

都筑　あのころイギリスあたりでは、変なことをいってきましたね、ときどき。シャーロック・ホームズの最後の一冊の翻訳権をとろうとしたら、息子のアドリアン・コナン・ドイルが、ことわってきた。父の霊が現われて、イギリスの兵士を大勢殺した日本に、翻訳権をやってはいけない、といったというんでしょう。

田村　あれはどこが申しこんだときだったかな。何年かたって、早川が申しこんだときは、すんなりくれたんだ。日本の戦後経済の反映だよ（笑）。

都筑　ぼくがセレクトした作品にも、そういう返事がきたことがありますよ。イギリスのノーラ・ロフツ（一九〇四―八三）という、女流の歴史小説家です。そのひとが、ピーターなんとか「カーティス」という別名で、推理小説を書いた。翻訳権をとろうとしたら、手きびしい返事がきたんです。私の親戚や知人には、日本人に殺されたものがいます、その国で本を出したいと、私が考えると思いますか、というんですよ。

田村　イギリスの女性らしいね。

都筑　クリスティ特集は、本国版に怒られたわりに、評判にならなかった。その号で評判がよかったのは、田中西二郎さんが訳したヘレン・マクロイの『燕京綺譚』です。

田村　懐かしいね、ヘレン・マクロイ。『暗い鏡の中に』という長篇が出ていたな。ぼく、女の名前はぜんぶおぼえているんだ。マーガレット・ミラーとか、エリザベス・デイリーとか……ミラーの『鉄の門』なんか、訳しなおすべきだね。あのころはせっかちに出していて、そのくせ金がないから、みんなで変なのを連れてきて、お前、英語できるだろうって……。

都筑　星野洋治氏がこのひと、使ってみてくれってんで、やはりＡＰのひとに頼んだことがあった。アメリカの大学出てて、奥さんはアメリカ人、信用してたら、出来てきた訳文、ぜんぶ意味が逆なの。いい作品だから、没にするのは惜しいんで、ぼくが訳しなおして、そのひとの名で載せました。

田村　いろいろと苦労しましたな。

都筑　おたがいにね。

田村　むこうの大学を出たから、英語が出来ると思うのが、間違いなんだ。日本に生れて、日本の大学を出て、日本語がよくわかるかというと、そうはいかない。

都筑　そのひと、日本のニュースを英語にしてたんですよ。大丈夫だったのかなあ。

田村　この雑誌がよくなるにつれて、ミステリ・ブームが起ったんですよ。ポケット・ミステリの出版点数も増えている。

都筑　新刊が月に九点、十点なんてのは、ざらでしたね。ひと月に十二冊なんてこともあった。訳者を雑誌にまわせないこともあって、どんどん新人をつかったり、ひとりの訳者に別名で、何本も訳したりしてもらったな。

田村　自由経済になったわけだ、競争社会に——。青田勝さんのことなんか思い出すね。それにいろいろ訳語のことで教えて下さった検事の平出禾《ひらいでひいづ》さんは、熱心で感じのよい人だった。

都筑　ＥＱＭＭの編集だけでなく、ぼくはポケット・ミステリのセレクトをし、解説を書いていたわけだから、月にずいぶんたくさん本を読みましたよ。あんなに読んだ時期はないな。ぼくの英語は泥縄だから、いまはもう一冊読みとおすのも大変だけど、あのころは早かった。英語がなんとか身についたのは、クイーンの解説を訳し、ポケット・ミステリのセレクトをしたおかげですね。

田村　ぼくも早川で、英語おぼえたんだ。月に十点、二十点、出していたわりには、みんなジョークをいいあったり、酒飲んだり、見かけはのんきだったね。若かったんだな。

都筑　「マンハント」日本語版が出たり〔一九五八年八月創刊〕、「ヒッチコック・マガジン」日本語版が出たり〔一九五九年八月創刊〕、競争相手が出てきましたから、こっちも張りきらざるをえなかったんですよ。おもしろいことに、ＥＱＭＭがいちばん売れたのは、三誌が競争していたときなんです。

田村　飲み屋だって、ぽつんと一軒あったんじゃ駄目なんだ。まわりに何軒も出来ると、競争してよくなってくる。あのころ、編集部は何人だっけね？

都筑　ＥＱＭＭがぼくと小泉太郎——生島治郎、それに村田君という女性。ポケット・ミステリはセレクションをぼくがやって、依頼から原稿にするまでを、ぼくと福島正実が分担して、福島君はそのほか映画の原作ものとか、単行本ぜんぶを引受けてた。校正がいま「ＳＦマガジン」をやってる倉橋君と小池女史。加藤さんという女性もいて、このひとはのちにＥＱＭＭの別冊が出たとき、雑誌編集部にきてもらいました。

田村　そうだったね。ぼくはもっぱら二日酔い係。

都筑　でも、田村さんがのんびりした様子で、社長とのあいだをうまくやっていてくれたから、ぼくらが自由に動けたんですよ。雑誌の出張校正のときは、田村さんもつきあってくれましてね。

田村　日東紙工。いい印刷所でした。蔵前の国技館の近くだったね。でも、あの頃は都筑さん、懐かしいね。早川書房がおでん屋の隣りにあって隣りのおでん屋のネーミングがいいんだ、〝酔月〟っていうんだよ。まだおでん屋は健在。もとの早川書房どうしたかなと思ったら、今トラックが入っていて、あれはおそらく本の倉庫になっておりますね。懐かしかったです。この枠組は昔の早川書房だった。

都筑君が編集後記に名前を出しはじめたのは、何号目ぐらいから？

都筑　九号目、昭和三十二年の三月号からです。編集後記は生島君にも書いてもらってますね、この年には編集部のメンバー紹介とか、レギュラー翻訳者の紹介とか、これがなかなかおもしろかった。編集後記は三号目の三十一年九月号から書きはじめていて、三十二年の二月号までは、Mという頭文字で書いていました。

田村　きみの編集方針は、どうだったんだい？

都筑　見切り発車の電車に飛びのって、泥縄式にやっていったんだから、方針もなにもあったもんじゃないですよ。田村さんに知的な読者をつかまえろといわれたけど、ああいうスマートな雑誌でしょう。あんまり洗練させすぎちゃいけない、ということは考えましたね。

田村　なるほどね。

都筑　もともと、いいかげんな人間なんだから、いいかげんにやっていけばなんとかなるだろう、というわけですよ。さっき話したアントニイ・アボットの名探偵を、警視総監から捜査課長に格下げしちゃったりするようなことも、気にしないことにしてました。

もっとも、間もなく考えが変ってきて、わからないんじゃないか、というところには、訳注をつけるようにしましたがね。まだテレビも普及していないころだから、アメリカの風俗なんかも、馴染のないことが多くて、訳注だらけになったりして……。

田村　それは日本の文化のコンテキストで、訳していますからね。以前は誤訳といいきれないことも、あったわけですよ。

都筑　これもさっきいった高速道路のトールゲイト。ハイウェイの料金所をぬけて、と訳しておいて、ここは有料道路、なんて訳注をつけるわけです。中内正利さんに、アメリカ風俗紹介のエッセイを連載してもらったりしたんですけど、中内さんは訳注だらけってのは、反対だといっていましたね。

　たとえば三十年代の作品に、鉄道の駅にリンゴの自動販売機が出てくる。お金を入れると、リンゴがころんと出てくるやつ。いまなら、だれも不思議に思わないけど、まだジュースの自動販売機だって、知らないひとが多かったころですよ。その本を中内さんに見せたら、リンゴが重要な役割をするわけじゃないんだから、ただ自動販売機と訳しておけばいいじゃないか、といわれた。

田村　あんまりそういう細かいところに気をつかっていると、編集者はだめになっちゃうよ。

都筑　たしかに、そうですね。ぼくは早川に四年近くいて、結城昌治を世に送りだしたり、真鍋博からイラストレーターとしての才能を引きだしたり、田中小実昌に小説を書かしたり――もっともコミさんは、翻訳をはじめる前から、同人雑誌には小説、書いてたんだけど、まあ、とにかくいろいろやった。編集前記をのせるという、海外雑誌の風習を日本に持ちこんだりもしたんですが……。

田村　あれはニューヨーカーやなんかを見ていて、ぼくがすすめたんだ。

都筑　そういうことを、おぼえていないんですよ。真鍋君の起用を、社長から福島君、田村さんまで反対したんで、ぼくがむきになって彼と取りくんだことぐらいだな、大きなことでおぼえているのは。あとはリンゴの自動販売機とか、小さなことしかおぼえていないんです。妙なもんですね。

田村　二十年前だからね。しかし、EQMM日本語版を、きみが成功させたのは事実だよ。実績として、残っている。

都筑　編集者ってのは、わすれられるべきものなんじゃありませんか。近ごろ、ぼくのところへ原稿をとりにくるひとのなかには、EQMM創刊当時、小学校へもあがっていなかったという人が、ずいぶんいる。まだ生れていなかった人から、小説のことで手紙がきたりするんですから。

田村　あとはわすれましたということで、現在の今夜の酒と取りくむか。

——どうもありがとうございました。↓⑤注

【資料編】

引用句

＊本文庫版刊行にあたり、以下の引用句の表記は、各作品の主に最新版のものに改め、それぞれの末尾に書誌を記載しました（HM文庫＝ハヤカワ・ミステリ文庫、HPB＝ハヤカワ・ポケット・ミステリを示します）。

また、江戸川乱歩・ヘイクラフト・九鬼紫郎の評論文から再引用したもの（未邦訳文献含む）、およびアンソロジー収録作などで書誌の重複するものは、次の記号で示しました。

A　江戸川乱歩『海外探偵小説作家と作品』早川書房、一九九五

B　ハワード・ヘイクラフト『娯楽としての殺人　探偵小説・成長とその時代』林峻一郎訳、国書刊行会、一九九二

C　九鬼紫郎『探偵小説百科』金園社、一九七五

D　『さて、田村隆一。』面白半分臨時増刊、一九七九・十二

E1　ハワード・ヘイクラフト編『推理小説の美学』鈴木幸夫訳編、研究社、一九七四

E2　ハワード・ヘイクラフト編『推理小説の詩学』鈴木幸夫訳編、研究社、一九七六

F　丸谷才一編『探偵たちよスパイたちよ』文春文庫、一九九一

第一章

①余談

■これは、当時、ぼくと親しかった友人、宮田昇が書いているのですが（『東は東、西は西』）、ある日、彼はぼくのところに遊びにき

てくれました。当時、彼は早川書房の編集者で、あたらしい企画を考えていました。それは、ミステリの出版でした。当時の早川書房については、いずれ書く機会があるでしょうが、現在のようにミステリ、ＳＦ、中間小説、さらにはアップ・トゥ・デートなノン・フィクションなどの路線が確立していたわけではなく、よくいえば若い編集者が自分のやりたいことを自由にやれる雰囲気があったといえます。〔……〕彼は、その日、ぼくと別れた足で、ミッキー・スピレインのミステリ二冊の翻訳権の交渉をしたのでした。この企画は実際にはかなり難航したようですし、現在のハヤカワ・ミステリとして実現するまでにほぼ一年近くかかったようです。詩人の田村隆一、さらに後年の生島治郎や、都筑道夫や、倉橋卓たちが加わったのは、この企画の進行中だったはずで、このときからハヤカワ・ミステリが発足することになったのでした。（中田耕治訳『裁くのは俺だ』あとがき、ＨＭ文庫、一九七六）

②補足

■日華事変の起った昭和十二年頃から、本の輸入が段々むつかしくなり、十四年世界戦争が始まってからは全く輸入途絶、終戦の昭和二十年まで七、八年間というもの、西洋探偵小説は読むことが出来ず、英米探偵小説界の事情なども少しも分らなかった。（江戸川乱歩『黒衣の花嫁』解説、ＨＰＢ、一九五三／Ａ）

■乱歩は、日本の推理小説界を、一つの株式会社のごとく考えていたようだ。大将はむろん自分である。ただし、このボスはぜんぶ自腹を切る、最もいい意味での大ボスであった。彼は、探偵小説を愛する人間なら、すべて愛した。新人の作品は、できるだけその美点だけを認めようとした。〔……〕将に将たる器を持つ乱歩は、戦後多くの心酔者や後輩をひきいて、酒はほとんど飲めないのに、銀座のバーめぐりをした。（山田風太郎「江戸川乱歩」『半身棺桶』ちくま文庫、二〇一七）

■田村隆一の二度目の結婚披露宴は、〔……〕できたばかりの東京日比谷の日活国際ホテルの何とかの間で開かれた。西脇順三郎や江戸川乱歩がきたり、森繁久弥が歌をうたったりで、当時すでに彼の交際範囲がいかに広かったかを示すきわめて賑やかなものだったが、その時の余興は、広間に組んだ赤もうせんのやぐらのうえで桂文楽が演じた「明烏」だった。〔……〕何といっても女郎買いの話だ。会場でわたしは、新婦のことも少しは考えたらいいのに、と思ったが、これはこちらが野暮だったかもしれない。（中桐雅夫「『景清』から『海ゆかば』まで」／D）

③証言

■ぼくは本格派の推理小説は、あまり夢中になれないほうで、変格派の推理小説のほうが面白かった。乱歩の肝いりでハヤカワ・ミステリが出発したとき、ぼくは田村隆一と二人で翻訳する本のセレクトをした。最初の五十冊ばかりが、ぼくが選んだ作品だったが、あのころは進駐軍の闇ウィスキーを二人で飲んでばかりいたし、詩人の田村さんは酔いがまわってくると推理小説の話はやめて、西脇順三郎のことばかり話しはじめるのであった。（植草甚一『雨降りだからミステリーでも勉強しよう』ちくま文庫、二〇一五）

■現在生島治郎と名のり当時小泉太郎と名のっていたミステリ・マガジンの編集長が拙宅に遊びにきていろいろ話していったところによると、かつて詩人（田村隆一）がその雑誌の編集長だったことが二年ほどあったが、いつもぞろりと着流しで社にあらわれ、弁当箱をぶらさげていることもあり、部屋に入ると水を飲んで寝てしまう。社長が階段をあがってくる気配がするとパッと跳ねて机にとびつき、本を読む風をよそおうが、いっちまうとまたゴロリと寝そべる。夕方になると飲みにか、ちがう寝床をさがしにでかける。手に負えないなまけものなのに眼光ばかりは炯々としている。一種異様な才能があって原文を読まないで下訳に手を入れるのだが、彼がチョコマカと訂正するとたちまち全体がヒリヒリしまってくる。(開高健「地図のない旅人」/D)

■④一言

■(チェスタートンは)正しく仕上げられた探偵小説は、「現代生活のなんらかの意味での詩を表現した」唯一の大衆文学だ、と極言している。(ヘイクラフト/B)

■ある幸運な作家は、かくまえに題名を考えつく。他のひとたちは夜どおし考えたすえ、やっと見つける。(ヘイクラフト/B)

■詩人かつ数学者だから、彼は推理が得意なのだ。たんなる数学者だったなら、推理なんかまったくできなかったろう。(エドガー・アラン・ポオ『盗まれた手紙』/B)

■ポール・ヴァレリーの言葉だが、すべてについて語らないだけでなく、わざとそうしないのが詩の本質であって、そのような行為から、ぬきさしならないフォルムが生まれてくる。詩はそれ自身を限定し、必要なものだけを選び、歌おうとするものに変化を生じさせる。おなじように推理小説でも、たとえば航海中の旅客船のなかとか、雪にとじこめられた田舎の別荘とかいったふうに、閉ざされた環境が、事件のうごきや容疑者の数を限定することになる。(植草甚一『雨降り——』)

■⑤余録

■ある日、ある所で顔を合わせたら、彼(田村隆一)、いきなり大声で、「きみ、アメリカってえのはすごいね。いま映画を見てきたんだけど、乞食が背広を着てやがんのさ。すごいねえ、乞食でも背広だぜえ」。当時のわれわれの服装ときたら復員服かスフ入りの国民服、冬ならその上に海軍士官用のレインコートをひっかけるぐらいだった。へええ、そうかねえ、とわたくしは、さすが田村は目の着けどころが違うと感心したが、なんとなくおかしくて二人で大笑いしてしまったことを覚えている。(北村太郎「スケッチ・田村隆一」/D)

⑥寸言

■探偵が人間として描かれているような探偵小説をかくことも可能なのではないかと、私は考えた。（ベントリー「あの頃のこと」／B）

■われわれ（読者）は彼（主人公の探偵）がどこにすみ、どんなものを着て、どんな煙草をすうか、そして――あまりくりかえされても困るが――なにを朝食に食べるかを、知ることを欲する。ある作家たちがこのようなことに無関心なのはわからない。（ヘイクラフト／B）

■探偵小説は子供にとっておとぎ話が真実らしくみえるような意味で真実らしくみえなければならない。（キャロライン・ウェルズ／B）

■けっして現実的なものではないが、われわれにとっては、写真のようにリアルに見える。（マージョリー・ニコルスン「教授と探偵」／E2）

⑦What is Mystery？

■探偵小説とは、犯罪とその捜査をとりあつかった小説のうち、謎の設定とその解決が、もっぱら論理的操作によってのみ行なわれるもの（ドロシイ・L・セイヤーズ「人間性の必要」鈴木幸夫編『殺人芸術』宇野利泰訳、荒地出版社、一九五九）

■「誰がやったか」という俗な定義は正しい。基本的な公式はこうである。殺人事件が起る。いろいろ容疑者が浮かぶ。真犯人である一人の容疑者以外は全部のぞかれてゆく。真犯人が逮捕され、あるいは死んでしまう。（W・H・オーデン「罪の牧師館――中毒者による探偵小説についてのノート」／E2）

■推理小説という用語は戦前には使われず、戦後に木々高太郎がこれを「探偵小説を含めて」の、新しい小説の呼称として使用したい、と提唱してから漸次に用いられるようになり、現在では探偵小説の同義語として、定着しているとみてよい。〔……〕イギリスでは探偵小説を、ディテクティヴ・ストーリイ Detective Story といったが、現在ではミステリ・ストーリイ Mystery Story を用いており、アメリカもミステリを使用するが、ストーリイをフィクション Fiction に替えており、ミステリ・フィクションといえば探偵小説を意味する。（九鬼紫郎『探偵小説百科』C）

第二章

①What is Mystery？

■探偵小説は、高貴な精神のたのしむ正常な気晴らしである。（フィリップ・ゲダラ／B）

■もしもし、あなたの胃袋のどまん中に不愉快な熱っぽさがありませんか？　そして、あなたの頭のてっぺんに険悪な動悸を感じませんか？　そいつが探偵熱というやつです。（ウィルキー・コリンズ『月長石』／B）

■賢明な作家は、いくら多くても殺人の数は三つか四つに制限している。なぜなら、どんな主題でも余計なくりかえしは芸のない話で、読者の側からは興味をそがれるだけだからだ。〔……〕今日もっともよい小説での殺人は——実人生とおなじように——射ったり、格闘したり、刺し殺したり、（断崖や建物の上から、または水中に）突きおとしたり、なぐったり、毒殺したり、等々である。もちろんこの順序はどうでもよいことだが。（ヘイクラフト／B）

■私の考えでは、ミステリ小説をこのまぬひとびとはアナーキストである。（レックス・スタウト／B）

■探偵は読者の代表である。彼は自分の認識力を用いながら、しだいに真実へ肉薄して行く。そして、その肉薄の段階に従って、現実の姿がしだいに異なったものにみえてくる。（中村真一郎「スープのなかの蝿」『深夜の散歩』創元推理文庫、二〇一九／F）

②What is Mystery？

■欧米の作品はほとんどすべて、多かれ少なかれユーモアの要素を具えていると言っていい。いや、外国ミステリーそのものがユーモア文

学だと言っていい。（小泉喜美子『メイン・ディッシュはミステリー』新潮文庫、一九八四）

③What is Mystery？

■ある作家などは、最上のアイディアは自分がきらいな人物を殺してやろうと空想して考えついたと告白している！（ヘイクラフト／B）

■最も興味ある〔殺人〕動機は言うまでもなく「金銭」「恋愛」及び「復讐」である。これを細別すれば、憎悪、嫉妬、貪慾、自己保全、功名心、遺産問題、その他多くの項目になる。つまり、人間感情の凡てのカテゴリーがこれに含まれる。（カロライン・ウェルズ『探偵小説の技巧』／江戸川乱歩『続・幻影城』光文社文庫、二〇〇四）

④What is Mystery？

■心理というもののなかで、毒殺者のゆがんだ心理以上に魅力あるものはない。（ヘイクラフト／B）

■そしてなぜ探偵小説の会話はおもしろいのかと訊かれれば、いちおうしやれたことが言へるくらゐ知的な内容のある生活をしてゐる登場人物たちのなかで起つた殺人だから、その殺人には花があるのだ、と答へればよからう。つまり探偵小説の会話が気がきいてゐるのは、血なまぐさい事件が起つた世界の、余裕と優雅のしるしなのである。（丸谷才一「なぜ読むのだらう？」／F）

⑤What is Mystery？

■探偵小説でひとつの絶対に許しえない罪は、いかなる点でも、論理的推理にかえて、思わぬ出来事やチャンスや偶然の一致を使うことである。（ヘイクラフト／B）

⑥What is Mystery？

■確固とした〔探偵小説の〕熱愛者はドストエフスキーをさがしに探偵小説にはやってこない。（ヘイクラフト／B）

⑦What is Mystery？

■工夫に巧みなひとは常に空想的であり、また真に想像力にとむひとは、同時にかならず分

析的である。（エドガー・アラン・ポオ『モルグ街の殺人』／B）

⑧What is Mystery？

■ひとことでいえば、探偵小説は現代の文学の全分野にわたって、もっともひろく読まれもっとも確実に消費されるもののひとつである。（ヘイクラフト／B）

■犯罪探偵の小説は、最近に成長したものである。なぜなら、その基礎となる歴史的条件は、現代のものだからだ。（F・W・チャンドラー『悪事の文学』／B）

⑨What is Mystery？

■チョーサーが飛行機についてなにも語ってないのは、彼がそんなものを一度も見たことがなかったからだ。お巡りさんについて書こうにも、お巡りさんというものがいなかった昔に書きうるはずもない。（ジョージ・ベイツ／B）

第三章

検証（エドガー・アラン・ポオ）

■探偵小説の歴史は『モルグ街の殺人』出版にはじまる。（ブランダー・マシューズ／B）

■ポオは史上まれにみる、自分の心の奥ぶかくを作品にもらした作家である。しかもその心はなんという恐怖にみちた精神の一室であったろう！（ヘイクラフト／B）

■ポオは自分の気が狂わないために探偵小説を創った。（ジョゼフ・ウッド・クルーチ／B）

■〔『モルグ街の殺人』では〕探偵科学の二大金言がはじめて宣言されたのである。一つは、不可能なことすべてを除外したときあとに残ったものが、たとえどんなに「ありそうでない」ものであっても真相であるはずだ、ということ。いま一つは、奇異に見える事件ほど解決がたやすい、ということである。（ドロシー・L・セイヤーズ「犯罪オムニバス」／

E1）

■印刷術と同様、探偵小説はそれがはじめて発明されてから、ただ機械的方法だけが改良されてきた。芸術的作品として、グーテンベルクの聖書とポオの『モルグ街の殺人』はいまだかつてなにものにも凌駕されたことがない。（フィリップ・ヴァン・ドーレン・スターン／E1）

■小生は前に貴下の示された契約をうけたく存じます。すなわち、貴下は全利益を得られ、小生には友人贈呈用の二十部を譲られることであります。（ポオが出版者リー及びブランチャー両氏にあてた手紙より／B）

■ポオは五つの探偵小説を書いたほかに、暗号解読の遊戯に耽り、手品人形の種探しに熱中し、他人の探偵小説的作品の犯人当てに興じ、進んでは詐欺手口の蒐集にまで及んでいることを考えると、ポオの探偵趣味は決して一時の気まぐれではなく、彼の本質に根ざしたものであることが分る「……」ポオがゴシック・ロマンスの余力未だ衰えざる時代に生れ、怪奇と恐怖の作品に於てはその影響を受けながら、突如として、前代未聞の探偵小説という文学形式を発明したことは、いくら驚嘆しても足りないほどである。若しポオが探偵小説を発明しなかったら「……」恐らくドイルは生れなかったであろう。「……」（ポオが創作した）トリックの内、その後最も多く使用せられ、最も長い生命を持った著しいトリックは「密室殺人」と「探偵即犯人トリック」と「盲点原理」の三つであろう。（江戸川乱歩「探偵作家としてのエドガー・ポオ」／A）

検証（コナン・ドイル）

■ウィンストン・チャーチルにしたって政治家と画家との二足ワラジをはいた二重人格者だ。コナン・ドイルには医者と犯罪学者と心霊研究家と歴史研究家とが、いっしょくたになっていた。（植草甚一『雨降り――』）

■併し何と言っても、コオナン・ドイルの傑作がシャアロック・ホオムスを中心にした探偵小説の主人公というものの典型を作り出しているのみならず、ヴィクトリア時代の英国という、二度と再現されることがない一つの豪奢な世界を捉えることに成功していて、これはどんな大作家も彼に引け目を感じていい奇蹟的な偉業なのである。（吉田健一「コオナン・ドイルの思い出」／F）

検証（ジャック・フットレル）

■ジャック・フットレルがもし三十七歳以上生きていたなら、きっとアメリカの探偵小説の発展を指導する二つか三つの名前のなかにはいっていたにちがいない。まさに彼は、時代に先だってタッチの軽快さをこの分野に持ちこんだひとである。そして現在の基準からしても、そのプロットは巧妙で、叙述は読むにあたいする。（ヘイクラフト／B）

検証（ガストン・ルルー）

■それ『黄色い部屋』は多くの模倣のあとでももっとも目ざましい「密室」小説として残っている。（ヘイクラフト／B）

■フランスの新聞「イルストラシオン」紙はルルウのことを、「不滅の報道人」と呼んでいるが、まったく彼はもっとも困難な題材や状況の下に記事を取り得た、最初にして最後のジャーナリストだと云われている。〔……〕ルルウの作品は、フランス探偵小説の典型的なもので、ガボリオーによって創始された「安っぽいセンセイショナリズムと結びついた細心な論理」という伝統を追っているのである。（『二十世紀著述家辞典』より田中潤司訳／A）

⑤検証（モーリス・ルブラン）

■ルルーでもそうだったが、変装と変名はルブランのほうがもっと退屈である。〔……〕『八点鐘』はじっさいどの批評家の意見でも、探偵としてルパンの最上のもので、どんな気むずかしい読者の注意もひくにたるものだといえる。多くの初期の本はまったく別種のものである。（ヘイクラフト／B）

■彼の作品の多くは屋外で執筆されたという。

チェスが好きでポオやバルザックの作品を好んで愛読したそうである。（『二十世紀著述家辞典』より田中潤司訳／A）

■近代探偵小説の見本とも云えるような、最良の、最も特徴ある作品が収められている。（ウィラード・ハンティントン・ライト＝ヴァン・ダイン／A）

■読者を捕えるのは最初の書出しの一〇ページである。（ルブラン／C）

検証（G・K・チェスタトン）

■ウィラード・ハンティントン・ライトが指摘したようにブラウン神父はおもに犯罪の道徳的、宗教的な面にかかわる。じっさい、形而上的な探偵小説を完成したということが、チェスタートンの、この分野にたいする主要な貢献だったといえよう。［……］チェスタートンの小説の多くはよい探偵事件の条件にかなっていないだろう。だが簡単に除外することはできない。彼はまちがいなく重要な改革者のひとりなのである。（ヘイクラフト／B）

■深夜、純粋な気持になって、探偵小説史上最も優れた作家は誰かと考えて見ると、私にはポオとチェスタートンの姿が浮かんでくる。この二人の作品が、あらゆる作家と作品を超えて、最高のものと感じられるのである。（江戸川乱歩『木曜日の男』解説、HPB、一九五四／A）

■チェスタートンの探偵小説はまさにトリックの宝庫、トリック百科全書の観がある。（江戸川乱歩「宝石」昭和二十五年一、二月号／『幻影城』光文社文庫、二〇〇三／A）

検証（E・C・ベイリー）

■いそがしい新聞記者の合間に小説を書くということが如何に困難なことかわかったので、もう二度と探偵小説を書こうなどと考えないために「最後の」という形容詞を使った。（ベントリー／C）

■私の人生におおきな影響をもったものは、G・K・チェスタートンとの友情である。その他の点では私の外観は偉大なヴィクトリア朝時代のひとたちによってつくられた。彼らは本質的な価値、つまり肉体的な健康とか、自由な心、真実の尊重、正義と美についてのギリシャ風の観念を、私に教えてくれた。（ベントリー／B）

■（ベントリーは）現代探偵小説の父である。（ジョン・カーター／C）

検証（F・W・クロフツ）

■わが民族推理小説の最高の要素をことごとく備えている作品（サザランド・スコット『現代推理小説の歩み』長沼弘毅訳、東京創元社、一九六一）

■他のひとたちは、この作者は時刻表とメニューを調べすぎるために、小説のもっとも面白かるべきところを失いがちだと感じている。（ヘイクラフト／B）

■登場人物の性格、心理、恋愛葛藤などの夾雑を好まない純謎解き小説の愛好者にとっては、クロフツの作風は、こよなき珍味に相違ない。（ヘイクラフト／A）

■出版社は印刷にかかるまえに、法律や医学の専門家に誤りを訂してもらうことがあるが、クロフツには指摘すべき誤りが極めて少ないということである。（ダグラス・トムスン『探偵作家論』／A）

検証（イーデン・フィルポッツ）

■アア、まだこんな面白い探偵小説を読み残していたのかと、夜を徹して読み終ったあと、私の中の「鬼」がムクムクと頭をもたげ始めたのである。〔……〕フィルポッツのチェスタートン以上に珍重すべきは、彼の探偵小説の処女作が一九二一年即ち作者六十歳の時に出版されているところである。六十歳にして彼の情熱が初めて探偵小説に向けられ、それ以来殆ど毎年のように長篇探偵小説を執筆し、外に多くの短篇探偵小説の作もあり、しかもその悉くが、所謂文学作家の余技として投げやりな印税稼ぎではなく、一作毎に真剣な情熱がこめられているに至っては、日本人の我々にとって驚異の外のものではない。

〔……〕この小説の前半の両岸の風光美しいゆるやかな流れは、忽ちにして奇岩怪石応接に暇なき奔流と化するのだ。事実私は息も詰まる思いで後半を読み終った。（江戸川乱歩「ぷろふいる」昭和十年九月／A）

検証（ロナルド・A・ノックス）

■これは全く型外れな探偵小説であって、大多数の探偵小説の行き方とは文字通りに背を向け合ってさえいる。こんな風変りな探偵小説は鼻祖ポオは勿論書かなかったし、ガボリオーも、ドイルも、ヴァン・ダインも、ついぞ書きはしなかった。（井上良夫『陸橋殺人事件』訳者序、柳香書院、一九三六）

検証（アガサ・クリスティ）

■私の嫌いなものは、群集、騒音、ラジオ、映画、電蓄のたぐいである。私は酒は飲まないし、煙草も吸わない。私の好きなものは、太陽、海、花、旅行（但し、酔うので船旅はきらい）、変ったたべもの、料理、水泳、テニス、ピアノ弾奏、観劇、音楽会、読書、刺繍など。（『二十世紀著述家辞典』の求めに答えたクリスティーの手記／A）

■一般の芸能は作者が年をとるに従って円熟し、大成し、後の作品ほど優れたものになるのだが、本格探偵小説だけは例外で、初期の作品ほど優れ、晩年は気が抜けて来るのが普通である。ドイル然り、ルブラン然り、ヴァン・ダイン然り、クイーン然り、クロフツ然り、フィルポッツ然り、この原則には全く例外がないと考えていた。ところが、ここにクリスティーだけは、その逆を行って、晩年ほど力の入った優れた作品を書いていたのである。〔……〕この老婦人は実に驚くべき作家である。（江戸川乱歩「クリスティーに脱帽」／A）

■指紋や葉巻の灰などは、ポアロにはむかない。ホームズ流に証拠さがしに四つんばいになったりすることに対する彼の断乎たる拒絶は、この文学で古典的に有名である。（ヘイクラフト／B）

検証（ダシール・ハメット）

■（ハメットは）現実的な推理小説を書こうとした唯一の人物ではなかった。〔……〕小説の世界では、言葉と題材の双方に関して、しばらくの間いささか革命じみた旧套打破の風潮がつづいていたのだった。これは、おそらく詩にはじまったのであろう。何ごともだいたい詩にはじまるのである。そうしたければ、ウォルト・ホイットマンまではっきりさかのぼることもできよう。〔……〕ハメットはそれを探偵小説に応用した（チャンドラー「単純な殺人芸術」／E1）

■（ハメットは）なにか真に新しいものをこの分野にもちこんだひとびとの戦友として、席をともにしている。〔……〕（『マルタの鷹』は）全探偵小説史をつうじ高い地位を占めるものである。〔……〕あまりにもおどろくほど独創的なため、ハメットの小説は事実今日でも注釈をうけつけないものである――もっとも外見上のパターンは、模倣がたくさん生まれすぎた今日では、あまりに馴じみぶかいものとなっているが。〔……〕（ハメットの探偵役は）非情な、欲得ずくな、好色の「したたかもの」である。が、どれもみな、ヘミングウェイ風の勇気と宿命論と、日常的な精神には理解しがたい一種のねじ曲げられた個人的誠実さという、堅固で明確な自分自身の掟をもっている。〔……〕普通は夜中に、ときには三十六時間もぶっ続けでシナリオをかく。やせぎすで身長六フィート、ふさふさした早すぎる灰色の髪、ちいさいきりっとした口ひげ、ポーカーフェイスをしていて、その姿は彼自身自分の探偵のモデルになりそうである。（ヘイクラフト／B）

検証（ジョルジュ・シムノン）

（シムノン自身の）機知、洗練、文章の熟達はうたがいの余地ないものである。（ミリアム・アレン・ディフォード／B）

■シムノンは、彼がえらんだ主人公を苦しませ、その苦しみの極限にまでもっていく、といつも語ってきた。（植草甚一『雨降り――』）

■シムノンは芸術家だ。彼の作品は文学だ。それは現在、多産のために過小評価されているが、後世になれば、更に一層高い評価が与えられるであろう。（「ジョン・オ・ロンドン」誌／A）

■また好評であったことは事実だが（アンドレ・ジードは「自分はシムノンの最も熱心な読者の一人だ」と云い、又、「シムノンは現代フランス文壇に於て最も偉大な、真に小説家らしい小説家だ」と云ったことがある）、決してメグレ探偵を捨ててしまったわけではなく、後年また探偵小説に帰って、夥しい作品を出している。〔……〕シムノンはヴァン・ダイン式の法則は無視しているかも知れないけれども、やはり犯人や動機を伏せておいて、その謎を研究して行くという探偵小説の本道を歩いている。（江戸川乱歩『深夜の十字路』解説、HPB、一九五三／A）

検証（エラリイ・クイーン）

■エラリイ・クイーンはきわめて快適かつ洗練されたやり方で殺人をあばきだし、秘密を解きほぐしたので、現存する小説探偵中随一の人気をもつにいたった。（「ニューズ・ウィーク」誌／B）

■この『Yの悲劇』においては、クイーンのお家芸であるその論理の技巧が、まさに最高の極地にまで達しているように思われる。その点でクイーンは、この作品において、先輩ヴァン・ダインをはるかに凌駕しているといえるかもしれない。（大久保康雄『Yの悲劇』訳者解説、新潮文庫、一九五八）

検証（リチャード・ハル）

■いつも好ましからざる人物を主人公としているが、それは、そういう人物についてのほうが書くことが多いし、面白くもあるからだ。（リチャード・ハル／A）

■『殺意』の影響を受けたというけれども、この作〔『伯母殺し』〕の主人公は非常に風変りな人物で、同じアイルズのBefore the Fact（映画「断崖」の原作）の主人公にどこか似かよった所があり、犯罪計画の綿密度が弱く、探偵小説的興味では『殺意』に劣るが、単なる小説としては、むしろこの方が面白いとも云える。（江戸川乱歩「リチャード・ハルの『伯母殺し』」『幻影城』光文社文庫、二〇〇三）

検証（カーター・ディクスン）

■カー＝ディクスン氏のイギリス探偵小説における技術上の地位は、生国であるアメリカでのエラリイ・クイーン諸氏と、酷似している。両方とも公然たる「娯楽読物《エンターテインメント》」作家である。展開のはやい小説のなかで、しっかりした謎を提出する。人物はけっして深く描かれているわけではないが、色彩ゆたかで、時代にぴったりしている。〔……〕実際カー＝ディクスン氏に関する唯一の個人的秘密は、どうしてひとりの作家がこんなに多くの常にすぐれた小説をかくことができるのか、ということである。どちらの名前でも、彼はイギリスの「純粋《ストレイト》な」探偵小説の比類なき至宝である。

（ヘイクラフト／B）

■謎解き探偵小説の条件は、出発点の不可思議性、中道に於けるサスペンス、結末の意外性という三つで、これが一つでも欠けると、やはりそれだけ興味が減ると、私は信じている。〔……〕一方では、カーはチェスタートンのやらなかったことをやろうとして、一応成功しているんだよ。チェスタートンの短篇はヴァン・ダインやノックスの提唱したフェア・プレイというものは殆んど顧慮していない。

（江戸川乱歩「カー問答」／A）

検証（E・S・ガードナー）

■文学的なスタイルにはなんの野心もないが、「行動《アクション》」小説についての理解には揺ぎないものがある。ガードナーの冒険談は、誰にとっても、たしかに二時間のうさばらしにはなる。

（ヘイクラフト／B）

■私は金をかせぐために書き、読者に一番単純な意味での喜びを与えるために書く。〔……〕

私は厳密な意味では作家でさえない。（ガードナー／C）

検証（ニコラス・ブレイク）

■本名デイ・ルイスの詩よりも、筆名ブレイクの探偵小説の方が勝っている。（ジョン・ストレイチー／A）

■ニコラス・ブレイクが推理小説を書くようになった動機は、天井が雨漏りするからだった。（植草甚一『雨降り――』）

■女王の国の優れた文学者達の多くがそうであったように、詩人デイ・ルイスもまた、文学と探偵小説が相そむくものでないことを証明してくれた。（バウチャー／A）

■（私は）人間の誰でもが持つ残忍性の爆発を、ときほぐすために探偵小説を書く。（ブレイク／C）

検証（エリック・アンブラー）

■彼は、きまりきった古くささや黒ビロードの忍び足の女などを、巧みな筋のはこびと性格描写、信じられる人間らしさなどに置きかえた。（ヘイクラフト／B）

■危険と秘密と速度とが、この種の小説の三大要素である。アンブラーのスパイ小説もこの傾向の一つに属する。（ベン・レイ・レドマン／A）

■彼の描写の克明さは、ゾラを学んでいるかと思われ、別の意味では、現代のグレアム・グリーンの作風に近づいている。〔……〕アンブラーは好んで「これから痛いことをする外科医の表情」という形容を使う。こちらは手術台にしばりつけられていて、メスを手にして近づいて来る外科医を見るときの感じ。それがこの小説の主人公であり、且つ作者の作風である。（江戸川乱歩『デミトリオスの棺』解説、HPB、一九五三／A）

■アンブラーは〔……〕第四作『ディミトリオスの棺』でそのようなスパイ・スリラー方程式からさらに一歩踏み出し、政治（犯罪）小説と冒険（スリラー）小説との積極的な結合を試みたのである。〔……〕「政治・思想の娯楽化」と「文学的想像力の深化」という一見相反する二本柱に支えられた人間性の把握なしには成立し得ないスパイ小説にとって、まことに当然の成行であった、と私は思う。（中薗英助「アンブラーの道」『ディミトリオスの棺』解説、HM文庫、一九七六）

検証（グレアム・グリーン）

■グレアムはこの十四歳のときから、度々自殺を企てている。ある時は写真現像液を呑んだ。ある時は毒ナスビをたべようとした。又ある時はアスピリン二十錠を呑んで学校のプールに飛びこんだが、その時の感じを彼は「羊毛の中を泳いでいるような気持だった」と書いている。（江戸川乱歩『密使』解説、HPB、一九五四／A）

検証（レイモンド・チャンドラー）

■彼の小説の良さは、緊迫したスリルを持ちながら、極めて自然であり、殆ど拵えものの跡が見えないことである。何よりも、彼は新鮮である。ピチピチと生きがいい。その上彼の発明による新感覚の語法が、いたる所に胡椒の如くふりかけられている。（「タイム」誌／A）

検証（ウィリアム・アイリッシュ）

■ある日厳松堂へ行くと、店の隅に一束に括った洋書があり、その一番上に『幻の女』のポケット本がのっていたのである。私は飛び立つ思いで、店員に聞くと、春山〔行夫〕先生に売約済みですという。〔……〕ほかの本といっしょに荷造りさせて、出ようとすると、当の春山君が入って来た。〔……〕私は有無を云わせず本の包を抱えて、一目散に逃げ出してしまった。それほどの思いをして手に入れたからでもあろうが、『幻の女』は私を夢中にさせた。そして、その表紙裏に「〔……〕直ちに訳すべし。不可解性、サスペンス、スリル、意外性、申分なし」云々と書きこんだものである。（江戸川乱歩『黒衣の花嫁』解説／A）

■この作家の魅力は、その文章にこもっている一種異様の淋しさにある。筋とは関係なく、文章そのもののトーンが、孤独で淋しくて怖いのである。私は彼の作品を二三行読むと、必ずそういう妙な魅力に引き入れられるのを感じる。（江戸川乱歩「アメリカの探偵小説」／Ａ）

検証（クレイグ・ライス）

■彼女の探偵小説は殆んど前例のない新しい型に属する。〔……〕ライス夫人のはそれら〔トウェインやチェスタトン〕の何れとも異り、その諧謔は通俗的で度が強く、ユーモアというよりはファース〔笑劇、道化芝居〕という方が当っている。文字通りの道化探偵小説である。〔……〕ライスの作には、その探偵小説本来のものが充分にある。本来の探偵小説的興味を少しも減ずることなく、更らに道化的滑稽をつけ加え、面白さを倍加しているのだ。通俗的な作風ではあるが、謎と滑稽、恐怖と道化とをかくも巧みに結びつけた手腕は敬服の外はない。（江戸川乱歩『大はずれ殺人事件』解説、ＨＰＢ、一九五五／Ａ）

■これを子供にあてがっても、彼等はさっぱりユーモアを感じないだろう。大人が読めばこそ、これは全く愉しい童話なのだが。（福永武彦「カーステヤズ家の方へ」『深夜の散歩』）

検証（マーガレット・ミラー）

■この早川ミステリが企画されたとき、植草君が候補作として数十冊の英米書を提出され、その中に『鉄の門』があったので、やはり心を惹かれて、他の本よりも先に一読し、今度は大いに感心したのである。〔……〕従来の心理的ミステリーの優れたものは、殆んど悉く「心理探偵小説」でなくて、「心理犯罪小説」と呼ぶ方がふさわしいものであったのに比べ、この『鉄の門』は、謎そのものも、解き方も「心理的」であって、「心理探偵小説」の条件を充分備えている。（江戸川乱歩『鉄の門』解説、ＨＰＢ、一九五三／Ａ）

検証（エドマンド・クリスピン）

■クリスピンの小説は、ほとんどがオックスフォードを舞台にしているから、当然といえば当然だが、出てくる人物の大半は大学関係者か学生たちだ。したがって、文学談義や哲学、思想談義が、頻繁に飛び出す。本書でも、主人公の二人は、ひまさえあれば文学的クイズに興じている。とくに、たがいに「読めない本」を指摘しあう場面は秀逸で、思わず同感の笑みをもらす読者も多いにちがいない。こうなると、読む側にも、それ相応の教養が要求されるわけで、この派の作品が、わが国の読書界に、それほどはなばなしくもてはやされない理由の一半は、そこにあるといっていいだろう。だが逆に本国イギリスで、教養人の読み物として、クラブの話題となり、暖炉の前でワインをちびりちびりやりながら読まれているのは、まさしくこういう種類の推理小説であるからなのだ。（大久保康雄『消えた玩具屋』訳者解説、HM文庫、一九七八）

■検証（ミッキー・スピレイン）

■「タフな探偵」というアメリカの常用語には、ちょっと適訳がないが、私は試みに「したたか探偵」と訳して見た。実にしたたかな探偵なのである。どんな相手にもビクともしない所、勘が早くて咄嗟の気転が利くところ、女に目のない所、いずれの意味でも「したたか」なのである。〔……〕私はマイク・ハマーという「したたか探偵」は、どこやら講談の「森の石松」に似ていると思った。（江戸川乱歩『大いなる殺人』解説、HPB、一九五三／A）

■この『裁くのは俺だ』の幕切れの「露出」は殊に見事である。今発射されようとするピストルの前で、稀代の美女が、一枚ずつ着物を脱いで、遂に一糸まとわぬ全裸となる。この着想は面白い。スピレイン諸作中の白眉であろう。〔……〕金銭のためには動くが、同情によっては動かない。性慾は旺盛だが、恋愛はしない。（江戸川乱歩『裁くのは俺だ』解説、HPB、一九五三／A）

■マイク・ハマーの口もとから一分間に二百語

の台詞が転がり出るという印象を与えるのは、それだけでも正真正銘の職業的有能さとして賞賛に値する。（キングズリー・エイミス「わが愛する探偵たち」／F）

検証（ヘレン・マクロイ）

■郊外にある寄宿制の女子校という舞台設定がスーパー・ナチュラルな雰囲気を盛りあげて、良質の恐怖小説を読む趣きがあり、最後に探偵小説本来の意想外な謎解きが用意されている……。（『暗い鏡の中に』解説「S」生、HM文庫、一九七七）

検証（ジョセフィン・テイ）

■どんなに褒めても褒めすぎではない。一言にして言えば、世界ベストの一つ……。一年間のベストではなく全探偵小説史のベストの一つである。〔……〕一九〇五年の昔、すでに、探偵小説のあらゆる手法が使いつくされたと云われたものだ。今後は同じような手法のくり返しにすぎないだろうと云われたものだ。しかし、事実はそうではなかった。〔……〕それは歴史上の謎を探偵小説的に解いて見せるという新手法であった。（アントニー・バウチャー／A）

検証（アイラ・レヴィン）

■批評家にとって最も困難と思われることは、手ばなしで、べたぼめにほめたい作品の批評を、読者に納得のゆくように、且つまた読者に信じさせるように書くことであろう。それが、今週、当年とって二十三歳の若き筆者の手になる処女作品を前にして、私のぶつかった難問題なのである。〔……〕この作品には、既成老大家たちがしばしば逃げ道に使用する不自然な奇妙な暗合など、全然ありはしない。これは、単なる「非凡な処女作」というばかりでなく、玄人はだしの若き作者の手になる、卓越したサスペンス小説である。読者は、この一書によって、比類なく素晴らしき宵を過すことが出来るであろう。（アントニー・バウチャー／A）

注

①ポケット・ミステリおよびエラリイ・クイーンズ・ミステリ・マガジンの企画誕生経緯については、宮田昇『東は東、西は西　戦後翻訳出版の変遷』（早川書房、一九六八）『新編戦後翻訳風雲録』（みすず書房、二〇〇七）『昭和の翻訳出版事件簿』（創元社、二〇一七）などにも詳しい。

②「二千冊を読破した」などデビュー以前のヴァン・ダインに関するエピソードの真偽については、評伝『別名S・S・ヴァン・ダイン　ファイロ・ヴァンスを創造した男』（ジョン・ラフリー著、清野泉訳、国書刊行会、二〇一一／原著一九九二）に詳しい。

③合作の役割分担などクイーンの創作過程については、評伝『エラリー・クイーン　推理の芸術』（フランシス・M・ネヴィンズ著、飯城勇三訳、国書刊行会、二〇一六／原著二〇一三）および書簡集『エラリー・クイーン創作の秘密　往復書簡1947−1950年』（ジョゼフ・グッドリッチ編、飯城勇三訳、国書刊行会、二〇二一／原著二〇一二）に詳しい。

④生島治郎による当時の回想に、小説『浪漫疾風録』（講談社、一九九三／同文庫、一九九六／中公文庫、二〇二〇）がある。

⑤都筑道夫による当時の回想に、『推理作家の出来るまで』上下（フリースタイル、二〇〇〇）がある。

日記（昭和二十九年）より

一月一日　金曜　晴

鮎川と十二時頃まで喋り、ミラーの『鉄の門』を読みながら寝む。

一月四日　月曜　曇、小雨

早川書房に出社、早川氏宅にて新年会。宮田、福島、高畑、早坂、河合等、諸氏集り、御馳走になる。

帰宅十時、クリスティの『忘られぬ死』を読みはじめる。

一月五日　火曜　曇

早川にて仕事はじめ。アイリッシュの『暁の死線』三校を見る。誤植多く、腹立つ。

一月六日　水曜　曇

夕刻、早川に北村、中桐、木原、堀越来る。

一月七日　木曜　晴后曇

午后一時より延原謙氏訪問。ドイル『運命の塔』、クイーン『シャム兄弟の秘密』の二篇をいただく約束をする。

就寝の折『時の娘』読む。

一月八日　金曜　晴　暖

十一時より編集会議。

一月九日　土曜　晴　暖

今日は非常に暖し。江戸川氏訪問。

一月十一日　月曜　曇　非常に寒し

東販、新刊ニュースへポケット・ミステリの宣伝文を四、五枚書く〔「外国にもない完全な探偵小説全集を！」参照〕。東販の帰途、ポケット・ブックを探して歩く。

衣更着信より手紙来る。クレイグ・ライス訳したき由、返信する。

神保町イケダ書店。ここのポケット・ブックは非常に豊富、値段も手頃。

一月十二日　火曜

午后植草甚一氏訪問、サントリィなど御馳走になる。

一月十四日　木曜　晴　暖

早川書房出社。十二時、光雄君大塚に来り、二人で乱歩氏訪問。氏、胃腸を害し、面会出来ず。後藤康年君、トリス小瓶を余に贈る。宮田、福島、高畑の三君に献ず。

一月十六日　土曜

午前十一時フォルスター氏訪問。しきりにタトル商会のことを気にしている。午后村崎敏郎氏を訪問、Eric Ambler の "Journey into fear" の翻訳をお願いする。ウィスキーなど御馳走になり夜九時までイギリスの話などで過す。古い洋館なれど、非常に趣きあり。とくに書斎には心惹かる。

一月二十日　水曜　曇

午后三時、早川書房に斎藤正直氏現る。早川のパスにて国技館（春場所）へ早川と行く。

一月二十二日　金曜　晴　今夕より北風寒さ厳し

午后 Greene の "The man within" の映画「卑怯者」の試写を観る（N・C・Cにて）。小津次郎、野崎孝、瀬尾裕、遠藤慎吾、早川、宮田など。

帰途コーヒー店にて、限定豪華本の翻訳物のユニフォーム・エディションの計画を相談する。カポーティなど候補に出る。

一月二十五日　月曜　曇

早川書房、月給出ず。宮田君たち慌てる、可哀想なり。

一月二十六日　火曜

早川退社后、宮田君と新宿に行き、〝ナルシス〟〝パール〟〝ドレスデン〟など飲み歩く。全然しまりなし。帰宅十二時過ぎ。

一月二十八日　木曜　快晴　朝寒く午后より暖

午后六時、北村、印税の件で早川に来る。午后植草氏訪問。シメノン選集の件にて。新橋にて、氏に誘われて「色ざんげ」なる、フランスの試写を観る。岩佐東一郎氏に会う。

一月三十日　土曜　晴　寒

早川の帰途、光雄、田中潤司君（我が社のニューフェース）と古本屋に行く。

Christie の "Three Blind Mice" 20 yen で買う。地下鉄（お茶の水～新大塚）で田中君と帰る。

二月三日　水曜

　早川を休む。二日酔はげしい。伊藤と二人で車で伊藤の家へ行き、泊まる。

二月四日　木曜　晴　暖

　朝食后、嘔吐と下痢（二日酔はげしい）。伊藤の家で、一時ごろまでぶらぶらしている。日販、今年は荒地に約手〔約束手形〕を三割五分くれた由、これは大変なことなり。早川のポケット・ミステリでさえ、まだ三割なり。

二月五日　金曜　晴　暖

　早川を昨日と同じく休み、終日寝ている。

二月八日　月曜　晴　暖

　午后四時ごろ、早川の光雄、田中潤司君、見舞方々偵察に来る。ヒゲをノバしていてよかった。

　木原から Greene の『事件の核心』を借りる。

二月九日　火曜　晴　暖

「十五年という歳月が彼女の頭を作り直した。優しさは経験によって潮が退くように薄れた。そしていつも彼はそのことで自分の責任を感じていた。彼がさきに立って彼女を導いて来たのだ。彼女にやって来た経験は彼が選んで与えたものである。彼が彼女の顔を形作ったのだ」

（『事件の核心』グリーン、伊藤整訳）

二月十一日　木曜　晴

　終日家にねていて、グリーンの『事件の核心』を読む。

「スコウビイには、人生が量り知れぬほど長いように思われた。人間の試練はもっと少しの歳月で行われ得ないものだろうか？　七才で最初の重大罪悪を犯し、十才で愛か憎しみのために破滅し、十五才の死の床で贖罪の機会を摑むことが出来ないものだろうか？」（グリーン『事件の核心』）

二月十二日　金曜　晴　暖

　今日から早川に出る。

ニコラス・ブレイク（C・D・ルイスの筆名）の『野獣死すべし』読了。大変面白し。

「憐愍という言葉は、愛という言葉に同じく、軽く用いられる。本当はそれは経験するひとの殆んどないぐらいの、怖しい見境のつかない情熱なのだが」（グリーン『事件の核心』）

"pity"ということに関して、『恐怖省』にもかなり強く語られている。

二月十三日　土曜　晴　暖

植草甚一氏訪問。"Moving Toyshop" の翻訳をお願いする。

帰途、渋谷にて、グリーンの『不良少年』（ブライトン・ロック）一五〇円。"No hands on the clock" mystery 六〇円を買う。

前書を読むとあまり面白くなさそうだ。

二月十四日　日曜　雪　あまり寒からず、春の雷なり

「『でも、スコウビイ副所長さん、あなたはほんとうに、真剣に』とサイクス博士は尋ねた。『地獄を信じますか』

『そうですよ、私は信じますね』

『焔も責め苦も？』

『多分全くその通りじゃないでしょう。それは永遠に棄てられたという感じだろうと教えていますね』

『そんな風な地獄なんて《僕には》ちっとも怖くないね』とフェロウズが言った。

『多分君は今まで大切なものを何も失ったことがないのだろう』とスコウビイは言った。」（グリーン『事件の核心』）

『事件の核心』読了。大変面白し。

二月十五日　月曜　晴　寒し

早川にて、ノオトの整理をする。

二月十七日　水曜　小雨

グリーンの『ブライトン・ロック』（『不良少年』丸谷才一訳）を読みながら寝む。

二月十八日　木曜　曇、ときどき小雨

延原謙氏訪問、夫妻の歓待をうける。支那の話など聞く。

二月十九日　金曜

大蔵省→大蔵出版→フォルスター→プルウ→マルゼンなど、一日中歩き廻ったので疲れる。帰りは地下鉄で帰る。

二月二十二日　月曜　晴　寒さきびしい

Greene の不良少年 "Brighton Rock" 読了。

二月二十七日　土曜　晴　暖

帰途、渋谷に出る。渋谷文化劇場にてヒチコックの「見知らぬ乗客」を観る。非常に混んでいて気分悪し。映画も期待はずれ。

二月二十八日　日曜　晴　暖

午后四時ごろ、早川の宮田君見舞に来る。

四月十四日　水曜　曇

夜、斎藤正直来る。早川の宮田、福島、高畑、タトルの山崎を同伴、桜の座敷で飲む。余、ビールを一本のむ。十時半、みんな帰る。福島君、今月五日で早川をやめた由〔一九五六年復職〕。

四月十七日　土曜　晴、曇、夜半雨

午后、早川書房行き。北村と会う。早川氏に弟の仕事のことを頼んでくる。

四月二十九日　木曜　曇　夜雨

高田馬場へ行き、パール映画館にて「不思議の国のアリス」、「水鳥の生態」（これもディズニー制作、文化映画なれど、非常に面白し）「第三の男」（これは三回目なり）を観る。

〔五月十一日～六月四日、胃の手術のため入院〕

六月二日　水曜

アンブラー『恐怖への旅』読了。

六月七日　月曜　晴　夕刻より雨、のち晴れる

ガードナーの『奇妙な花嫁』三分の一読む。つまらなし。やめる。

六月十三日　日曜　曇

セイヤーズ『アリババの呪文』

夜、『赤毛のレドメイン』を読む。面白くなし。

六月二十八日　月曜　雨

午后、早川書房行き。来月より勤めに出ることなど話してくる。

七月一日　木曜　晴　夏型、むしあつし

今日より、早川に出社。ちょっと疲れる。伊

藤より借りた、「小説公園」、『現代アメリカ小説集』（昭和二七年）の中で面白かったものを左に掲げる。

"The Vanishing lady" Alexander Woollcott/"A Tree of Night" Truman Capote/"Seventy Thousand Assyrians" William Saroyan/"Wine on the Desert" Max Brand/"The Most Dangerous Game" Richard Connell/"The Delicate Prey" Paul Bowles. 特に Paul Bowles よろしい。短篇集を探して読むこと。

七月五日　月曜

　Christie "Three Blind Mice"読了。

七月六日　火曜　曇　温度、低

　Christie "Witness for Prosecution" 読了。植草氏訪問。

十一月二日　火曜　晴

　今日から宮田君と片平氏のところへ会話を習いに行く。一週二日（四時間）、約半年で第一巻をマスターするという訳。

　What's a cat?　It's an animal. からはじめる。

十一月六日　土曜　晴

　夜、Christie の"The Love Detectives"（短篇）を読む。

十二月九日　木曜　晴

　グリーン「居間」より。

「見まもるローズは苦悩し、途方にくれている。若い彼女には、愛にも様々な形のあることが悟れない」

「ジェイムズ　そうです。そして神はその苦悩をも分ち荷われているのです。デニスさん、神は世界を創られただけではない——永遠というものもお創りになった。苦痛は、われわれにとっては問題です。が、子供を産むときの女にとって苦痛はそれほど大きな問題にはならない。死とはわれわれの子供です。死を産むために、われわれは苦痛を通り抜けて行く。わたしも、あなたも苦痛のために泣いている。しかしローズは、……ローズはもう自由なんですよ。あれは死という子供を産んでしまった。」

外国にもない完全な探偵小説全集を！

田村隆一

朝日新聞（夕刊）社会面昭和二十八年十二月十二日

「スピレイン・ブームで暮の出版界は戦後二度目の推理小説景気を呼ぼうとしている。早川書房も二カ月の間にスピレイン一点で一万六千部を売るという推理もののレコードをつくったと同社ではいっている。このスピレイン景気のおかげで推理小説が久し振りに出版界に復活したチャンスをとらえ、十月初めから十二月初めのわずか二カ月間に海外の推理小説が十八点も出るという出版界はじまって以来の推理もののブームとなった。」

右の一文だけでもよく分るように、読者の強力な支持をうけまして昨秋から今春にかけて、わずか数カ月間に、ハヤカワ・ポケット・ミステリは、スピレインの『大いなる殺人』を皮切りに二十点近く出版され、今年の暮までには、『世界探偵小説全集』第一期百巻（全巻江戸川乱歩解説）を完結する予定でいます。

周知のように西洋探偵小説の全集は、戦前からも、かなりいろいろな型で出版されておりますし、戦後にも昭和二十四、五年を中心に数社から出たのですが、江戸川乱歩先生のお言葉を借りていいますと、「作品の大部分は戦前に出たもののむしかえしで、遺憾ながら編集部が多くは探偵小説の素人で選択が充分でなかった。」

そこで、この企画にあたりまして、まずなによりも、外国にもない完璧な探偵小説全集を造ることこれを編集部のモットーとして、作品の選定を、江戸川乱歩、植草甚一両先生にお願いしたのです。江戸川先生は、探偵小説界の第一人者であることはいうまでもなく、映画評論家の植草先生は、西洋探偵小説通の第一人者であると江戸川先生から折紙をつけられている方で、この両先生を撰者としてお迎えできたことはハヤカワ・ポケット・ミステリが成功した一大要因だとわたくしたちは信じております。

　次に造本ですが、なによりも定価を廉くすること、なおその上に従来よくありました抄訳をさけて第一流の訳者による全訳決定版とすること、現代的感覚をモットーに、スマートであること、つまり、従来よくありました探偵小説本につきものの俗悪な表紙をボイコットして、電車の中でも、またオフィス、学校、こういう場所でカバーをかけずに安心して読めるということ、またベッドのなかで容易に読めるように8P二段組を採用したことなど、こういった諸点を最も効果的に生かすために、日本ではじめての試み――斬新なポケット・ブック版をわたくしたちは考えてみたのです。

　最後に、このシリーズの企画を全面的に支持していただいた水谷準先生のお言葉をここに掲げて、一人でも多くの読者にハヤカワ・ポケット・ミステリが迎えられることを、編集部は希望してやみません。

「探偵小説は精神のスポーツである。日本人はスポーツが大好きな国民だ。だから日本人は探偵小説が大好きにならねばならぬ義務がある。それなのに探偵小説がいまだに百万の読者を持たないのはそれを供給する側のジャーナリズムが悪いのである。『ポケット・ミステリ』はその形式に就ても、内容に就ても、この渇をいやすであろうことは疑いない。電車に、事務所に、書斎に、そして寝床に、探偵小説よ、はびこれ！」

（一九五四・一）

今後の編纂方針と解説文執筆者の交代について

江戸川乱歩

今年〔一九五四〕九月の還暦以来、私は二、三続きものの小説を書きはじめたし、その他の事柄でも身辺甚だ多事となり、解説文執筆者として、矢つぎばやに刊行せられるこの叢書〔ハヤカワ・ポケット・ミステリ〕の速度には、ついて行けなくなった。この叢書はすでに六十数冊発売せられ、広く世間にも認められ、大いに好評であり、売行きもよろしいことは、私として欣快なのだが、そのために読者からの督促もはげしく、刊行速度が早くなり、一ヶ月に七、八冊も出るとなると、解説者は悲鳴をあげざるを得ないのである。

この叢書が創刊された当初は、それまでの六七年間に読みためてあった新らしい英米作品のうちから、是非飜訳してほしいものが数十冊あり、選書の困難を感じることは殆んどなく、解説文も容易に書けたのだが、そういうストックがなくなってしまうと、第一、原作の選定が非常な重荷となる。ブック・レビューなどで目星をつけて、原作を取りよせても、初期の選定の標準から云えば、十冊に一冊ぐらいしか推薦作がないわけで、実際飜訳される十倍の本を絶え間なく読んでいるということは、やすやすとできる仕事ではない。冒頭に記したような事情もあって、私はこの任に堪え得なくなったのである。

さし当って、私に代ってこの仕事を引きうけてくれる人がないとすれば、ここで方針をたてなおさなければならない。そこで、早川書房とも相談して、一応次のような編纂方針を定めた。

クリスティー、クロフツ、ヴァン・ダイン、クイーン、カーその他日本の読者になじみの深い作家のものは、既訳の代表作を、適時この叢書に編入して行くこと、クリスティー、クイーン、カーなどは、訳し残されている全作品を飜訳して、後にはクリスティー全集、クイーン全集などと、目星しい作家の全作品がまとまるようにすること、ガードナーなども別の意味でもっと飜訳すること、古いところではチェスタトンのブラウンものを全部飜訳するなど、あぶなげのないものに半ば以上の冊数をさき、そのあいだに、植草甚一君や飜訳家諸氏の推薦された作品、英米の書評誌で或る程度以上好評の新作などをまじえて行くことにしたいと思う。新作家の作品にそうそう優れたものがあるわけではないから、やはり古くからの作家のものが半ば以上を占めるのはやむを得ないことである。

解説文については、冒頭に述べたように私に時間がなくなったことと、読みためてあったものが尽きたことなどから、私には毎巻解説文を書く余力がなくなったので、私のことさら推称したい原作などについては執筆することがあるにしても、一般には、早川書房編集部に〔ハワード・ヘイクラフト編〕『二十世紀著述家辞典』その他、私の虎の巻としている参考書類や、英米の探偵小説書評誌を備え、多くの場合は、これらの資料をその巻の飜訳者に提供して、それに飜訳者自身の原作評などをまじえて執筆していただくこととし、止むを得ない場合だけ、編集部員が執筆し、私がこれに目を通すということにしたいと思う。

　今後、この叢書と私の関係は以上のように変るわけである。しかし、やはり私は編集部と密接な連絡をとり原作選定についても、解説文の書き方についても、私の意見は出すつもりだから、まあ相談役というような立場だが、相談役ではおかしいから、よくある慣例に従って、監修という名目にしてくれと懇望されたので、一応そういうことになるだろうと思う。読者のご諒恕を乞う次第である。

（昭和二十九年〔一九五四〕十二月記）

〈跋詩〉凹孔《クレーター》

十二月の声をきくと
ぼくはアメリカ中西部の夜空から見た光景を
きまって思い出す
双発プロペラ機のシカゴ発アイオワ・シティ行きの
機内では
ミニスカートのアイオワ娘のスチュアデスが
ゴーゴーダンスを踊っていて
客は常連ばかり
窓の外は黒い大地がはてしなくひろがっていて
空には満天の星
大地のところどころにイルミネーションの輪がかがやいていて
小さな村や町がクリスマス・イヴを
待っている
そのクリスマス・イヴもやっと終って

村も町もいきいきと動き出す
一九六七年の大晦日は大雪
六八年一月一日は町は死んだふりをしていて
二日になってやっとぼくは
酒場に入って行く

八三年の十二月は
東京ステイション・ホテルの小さなバーに
ぼくはいて
「動く標的」でリュウ・アーチャーという名探偵を創造した
ロス・マクドナルドの言葉を嚙みしめているだろう
「今や、技術が、人間関係を器具におきかえている。私たちは、そのような社会での生活になれることを強いられている。私たちは月に到達することに成功した。これからは、人間社会のクレーター（凹孔）を探検しなければならない」（菊池光氏訳）

八四年の一月のぼくは
枯葉のベッドのなかだ

解説　田村隆一と戦後ミステリ

押野武志

ミステリと大量死

　田村隆一は、戦後のミステリ普及に大きな足跡を残した翻訳者・編集者である。一九五一年、最初の翻訳であるアガサ・クリスティ『三幕の殺人』（早川書房）を刊行し、一九五三年、『荒地』同人の加島祥造の推薦で早川書房に入社する。責任編集長として、版権の取得やハヤカワ・ポケット・ミステリの企画・編集などに携った。また、自らもクリスティやエラリイ・クイーン等を翻訳し、さらに、『エラリイ・クイーンズ・ミステリ・マガジン日本版』（ＥＱＭＭ）の編集長として招かれた都筑道夫とともに、同誌の編集にも従事した。

　一方、田村はいわゆる日本の「戦後詩」をリードした詩人でもある。田村のみならず、彼をはじめ、鮎川信夫、加島祥造、中桐雅夫、北村太郎ら詩誌『荒地』同人がミステリの翻訳を行い、そして後に同人に加わることになる吉本隆明も、翻訳の下訳のバイトをしていた。田村は翻訳推理小説と現代詩という、戦後文学の二つの潮流が出発する地点に主要人物として立ち会っていた人物なのだ。

　欧米では第一次世界大戦後の一九二〇年から三〇年代にかけて、論理的な謎解きを中心とした本格ミステリの黄金期を迎えた。日本では、それが第二次世界大戦後に流行する。この現象について、作家・評論家の笠井潔は、密室トリック等を通して〝特権的な死〟を描く探偵小説のジャンルの形成には、そのネガとして戦争による大量死・匿名死の経験が深く関わっている、と主張する。[*1]

　しかし、笠井以前に、田村は、そのことを既に指摘していた。「戦争による〝人殺し〟ですが、あれは探偵小説になりません。アウシュビッツとか原爆による大量殺戮には、個人の犯罪動機が稀薄でしょ。組織による虐殺ですから、犯行者の罪悪感がない。単に戦略遂行の事務能力だけしか問題にならない。個人が個人を殺すのでなければ〝事件〟の魅力がないのです」[*2]と述べている。

　こうした田村のミステリ観と自らの詩作との間には、どのような関連があるのだろうか。

『荒地』派の詩と死

　『荒地』派にとって、第二次世界大戦の体験は、彼らの詩作のモチーフとなっている。研究者の酒井直樹は、『荒地』派の詩、とりわけ田村隆一に顕著にみられる、記述主体の複数化と分裂化の行為遂行的な実践について論じている（以下は田村の詩「立棺」［一九五二］第Ⅰ節の冒頭部）。

わたしの屍体に手を触れるな
おまえたちの手は
「死」に触れることができない
わたしの屍体は
群衆のなかにまじえて
雨にうたせよ

　　われわれには手がない
　　われわれには死に触れるべき手がない

わたしは都会の窓を知つている
わたしはあの誰もいない窓を知つている
どの都市へ行つてみても
おまえたちは部屋にいたためしがない

結婚も仕事も
情熱も眠りも　そして死でさえも
おまえたちの部屋から追い出されて
おまえたちのように失業者になるのだ[3]

酒井は、このような詩「立棺」を例に、彼らは死者を言表主体として立てながら、あるいは他者の死を表象／代行するかのようにみえながらその不可能性を示唆したり、人称代名詞の対立や分裂（われわれ―おれ、おれ―おまえ、おれ―わたし）等を利用したりしつつ、死者と生者との関係を分節化していく、と指摘している。[4] 田村の詩は、生者と死者がウロボロスのようにループし、戦前のような死の共同性を立ち上げないための方策として模索されたのである。

近代詩殺人事件

それ以前、二十世紀の前半に、文語詩から口語詩へ、という新しい日本近代詩の成立に多大な役割を果たした詩人が、萩原朔太郎である。この詩的展開を、朔太郎は〝殺人事件〟として表象した。朔太郎の最初の口語自由詩「殺人事件」（一九一四）がそれである。[5]

この詩が近代詩史における〝第一の殺人事件〟だとすると、〝第二の殺人事件〟は、田村の「腐刻画」（執筆一九四六）によって行なわれたといえる。では、それは何を〝殺害〟したのか。オイディプス的な殺人をモチーフにしたこの短い散文詩を通して、田村の詩作とミステリとの内在的な関係を見てみよう。

> ドイツの腐刻画でみた或る風景が　いま彼の眼前にある　それは黄昏から夜に入ってゆく古代都市の俯瞰図のようでもあり　あるいは深夜から未明に導かれてゆく近代の懸崖を模した写実画のごとくにも想われた
>
> この男　つまり私が語りはじめた彼は　若年にして父を殺した　その秋　母親は美しく発狂した[*6]

「腐刻画」は、田村の詩的出発点であると同時に、戦後詩としての出発点に位置づけられるものである。のちにその自注として、田村は以下のように解説している。

> 「腐刻画」は、〔第一〕詩集『四千の日と夜』の原型であるばかりでなく、ぼくが「詩」を書くというはげしい意識をもった最初の詩であった。そして、この、はげしい意識が、散文詩型をとったところに、ぼくは、ぼく自身の「詩」にたいする一種の

絶望を見る。「詩」にたいするはにかみと云ってもいい。（中略）「腐刻画」という言葉、そしてその文字に出会った瞬間、ぼくの内部に渦動している未分化のものが、暗緑色のイメジをつくりだし、ひびきと色彩をともなって、あのような「詩」の形をとらざるをえなかったのである。この、短い散文詩は、わずか二連で成立していて、連と連の断絶するところに、その一瞬の空白に、ぼくの「詩」がある。むしろ、この作品の真の狙いは、断絶と空白をつくり出すことにあったと云ってもいい。そして「私」がナレーターの位置にあって、「彼」が「詩」の中心的な人称であることも、一つの特徴といえるかもしれない。おそらく、この散文詩を成立させるためには、「私」以外の、異質の眼が必要だったのである。[*7]

　このように、第一連に登場するこの詩の中心的人称である「彼」と、第二連のナレーターの位置にある「私」との間には、明らかな断絶と空白がある。先に触れた「立棺」と同様、「彼」と「私」という人称の分裂が、この散文詩を成立させている。

　さらに、「腐刻画」に続く、「沈める寺」「黄金幻想」「秋」「声」「予感」「イメジ」「皇帝」「冬の音楽」という散文詩群を自らの「地獄の季節」と名づけ、『腐刻画』の最終行にあらわれている『美しく発狂した』という詩句の重層化と拡大化に、その後のぼくの詩集があったということは、注意深い読者なら、気づいてくれるかもしれない」[*8]とも述べている。

この「腐刻画」における一連の殺人と発狂を、もう一つの〝近代詩殺人事件〟として読み解いてみよう。

> ぼくは、『ル・バル』と『新領土』〔注・いずれも同人誌〕に、かなりたくさんの詩（？）を発表したが、いずれも習作の域を出なかったものだし、自分でも「詩」を書くという意識がきわめて稀薄だった。ただ、日本的な語法、日本的な抒情と論理を殺戮することが、知的な快感というよりも、もっと原初的な、いわばぼくの生理的な快感にうったえたのである。日本の、七・五調を基調とする伝統的な詩歌はもとより、朔太郎、光太郎といった前世代の詩人たちの作品にも、まったく興味をもたなかった。[*9]

この文章は、「腐刻画」についてのコメントではないのだが、同作における〝父殺し〟は、「日本的な語法、日本的抒情と論理を殺戮すること」のメタファーとして読み替えられる。「腐刻画」の父とは、前世代の朔太郎や高村光太郎といった、いわば口語自由詩の大成者たちを指しているのではないか。大正期に彼らによって先導された口語自由詩の実践は、その後、民衆詩派のように、行分けの違いだけで、散文とほとんど変らないまでに口語化が進行する。こうした口語自由詩における、滑らかな表象／代行システムの成立に飽き足らないモダニズム系の詩人たちが、さまざまな詩的実験を大正末から昭和初期にかけて行なうわけだが、田村の詩的体験も、まずは西脇順三郎らのモダニズム詩の受容にあったのだ。

田村はこのように、前世代の近代詩とは異なる新たな戦後詩の展開を、〝殺人事件〟として隠喩化したといえる。この父殺しは、母の発狂という代償を払わなければならない、しかしそれは、「美しい」発狂であり、田村のその後の詩的源泉という富をもたらしてもいる。ポエジーの探求者たる〝詩人（＝探偵）〟が、古いポエジーを殺し、〝犯人〟となることで、新しいポエジーを獲得するということ。そこには、「一篇の詩が生れるためには、／われわれは殺さなければならない／多くのものを殺さなければならない／多くの愛するものを射殺し、暗殺し、毒殺するのだ」[*10]と語る「四千の日と夜」（一九五四）と同じような、日本的ポエジーに対する両義性、つまりは、探偵＝犯人という構図が見て取れるだろう。美の探求者＝探偵が、かけがえのないものを殺す犯人となり、しかし、その殺人において、かけがえのないものを生かすという逆説のうちに、新たな美が成立する。

ミステリと詩における「戦後」

西欧の本格ミステリ黄金期において、登場人物が謎解きゲームのパズルのチップに還元されてしまうように、人間の記号化・断片化の表象という問題は、第一次世界大戦後の人間中心主義が破壊された場所から立ち上がった、モダニズムやシュルレアリスム等の前衛芸術運動においても共有されていた。『荒地』派の詩人たちの戦後も、そこから始まる。

日本の本格ミステリの流行は、第二次世界大戦の経験を待たなければならなかったが、それは『荒地』派の詩人たちの翻訳活動によって支えられてもいた。さらに両者には、ジャンル的な差異を超え、死の表象においてある種の親和性があった。本格ミステリが、さまざまなトリックを駆使しながら〝特別な死〟を描くのと同じように、『荒地』派の詩人たちも、「単独者」（鮎川信夫）としての個別的な〝他者の死〟をいかに記述するか、という問題に直面した。田村は、さらに、自らの詩的試みとして〝殺人〟のメタファーを用いることで、日本的な語法、抒情を殺そうとしたといえるだろう。

本書には、そうした詩とミステリの戦後的展開を主導した田村の、貴重な証言が多数収められている。

＊1　笠井潔「大量死と探偵小説」（『模倣における逸脱』一九九六年、彩流社）
＊2　本書第Ⅰ部第二章
＊3　田村隆一「立棺」（『四千の日と夜』一九五六年、東京創元社／『田村隆一全詩集』二〇〇〇年、思潮社）
＊4　酒井直樹「戦後日本における死と詩的言語」（『日本思想という問題』一九九七年、岩波書店）

＊5　絓秀実「詩的モダニティの系譜——萩原朔太郎の位置」（『詩的モダニティの舞台』一九九〇年、思潮社）は、「殺人事件」における主題は、文語詩を殺し、口語詩を発見するという朔太郎の自己言及的な詩的実践にあり、詩中の「探偵」はそのまま「曲者」でもあるという。
＊6　田村隆一「腐刻画」（『四千の日と夜』前同／『田村隆一全詩集』前同）
＊7　田村隆一「肉体は悲しい」（現代の詩人3『田村隆一』一九八三年、中央公論社）
＊8　＊7に同じ。
＊9　田村隆一「10から数えて」（現代詩文庫『田村隆一詩集』一九六八年、思潮社）
＊10　田村隆一「四千の日と夜」（『四千の日と夜』前同／『田村隆一全詩集』前同）

【附記】
本稿は、拙稿「ミステリと戦後詩」（『武蔵野文学館紀要』六号、二〇一六年三月）のうち、田村隆一について論じた箇所を再構成したものである。

（おしの・たけし／日本近代文学・表象文化研究）

初出・底本

〈序詞〉死体にだって見おぼえがあるぞ＝「ミステリ・マガジン」一九七八・七、『スコットランドの水車小屋』青土社、一九八二、『田村隆一全集2』河出書房新社、二〇一一

I

第一章〜第三章＝『ミステリーの料理事典』三省堂、一九八四、『殺人は面白い 僕のミステリ・マップ』徳間文庫、一九九一

II

F・W・クロフツ＝『樽』解説 角川文庫、一九六二、『全集4』二〇一一

アガサ・クリスティ＝『秘密機関』解説 HM文庫、一九八二／『牧師館の殺人』解説 HM文庫、一九七八／『魔術の殺人』解説 HM文庫、一九八二／『邪悪の家』あとがき HM文庫、一九八四／『三幕の殺人』解説 HM文庫、一九八八／『シタフォードの秘密』解説 HM文庫、一九八五／『青列車の秘密』解説 HM文庫、一九八二／『アクロイド殺し』解説 HM文庫、一九七九／甘美なる死「共同通信」一九七七・一、『書斎の死体』河出書房新社、一九七八、『全集4』／小さな灰色の脳細胞 「東京新聞」一九七五・十一・二十、『ぼくの交響楽』文藝春秋、一九七六、『ぼくの草競馬』集英社文庫、一九九〇／セント・メアリ・ミード 「GALLANTMEN」一九七七・十、『書斎の死体』、『全集4』／牧師館という名のパブはないか？ 「GEO」一九九五・六、『全集4』／ブラウンズ・ホテルにて 「ミステリ・マガジン」一九九二・一、『全集4』

ジョルジュ・シムノン＝『ストリップ・ティーズ』解説 集英社文庫、一九七八、『ジャスト・

イエスタディー』小沢書店、一九七八、『全集4』

エラリイ・クイーン＝『Yの悲劇』〜『最後の悲劇』角川文庫、一九六一〜六五、『書斎の死体』、『全集4』

III

金銭出納簿＝「小説推理」一九七四・三、『ぼくの遊覧船』文藝春秋、一九七五、『ぼくのピクニック』朝日新聞社、一九八八、同朝日文庫、一九九一、『全集5』二〇一〇

風呂の中のミツマメ＝1『植草甚一主義』美術出版社、一九七八、『ジャスト・イエスタディー』／2「年金と住宅」一九八四・四、『ぼくのピクニック』、『全集5』

諸君、ユーモア精神に心せよ＝「小説推理」一九七四・二、『泉を求めて　田村隆一対話集』毎日新聞社、一九七四、『眠れる意識を狙撃せよ　生島治郎の誘導訊問』双葉社、一九七四（関連部分のみを抄録）

EQMMの初期の頃＝「ミステリ・マガジン」一九七六・八

資料編

日記（昭和二十九年）より＝『さて、田村隆一。』面白半分臨時増刊、一九七二・十二（関連部分のみを抄録）

外国にもない完全な探偵小説全集を！＝「新刊ニュース」一九五四・一

今後の編纂方針と解説文執筆者の交代について（江戸川乱歩）＝アンドリュー・ガーヴ『カックー線事件』高橋豊訳、HPB、一九五四・十二、シャーロット・ジェイ『死の月』恩地三保子訳、HPB、一九五五・一

〈跋詩〉凹孔＝「青春と読書」一九八四・一、『ワインレッドの夏至』集英社、一九八五、『全集3』二〇一〇

第I部参考文献（一九八四年初刊時）

江戸川乱歩『幻影城』岩谷書店、一九五一
同『続・幻影城』早川書房、一九五四
同『海外探偵小説作家と作品』早川書房、一九五七
ハワード・ヘイクラフト『探偵小説・成長とその時代』林峻一郎訳、桃源社、一九六一
中田耕治編『推理小説をどう読むか』三一書房、一九七一
植草甚一『雨降りだからミステリーでも勉強しよう』晶文社、一九七二
丸谷才一編『探偵たちよスパイたちよ』集英社、一九八一
九鬼紫郎『探偵小説百科』金園社、一九七五
『名探偵読本』シリーズ、パシフィカ、一九七八―七九
中島河太郎・権田萬治監修『世界の推理小説・総解説』自由国民社、一九八二
『世界大百科事典』平凡社

第I部編集協力（一九八四年初刊時）

筑波耕一郎／北澤和彦／「茜」

中公文庫

ぼくのミステリ・マップ
——推《すい》理《り》評論《ひょうろん》・エッセイ集成《しゅうせい》

2023年2月25日　初版発行

著　者　田《た》村《むら》　隆《りゅう》一《いち》

発行者　安部　順一

発行所　中央公論新社
〒100-8152　東京都千代田区大手町1-7-1
電話　販売　03-5299-1730　編集　03-5299-1890
URL https://www.chuko.co.jp/

ＤＴＰ　嵐下英治
印　刷　三晃印刷
製　本　小泉製本

Published by CHUOKORON-SHINSHA, INC.
Printed in Japan　ISBN978-4-12-207323-4 C1195

各書目の下段の数字はISBNコードです。978-4-12が省略してあります。

中公文庫既刊より

た-43-2
詩人の旅 増補新版
田村隆一
荒地の詩人はウイスキーを道連れに各地に旅立った。北海道から沖縄まで十二の紀行と「ぼくのひとり旅論」を収める〈ニホン酔夢行〉。〈解説〉長谷川郁夫
206790-5

い-2-7
浪漫疾風録
生島治郎
『EQMM』編集長を経てハードボイルド作家になった著者の自伝的実名小説。一九五六～六四年の疾風怒濤の編集者時代と戦後ミステリの草創期を活写する。
206878-0

い-2-8
星になれるか
生島治郎
直木賞受賞、睡眠薬中毒、そして再起へ。一九六四～七八年の綺羅星の如き作家たちの活躍を描く戦後ミステリ裏面史。『浪漫疾風録』完結編。〈解説〉郷原 宏
206891-9

と-37-1
片隅の人たち
常盤新平
直木賞受賞作『遠いアメリカ』に連なる自伝的連作集。出版界の片隅に生きる翻訳者たちを青年編集者の視点から描く。エッセイ二篇を増補。〈解説〉青山 南
207020-2

お-99-1
小沼丹推理短篇集 古い画《え》の家
小沼丹
「私小説の名手」が作家活動の初期に書き続けた、スリルとユーモアとペーソス溢れる物語の数々。巻末に全集未収録作品二篇所収。〈解説〉三上 延
207269-5

チ-3-3
狩場の悲劇
チェーホフ
原卓也訳
殺人事件をめぐる小説原稿に隠された秘密と、読み終えてなお解け残る謎。近代ロシア文学を代表する作家が残した恐るべき大トリック。〈解説〉佐々木敦
207224-4

ち-8-8
事件の予兆 文芸ミステリ短篇集
中央公論新社編
大岡昇平、小沼丹から野坂昭如、田中小実昌まで。非ミステリ作家による知られざる上質なミステリ十編を一冊にした異色のアンソロジー。〈解説〉堀江敏幸
206923-7

ホ-3-2

ポー名作集

E・A・ポー
丸谷才一 訳

理性と夢幻、不安と狂気が綾なす美の世界――短篇の名手ポーの代表的傑作「モルグ街の殺人」「黄金虫」「黒猫」「アシャー館の崩壊」全八篇を格調高い丸谷訳でおさめる。

205347-2

ホ-3-3

ポー傑作集 江戸川乱歩名義訳

E・A・ポー
渡辺 温
渡辺 啓助 訳

全集から削除された幻のベストセラー、渡辺兄弟のゴシック風名訳が堂々の復刊。温《おん》について綴った江戸川乱歩と谷崎潤一郎の文章も収載。〈解説〉浜田雄介

206784-4

ホ-3-4

赤い死の舞踏会 付・覚書（マルジナリア）

E・A・ポー
吉田健一 訳

疫病に戦慄する人々を描いた表題作のほか処女作「メッツェンガアシュタイン」など短篇小説十篇と、蔵書の行間に書き込んだ思考の断片「覚書」を収録。

207061-5

フ-17-1

エミリーに薔薇を

フォークナー
高橋正雄 訳

ミステリの古典にも数えられる表題作ほか「あの夕陽」「ウォッシュ」など代表的な短篇全八篇。巻末に中上健次の講演「フォークナー衝撃」他一篇を収録。

207205-3

あ-94-1

狂った機関車 鮎川哲也の選んだベスト鉄道ミステリ

鮎川哲也 選
日下三蔵 編

戦前の本格推理から、知られざる作家の佳品まで、鉄道を舞台にしたミステリのアンソロジー。短・中篇の読みやすさ、懐かしさと新鮮さが共存した全七作。

207027-1

さ-16-11

アリバイ奪取 笹沢左保ミステリ短篇選

笹沢 左保
日下三蔵 編

アリバイが消えたとき、笑うのは誰だ？ 本格推理から、著者の真骨頂たる宿命小説まで、バラエティに富んだ作品八篇を収録した傑作選。文庫オリジナル。

207258-9

そ-3-14

ビショップ氏殺人事件 曽野綾子ミステリ傑作選

曽野 綾子
日下三蔵 編

ミステリ分野でも手腕を発揮した作家・曽野綾子の真価。江戸川乱歩に称賛された表題作をはじめ、サスペンスと心理描写に優れた異色作六篇をセレクトする。

207155-1

ち-8-11

開化の殺人 大正文豪ミステリ事始

中央公論新社 編

佐藤、芥川、里見に久米。乱歩が耽読した幻のミステリ特集が、一〇四年の時を超えて甦る！「犯罪と怪奇への情熱」に彩られた全九篇。〈解説〉北村 薫

207191-9

い-35-26
犯罪調書　井上ひさし
犯罪はその時代の意匠である。古今東西の犯罪から、著者が興味を引かれた二十件を選び、鋭い人間観察と心理描写で、その暗部・背景を洞察。〈解説〉吉岡　忍
206932-9

い-35-27
さそりたち　井上ひさし
狙った獲物は逃がさない！　外資系事務用機械販売会社のセールスチーム四人組。「さそり」の異名をとる彼らの破天荒な奮闘を描く連作長篇。〈解説〉池上冬樹
207084-4

お-78-1
三浦老人昔話　岡本綺堂読物集一　岡本綺堂
死んでもいいから背中に刺青を入れてくれと懇願する若者、置いてけ堀の怪談——岡っ引き半七の友人、三浦老人が語る奇譚の数々。〈解題〉千葉俊二
205660-2

お-78-2
青《せい》蛙《あ》堂《どう》鬼《き》談《だん》　岡本綺堂読物集二　岡本綺堂
夜ごと人間の血を舐る一本足の美女、蝦蟇に祈禱をするうら若き妻、夜店で買った猿の面をめぐる怪異——暗闇に蠢く幽鬼と妖魔の物語。〈解題〉千葉俊二
205710-4

お-78-3
近代異妖篇　岡本綺堂読物集三　岡本綺堂
人をひとり殺してきたと告白する藝妓のはなし、影を踏まれるのを怖がる娘のはなしなど、江戸から大正期にかけてのふしぎな話を集めた。〈解題〉千葉俊二
205781-4

お-78-4
探偵夜話　岡本綺堂読物集四　岡本綺堂
死んだ筈の将校が生き返った話、山窩の娘の抱いた哀切な秘密、駆落ち相手を残して変死した男の話など、探偵趣味の横溢する奇譚集。〈解題〉千葉俊二
205856-9

お-78-5
今古探偵十話　岡本綺堂読物集五　岡本綺堂
中国を舞台にした義侠心あふれる美貌の女傑の話、新聞記事に心をさいなまれてゆく娘の悲劇「慈悲心鳥」など、好評「探偵夜話」の続篇。〈解題〉千葉俊二
205968-9

お-78-6
異妖新篇　岡本綺堂読物集六　岡本綺堂
貉《むじな》や河獺《かわうそ》など、近代化がすすむ日本の暗闇にとり残された生き物や道具を媒介に、異界と交わるものたちを描いた「近代異妖篇」の続篇。〈解題〉千葉俊二
206539-0